Erwin Scharrer
Heilung für die Seele
Familienstellen auf biblischer Basis
Mit einem Beitrag von Professor Dr. Manfred Seitz

Erwin Scharrer

Heilung für die Seele

Familienstellen auf biblischer Basis

Mit einem Beitrag von Professor Dr. Manfred Seitz

SCM Hänssler

SCM

Stiftung Christliche Medien

Bestell-Nr. 395.006
ISBN 978-3-7751-5006-4

© Copyright der deutschen Ausgabe 2009 by
SCM Hänssler im SCM-Verlag GmbH & Co. KG · 71088 Holzgerlingen
Internet: www.scm-haenssler.de
E-Mail: info@scm-haenssler.de
Umschlaggestaltung: Jens Vogelsang, Aachen
Titelbild: fotolia.de; © Natascha Farber
Abbildungen im Innenteil: privat
Satz: typoscript GmbH, Kirchentellinsfurt
Druck und Bindung: CPI – Ebner & Spiegel, Ulm
Printed in Germany

Meiner Inge
in
Dankbarkeit und Liebe

Inhalt

1. Vorwort von Elisabeth v. Bibra

Mit Spannung und großer Erwartung habe ich das Werden, Wachsen und Reifen dieses Buches verfolgt.

Lieben kann man lernen! *Familienstellen* will eine Lernhilfe sein.

Möge dieses Buch dazu dienen, dass Ängste überwunden werden und *Familienstellen* als ein Angebot erkennbar wird – als ein Weg der Heilung von Verwundungen, die sich tief in unsere Seele eingraviert haben.

Die Liebe untereinander war das ins Auge fallende Merkmal der ersten Christen, so wird uns berichtet. Die Brunnenstube echter Liebeskraft sind immer versöhnte Beziehungen.

Immer wieder hatte ich Gelegenheit, bei Erwin Scharrer *Familienstellen* mitzuerleben. Es hat mich tief beeindruckt, wie viel Glück der Versöhnung in solchen Seminaren erfahren wurde, wie viel Heil Gottes, Heilung von Verletzungen empfangen wurde, nicht selten nach jahrelangem, vergeblichem Mühen.

Familienstellen in kompetenter Hand kann ein Schlüssel sein, um das Heil zu finden, das uns Jesus Christus errungen hat, sterbend am Kreuz.

Von ganzem Herzen wünsche ich diesem Buch viele Leser, die dadurch ermutigt werden, diesen Weg zu beschreiten.

Elisabeth von Bibra im September 2008

2. Persönliches Vorwort von Erwin Scharrer

Der frühe Verlust meines Vaters, 1943 an der Ostfront gefallen, hat in meinem Leben eine tiefe Wunde hinterlassen. Dank einer stabilen, liebevollen Mutter konnte ich ohne besondere Schwierigkeiten die Schulzeit gut überleben. Durch Kontakte zu christlichen Jugendgruppen des CVJM bin ich mit dem christlichen Weltbild und Gottesbild sehr früh in Kontakt gekommen. Die Arbeit mit psychisch kranken Christen hat mich daher auch später immer sehr intensiv berührt und persönlich betroffen.

Achtzehn Jahre war ich einer der leitenden Ärzte in der Klinik Hohe Mark, einer Fachklinik für Nerven- und psychosomatische Krankheiten in Oberursel/Taunus und hatte die Möglichkeit, psychische Störungen und Erkrankungen aller Art zu diagnostizieren und zu therapieren. Berufsbegleitend lernte ich regelmäßig auf den Lindauer Psychotherapiewochen verschiedene tiefenpsychologische Psychotherapieverfahren kennen, später vor allem auch bei Th. Weil die Transaktionsanalyse nach E. Berne.

Nach dem Ausscheiden aus der Klinik hatte ich Gelegenheit, verschiedene *ambulante Gruppenseminare* durchzuführen und zu leiten. Hierbei sind verschiedene Verfahren, zuletzt auch Erfahrungen mit dem *Familienstellen,* für mich sehr wichtig geworden.

Am Heidelberger Institut für Familientherapie konnte ich 1976 die vor allem von Bert Hellinger in die Therapieszene eingeführte Therapieform des *Familienstellens* näher kennenlernen. Während dieser Zeit war es immer mein Bemühen, diese Eindrücke und Erfahrungen in mein *biblisches Menschenbild* einzuordnen.

Natürlich ist Familienstellen eine von möglichen anderen Therapiemethoden, die für leidende, psychisch gestörte Menschen hilfreich sind. Ganz entscheidend ist die Person des Therapeuten, aus meiner Sicht erst in zweiter Linie die angewandte Methode. Familienstellen kommt aus meiner Sicht in erster Linie dann infrage, wenn die entscheidende Ursache seelischer Störungen in einer schwierigen, gestörten Familiensituation, insbesondere in der Herkunftsfamilie, verwurzelt ist. Familienstellen auf biblischer Grundlage, wie ich es anwende, ereignet sich immer in einem Team von Mitarbeitern, die ausnahmslos mit mir eins sind in der Beziehung zum christlichen Glauben, der immer auch eine »trinitarische Dimension« haben sollte. Damit meine ich, dass Gott als Vater, Sohn und Heiliger Geist in Beziehung ist und in Gebet und Anbetung gesucht wird. Am Ende eines jeden Seminars hat das Angebot von Segnungs- und Heilungsgebeten eine hohe Bedeutung. Bei schweren psychotischen Störungen kommt Familienstellen nicht infrage, zumindest nicht in einer akuten Situation. Falls Sie Fragen, Anregungen oder Kritik haben, können Sie sich an mich wenden (www.erwin-scharrer.de).

Seit dem ersten Erscheinen eines meiner früheren Bücher 1982, »Heilung des Unbewussten«, letzte Auflage 1995, sind Jahre vergangen. Das Buch ist mittlerweile vergriffen. So hoffe ich, dass dieses Buch vielen Lesern und *Ratsuchenden* zur Hilfe und zum Segen werden darf.

Einige Hinweise für den Leser

- Ich habe das Buch für Leserinnen und Leser geschrieben, die besonders an dem Thema *Zerreißproben im Kontext familiärer Beziehungen* interessiert sind. Das Stichwort *Zerreißprobe* wird in verschiedenen Zusammenhängen immer wieder benannt. Die systemisch-phänomenologische Methode des Familienstellens nimmt in besonderer Weise darauf Bezug.

- Auch die Genesis-Fallgeschichten schildern in einzigartiger Weise Familienbeziehungen in der Zerreißprobe: die Beziehung von Mann und Frau in und vor der Ehe, die Beziehung zwischen Vätern, Müttern und Kindern; zwischen Brüdern und Geschwistern in einer beziehungsfeindlichen Umwelt. In der Regel ist von mehreren Generationen die Rede.

- Die Gottesbeziehung steht im Mittelpunkt und spielt bei der Bewältigung dieser Probleme eine entscheidende Rolle. Sie ist aber auch infrage gestellt durch einen mehr oder weniger spürbaren, aber immer sehr gefährlichen, unsichtbaren Feind des Menschen. Diesen beschreibe ich in diesem Buch unter dem Begriff der *Dreieinheit des Bösen*.

- Ich möchte daher Leser ansprechen, die eigenen Lebensproblemen und deren Ursache auf die Spur kommen möchten; die sich einerseits als hilfsbedürftig erleben, sich andererseits aber auch in ihrer *Helferrolle* angesprochen fühlen: als Männer und Frauen in verschiedenen Berufsfeldern, als Väter und Mütter in ihrer Elternbeziehung.

- Ich möchte aber auch Leser ansprechen, die sich als Fachleute, als Therapeuten und Seelsorger definieren. Das Buch erhebt nicht den Anspruch eines wissenschaftlichen Fachbuches; es zeigt aber Wege auf in verborgene Abgründe unseres Menschseins, die nur durch vertiefte Selbsterfahrung überwunden werden können. Das Buch versucht zu überzeugen, dass hierbei das biblische Menschenbild eine entscheidende Rolle spielt.

Erwin Scharrer im Februar 2009

3. Zur Einführung ins Thema

Das Bildwort *Zerreißprobe* zieht sich wie ein roter Faden durch das Buch. Es geht um menschliche Beziehungen, die zerrissen sind und einer Probe, einer Prüfung ausgesetzt sind. In diesem Sinne stehen Zerreißproben nicht nur am Ende einer Beziehung, sondern oft schon am Anfang. An vielen *Fallbeispielen*, in verschiedenen Beziehungszusammenhängen stelle ich immer wieder diesen Begriff in den Vordergrund.

Um welche Beziehungen geht es? Um Beziehungen zwischen Männern und Frauen in der Ehe, vor der Ehe, außerhalb von Ehe oder nach einer Trennung; um Beziehungen zwischen Eltern und Kindern und Geschwistern untereinander. Häufig auch noch um gestörte Beziehungen zu Großeltern. In den Fallbeispielen im Zusammenhang mit *Familienstellen auf biblischer Basis* und in den zeugnishaften Berichten gehe ich darauf näher ein. Es geht aber nicht nur um zwischenmenschliche Beziehungen, die zerrissen sind, sondern auch um den einzelnen Menschen, der in sich selbst zerrissen ist in Gutes und Böses, in gute und böse *Beziehungsanteile*. Es geht um *Widersprüche in uns selbst*.

Was meint der Ausdruck *Probe* oder *Prüfung* in diesem Zusammenhang? Versetzen wir uns in unsere Kindheit zurück und begleiten uns selbst auf die Schulbank. Schulaufgaben, insbesondere Leistungsprüfungen, bringen uns in Kontakt mit dem, was wir können, insbesondere aber auch mit dem, was wir noch nicht können. Wir entdecken *Fehler* bei uns selbst, nicht erst der Lehrer. Wir entdecken und finden etwas bei uns, was wir noch nicht wissen, noch nicht können, aber dringend lernen sollten.

Diese Schulerfahrung kann uns gut in Berührung bringen mit den Themen, um die es in diesem Buch gehen soll: mit *Lebensthemen*, denen wir noch nicht gewachsen sind, in denen wir vielleicht auch gescheitert sind. Aus dieser Erfahrung des Scheiterns wächst dann die Kraft der Überwindung.

4. Familienstellen auf biblischer Basis: vom Zerbruch zum Aufbruch

Es gibt viele kritische Vorurteile von Christen gegen dieses Therapieverfahren. Diese Vorurteile beziehen sich in erster Linie auf die Person Bert Hellingers, der dieses Therapieverfahren in Deutschland eingeführt hat. In seinem Buch »Ordnungen der Liebe« beschreibt er wichtige Erfahrungen dieser familientherapeutischen Methode, aus denen ich viel gelernt habe. Es muss allerdings aus heutiger Sicht eingestanden werden, dass sich dieser Autor zunehmend mehr in magisch-mystische, sozusagen »esoterische Geheimlehren« verstrickt hat. In einer DVD mit dem Titel »Geistige Liebe – geistiges Heilen im Alltag. Demonstration des Familienaufstellens« demonstriert der Autor eine Form des Familienstellens, die ich nicht mehr ernst nehmen kann. Ich überlasse es dem Leser, sich selbst davon zu überzeugen.[1] (Kongress »Geistiges Heilen«, Hannover Febr. 2006)

In der Bibel steht: »Prüft alles, was gesagt wird, und behaltet das Gute.« (1. Thessalonicher 5,21) Aus eigener, mehrjähriger Erfahrung kann ich sagen, dass *Familienstellen auf biblischer Basis*, mit Gebet verbunden, in einem Team von Mitarbeitern, erstaunliche Erfahrungen von Heil und Heilung bewirken kann. Das Ganze steht auf biblischer Grundlage, weil der Leiter und die Teilnehmer der Aufstellung Christen sind und dem Wort Gottes vertrauen. Sie leben mit der Bibel, mit dem Alten und dem Neuen Testament. Mit *Zerbruch* ist eine Lebenssituation angesprochen, die mit Erfahrungen von Scheitern, Versagen, schwerem Beziehungsverlust verbunden ist. Es handelt sich um eine Situation der Zerbrochenheit, die der Hilfe bedarf. Der erste Schritt heraus ist der Mut zum Auf-

---

[1] Geistige Liebe – geistiges Heilen im Alltag. Demonstration des Familienaufstellens, DVD 772D.

bruch. Aufbruch meint in diesem Kontext die Entscheidung zu einem Neuanfang. Die einzelnen Fallbeispiele versuchen zu zeigen, wie dieser Neuanfang im Einzelnen gestaltet werden kann. Doch wie jedes andere Therapieverfahren hat das phänomenologisch-systemische Verfahren des Familienstellens auch seine Grenzen. Doch können die Teilnehmer, nachdem Verletzungen aufgedeckt worden sind, in Jesu Namen vergeben, die schuldig gewordene Person loslassen und dadurch Heilung erfahren. Außerdem können sie das befreiende, gebietende und segnende Gebet des Therapeuten in Anspruch nehmen.[2]

4.1 Einführung in das Geschehen des Familienstellens

Vorstellungsrunde

Die Aufstellung beginnt mit einer Vorstellungsrunde der Gruppe. Jeder Einzelne wird ermutigt, den persönlichen aktuellen Beziehungskonflikt, den er mitgebracht hat, zu benennen. Entscheidend hierbei ist die Bereitschaft, Gefühle aller Art zuzulassen und über sie zu sprechen. Man sollte insbesondere Scham, Angst und Schuldgefühle aushalten. Hinter jedem grundlegenden Beziehungskonflikt steckt häufig eine sehr frühe, mehr oder weniger traumatische Beziehungserfahrung.

Aufstellungsarbeit

Nach der Vorstellungsrunde beginnt die eigentliche *Aufstellungsarbeit*. Der Leiter erkundigt sich bei einem ersten Teilnehmer, dem sogenannten *Aufsteller*, nach dem *inneren Bild* seiner Her-

---

[2] Dieser Artikel wurde im Januar 2004 auszugsweise in IDEA-Spektrum, verkürzt und verändert im Sept. 2004 in der Zschr. COME unter dem Titel »Die Kraft der Versöhnung« veröffentlicht. An dieser Stelle sind weitere Veränderungen hinzugefügt.

kunftsfamilie, später eventuell auch seiner Gegenwartsfamilie. Ist das innere Bild klar (gemeint ist eine bildhafte Vorstellung des Aufstellers, wie Vater, Mutter, Geschwister zueinander stehen), erfolgt die *Auswahl* bestimmter Teilnehmer aus der Gruppe, die stellvertretend für die Familienglieder aufgestellt werden. Dieses aufgestellte Familienbild ist bestimmt durch *Standort, Abstand* und *Blickrichtung* der einzelnen Familienmitglieder. Nachdem der Aufsteller wieder Platz genommen hat, befragt der Therapeut diese einzelnen aufgestellten Personen, die sogenannten *Repräsentanten* oder *Stellvertreter,* wie es ihnen geht. Sie beschreiben so knapp und präzise wie möglich ihre Beziehungsposition. Diese erste Befragung durch den Therapeuten ist sehr wichtig. Er schaut sehr genau hin, beobachtet den Blickkontakt, erkundigt sich und erspürt die Gefühlslage der einzelnen Personen und fragt immer wieder nach:»Wie geht es dir?«»Was spürst du?«»Lass dir Zeit!« »Beobachte dein Gegenüber genau!«»Lass die Gefühle zu!« Das Wahrnehmen-Können von Gefühlen, auch Körperempfindungen und seelischer Regungen aller Art der aufgestellten Personen sind der entscheidende Aspekt im Prozess des ersten Teils der sogenannten *diagnostischen Aufstellungsarbeit.*

Beziehungsbeschreibung

Hieraus ergibt sich eine *Beziehungsbeschreibung* der Familiensituation im Sinne einer mehr oder weniger gestörten Familiendynamik, die jetzt vom *Therapeuten* wahrzunehmen und zu deuten ist. Die Frage lautet: *Kann er erkennen,* wo im Familiensystem die eigentliche Beziehungsstörung *verwurzelt* ist und wie sie sich auf die einzelnen Familienmitglieder ausgewirkt hat?

Daraufhin erkundigt er sich beim Aufsteller, ob er diese Aussagen der Repräsentanten bestätigen kann oder nicht. In aller Regel werden sie bestätigt. Das heißt: Fremde Personen, die mit der wirklichen Familie nichts zu tun haben, wissen aufgrund der aufgestellten Beziehungsdynamik, was in der wirklichen Familie abgelaufen ist. Nur in Ausnahmefällen werden sie nur teilweise oder nicht bestätigt. Dann ergibt sich sehr häufig beim Nachfragen, dass der Aufsteller sein Familienbild nicht klar genug erkennen konnte. Dieses außerordentlich interessante Phänomen wird als wissendes Feld bezeichnet. Die professionellen Familienaufsteller betonen in aller Regel: »Es bestätigt sich immer wieder, aber wir wissen nicht, woher es kommt.« Ich hatte bei meiner eigenen Aufstellung erlebt, dass die Aussagen der Stellvertreterin meiner Mutter in der Beziehung zu meinem Vater einen Satz gesagt hat, der eine wichtige Beziehungswahrheit ausgedrückt hat. Diese konnte nur ich wissen. Ich komme auf diesen Begriff des wissenden Feldes noch ausführlich zurück.

Immer wieder stellt sich die Frage nach der Wirkung, sozusagen dem Ursprung der Kraft dieser Wahrnehmung bei der Aufstellungsarbeit. Woher wissen die aufgestellten Personen die wirklichen Beziehungsverhältnisse in der Familie? Alle Aufsteller verweisen bei dieser Frage auf das geheimnisvolle wissende Feld, von dem sie alle behaupten, dass es wirksam ist, aber nicht wissen, woher es kommt. Ich komme in Kapitel 5 ausführlich darauf zurück.

Lösungsbild

Der Therapeut stellt nun nach dem Störungsbild ein *Lösungsbild:* Er sucht aus verschiedenen Lösungsmöglichkeiten die richtige, die harmonisch-bessere Stellung der Einzelnen zueinander aus. Diese bietet er dem Aufsteller an. Er zeigt ihm, wie es auch hätte sein können, wie es besser gewesen wäre. Ich habe mehr und mehr die Erfahrung gemacht, dass ein *Grundmuster des Lösungsbildes* so aussieht, dass beide Eltern in einer guten Beziehung zueinander stehen und die verschiedenen Kinder sich ihren besten Platz in der Nähe der Eltern selbst aussuchen. Nach diesem gestellten Lösungsbild *geht der Repräsentant heraus und in die Runde zurück.* Der *Aufsteller geht jetzt an seinen Platz, den vorher der Repräsentant eingenommen* hatte. Er schlüpft in seine eigene Rolle zurück. Er hat jetzt als *authentisches Familienmitglied* die Möglichkeit, mit seinen *Stellvertreter-Angehörigen* in Kontakt zu kommen und mit ihnen einen *Dialog zu führen.* Die Falldarstellungen zeigen diesen ausführlichen dialogischen Beziehungsprozess.

Dialog mit den Stellvertretern der Familie

Bei diesem Dialog geht es um ein *Ich-Du-Gespräch, in dem der Aufsteller selbst mit den Stellvertretern seiner Familie* um eine Abfolge von lösenden, klärenden Beziehungssätzen ringt. Der Aufsteller ist hierbei die Hauptperson. Die Reihenfolge dieser Sätze ist häufig, aber nicht immer, vom Therapeuten zu finden, der sie vorspricht. Es gibt Aufsteller, die sehr schnell spüren und wissen, was sie selbst sagen möchten. Diese *Beziehungssätze* in einer bestimmten Reihenfolge sind sehr wichtig. Sie drücken verletzte Gefühle aller Art aus. Sie spiegeln den ganzen Verletzungsschmerz über viele Jahre. Ich habe oft wahrnehmen können, dass diese *Beziehungsarbeit* als der eigentliche Schlüssel zur Lösung der anstehenden Beziehungsprobleme gelten kann und dass ohne diese Beziehungsarbeit eine gute Lösungsaufstellung allein wenig Erfolg hat. Der Grund liegt darin, dass diese Beziehungsarbeit den eigentlichen tiefen *Verletzungsschmerz* zum Ausdruck bringt, oft unter einem Meer von Tränen, bis die Seele gereinigt ist von dem tief verborgenen, verdrängten, angestauten Kummer. Das wird deutlich in Sätzen wie:»Du hast mir sehr wehgetan«;»Du warst nie da für mich«;»Du hast mich in meinen Nöten und Fragen immer allein gelassen«;»Du warst nicht wirklich mein Vater, von Liebe habe ich nichts gespürt«;»Deine Strenge hat mich nicht nur gedemütigt, sondern kaputt gemacht« und ähnliche Sätze.

Zu dieser Dialogarbeit gehören auch die Übung der unterbrochenen Hinbewegung und die Übung mit dem inneren Kind.

Die unterbrochene Hinbewegung

Bei der *unterbrochenen Hinbewegung* hat der Aufsteller die Möglichkeit, schrittweise auf eine entscheidende Bezugsperson seiner Familie, in der Regel sind es Vater oder Mutter, zuzugehen, um nicht auf einmal, sondern allmählich den besonders tiefen Verletzungsschmerz auszudrücken. Die immer größere Nähe reguliert die *Gefühlsdichte* und ermöglicht allmählich die Klärung einer schwer gestörten Beziehung. Der entscheidende Unterschied zwischen der Übung der unterbrochenen Hinbewegung und der Übung mit dem inneren Kind ist der zum Gegenüber. Der Sinn dieser Übungen wird bei den Fallgeschichten besonders deutlich werden.

1. In der Übung der unterbrochenen Hinbewegung begegne ich meinen erwachsenen Bezugspersonen, vor allem meinen Eltern, erwachsenen Geschwistern, eventuell auch Großeltern. Diese Übung sollte dann erfolgen, wenn im *Gegenüber* während der Lösungsaufstellung noch nicht genügend Raum war, noch nicht genügend Kraft und Bereitschaft, den erwachsenen Bezugspersonen zu begegnen. Ich begegne ihnen als Erwachsener: Ich agiere und reagiere erwachsen – so gut ich kann, ich reagiere als betroffener Erwachsener. Bei dieser Begegnung mag es Altersunterschiede geben, aber sie sind relativ.

2. Schwerpunkt dieser Übung ist das *Kennenlernen*, das Aufspüren der inneren, seelischen Regungen, Empfindungen, Ängste. Es geht um das Wahrnehmen von ganz verschiedenen Gefühlen, zu denen auch Körperempfindungen gehören.

3. Das *herangewachsene* Kind steht im Mittelpunkt dieser Übung. Wir alle sind aufgewachsen unter dem Einfluss sogenannter *erzieherischer Maßnahmen* unserer Eltern und Lehrer, strengen Forderungen nach Leistungen und anderen kränkenden Beziehungserfahrungen. Als Kinder haben wir lernen müssen, meist unter Liebesentzug gut zu funktionieren. In der Schule, zu Hause und in der Gemeinde. Besonders auch die *christliche Erziehung* war häufig geprägt von verstandesmäßiger Glaubenshaltung, mehr von *richtigem Wissen* als von Angenommensein in der Beziehung.

4. Die unterbrochene Hinbewegung soll das alles *ans Licht* bringen: Die Übung der *Begegnung in der Bewegung zu immer größerer Nähe* kann unglaublich viel verdrängte Beziehungswahrnehmungen aus der Vergangenheit in die Gegenwart des Erlebens *hereinholen*.

5. Bei dieser Beziehungswahrnehmung spielt vor allem auch der *Blickkontakt* eine entscheidende Rolle. Er *verstärkt* die Wirkung der gesprochenen Worte, indem der Beziehungsabstand durch die Hinbewegung zunehmend geringer wird und aus größerer Nähe heraus Begegnung zugelassen wird. Dadurch kommt die *seelische Innenwelt* des Erwachsenen auf beiden Seiten stark und intensiv zum Vorschein: Die *gegenüberstehende Elternperson* wird dem entgegenkommenden, jetzt erwachsenen Kind gegenwärtig.

6. Es kommt häufig eine ungeheure *Sehnsucht* nach Beziehung, nach Nähe, nach Liebe, nach Versöhnung zum Ausdruck. Noch häufiger sind aber auch Sätze von *Loslösungen*, von Bindungen, Belastungen, Festlegungen, Verfluchungen, die in der Regel begleitet sind von tiefem Schmerz.

7. Alle gefühlsbesetzten Beziehungsblockaden sollen, wenn es bei der Lösungsaufstellung noch nicht gelungen ist, benannt werden können.

8. Eine häufige Erfahrung bei dieser Übung ist, dass ein starker *Gefühlsdruck* in der Regel nach der Übung verschwunden ist.

Stuhlübung mit dem inneren Kind

Die *Stuhlübung mit dem inneren Kind* ermöglicht es dem Erwachsenen, unter Leitung eines empathischen Therapeuten sehr frühe, kindliche Beziehungserfahrungen wahrzunehmen und zu integrieren. Es ist erstaunlich und für die Betroffenen immer wieder ein kleines Wunder, zu erleben, wie sehr das innere Kind in ihnen lebt. Der Satz »In dir lebt das Kind, das du früher warst« bestätigt diese erstaunliche Wahrheit.

Das Gegenüber bei dieser Übung ist das eigene *innere Kind*. Diese Übung findet im Sitzen, auf zwei gegenüberstehenden Stühlen, statt. Schwerpunkt bei dieser Übung ist das *Ruhen im eigenen Kör-*

per, die Begegnung im Körper-Ich. Die Übung beginnt mit der Aufforderung des *Erwachsenen an das gegenüber sitzende eigene Kind:* »Entspanne dich, werde ganz ruhig, mach dir jetzt gegenwärtig, dass du in und mit deinem Körper die Möglichkeit hast, dich in deinen früheren, jüngeren Körper, der ja auch mein Körper ist, zurückzuversetzen, dich zurückzuerinnern an vergangene Jahre, als wir beide noch klein waren.«

Ich spreche als Therapeut dabei folgende Sätze: »Stell dir vor: Wir stehen beide an einem Fluss unserer Heimat und wandern gemeinsam an seinen Ursprung zurück, Hand in Hand. Wir machen einfach mal kleine Rückwärtsschritte, ein Jahr jünger, fünf Jahre, zehn Jahre … Ganz langsam gehen wir weiter, immer weiter. Wenn du ganz langsam auf dem Weg weitergehst, erinnere dich, wie zu Hause … Was fällt dir allmählich ein? Was spürst du? Lass dir Zeit dabei. Wie geht es dir? Was fällt dir ein? Welche Erinnerungen kommen hoch?«

In der Regel kommen an einer bestimmten Stelle des *gemeinsamen Zurückgehens* wichtige, vergessene, verdrängte, *stark affektbesetzte Erinnerungen* ins Gedächtnis. Sie können gut formuliert werden. Es sind Eigenschaften, Verhaltensweisen, Reaktionen des inneren Kindes, die früher bedeutsam waren, aber längst vergessen worden sind und jetzt ausgesprochen werden können – wahrscheinlich als *Erinnerungssätze* des Erwachsenen mit Hilfe seines inneren Kindes.

Verschiedene Eigenschaften, Reaktionen des inneren Kindes können bewusst werden: Ärger, Wut, Zorn, Angst: das ängstliche, das wütende, das allein gelassene, einsame, das verzweifelte, das zornige *innere Kind* wird gespürt. Es kann nicht nur in Worten, sondern auch im *Affekt,* auch in *Körpersprache* ausgedrückt werden.

Der begleitende Therapeut ist auch bei dieser Übung sehr wichtig. Am Ende der Übung spricht er wieder mit der erwachsenen Person. Eine abschließende *Deutung* dieses dialogischen Prozesses erhellt vergangene, verdrängte Beziehungswahrheiten.

Loslassen und Gesinnungsänderung

Danach folgen Sätze wie: »Was du getan hast, dafür hast du die Verantwortung und nicht ich.«»Das lasse ich jetzt bei dir.«»Ich lebe jetzt auch ohne dich.«»Ich lasse dich und alles, was du mir angetan hast, los.«»Ich verabschiede mich von dir.«»Ich gehe meinen eigenen Weg.«»Ich lebe jetzt mein Leben ohne dich. Jetzt kannst du gehen!«

Diese Sätze ermöglichen eine *Gesinnungsänderung*. Verletzungsschmerz verwandelt sich in Versöhnungsschmerz. Das Liebesgebot verwandelt sich in ein *Liebesangebot*. »Ich vergebe dir in Jesu Namen alles, was du mir angetan hast.«»Ich nehme jetzt mein Leben auch ohne dich.«»Alles, was du mir nicht gegeben hast, das lasse ich jetzt bei dir.«»Ich gebe dich frei.« Diese Lösungsarbeit im Sinne von Versöhnungssätzen ermöglicht die eigentliche abschließende Erfahrung von Heil und Heilung.

Loslassen

⮞ Loslassen heißt nicht, sich nicht mehr um den andern zu kümmern. Es heißt: Ich kann nicht alles für den anderen tun.

⮞ Loslassen heißt nicht, den Kontakt abzubrechen, sondern aufhören zu kontrollieren.

⮞ Loslassen heißt, Machtansprüche aufzugeben, Machtlosigkeit zuzugeben.

⮞ Loslassen heißt nicht, andere zu ändern oder zu beschuldigen, ich kann nur mich selbst ändern.

⮞ Loslassen heißt nicht, Situationen für andere zu lösen, sondern sie die Ergebnisse ihrer eigenen Handlungen erfahren zu lassen.

⮞ Loslassen heißt nicht, zu richten, sondern dem andern erlauben, Fehler zu machen.

⮞ Loslassen heißt nicht, den anderen zu ignorieren, sondern anzunehmen.

- Loslassen heißt nicht, den anderen zu beschützen, sondern erlauben, Realität zu erfahren.
- Loslassen heißt, die Fehler der andern stehenzulassen, die eigenen Fehler zu erkennen und umzukehren.
- Loslassen heißt nicht, alles nach meinen Wünschen zu manipulieren, sondern jeden Tag aus Gottes Hand so zu nehmen, wie er ist, und den Augenblick zu schätzen.
- Loslassen heißt nicht, zu kritisieren, sondern der Mensch zu werden, von dem ich träume.
- Loslassen heißt nicht, Vergangenes zu bedauern, sondern zu wachsen und das Heute und Jetzt anzunehmen.

Quelle unbekannt

Heil und Heilung

Dieser Prozess jedoch setzt *Einsicht und Zustimmung* voraus, dass jeder, auch der Verletzte selbst, der Versöhnung bedarf. Der Schuldige und auch der *unschuldig Verletzte*, der Aufsteller selbst, braucht Versöhnung. Beide sind Geschöpfe Gottes. Beide, auch das jetzt herangewachsene Kind, sind versöhnungsbedürftig. Einer der entscheidenden *Versöhnungssätze* lautet: »In Jesu Namen vergebe ich dir alles, was du mir angetan hast!« Dieser Versöhnungssatz, in der Regel ist er mit einem starken Gefühl und einer starken Kraft der Seele verbunden, bringt die eigentliche Lösung. Die *Vergangenheitslast* hat die Seele belastet und zu einer Fülle von verschiedenen Verletzungsbildern, zu psychischen und auch zu körperlichen Symptombildungen geführt. Diese *Vergangenheitslast* wird nun freigesetzt. Ich bin immer wieder fasziniert und erstaunt über diese Fühl-Fähigkeit der betroffenen Teilnehmer und die Kraft dieser Wahrnehmung. Wird dieses Frühere, dieses Unbewusste bewusst und kann es in Sprache gebracht werden, können erstaunliche Freisetzungen erfolgen. Das erlebe ich oft. Diese Beziehungsarbeit unterscheidet *Familienstellen auf biblischer Basis* von anderen Familienaufstellungen. Denn nur Vergebung und Versöhnung bewirken Heil und Heilung.

Abschluss: Gebet und Segnung

Dieser sehr wichtige und entscheidende *dialogische Versöhnungsprozess*, der die Aufstellungsarbeit beendet, wird am Ende des Seminars durch das Angebot einer *Gebets- und Segnungszeit* abgeschlossen. Diese gemeinsame Zeit in der Gruppe, immer mit einem Team von gleichgesinnten Mitarbeitern, verhilft allen Teilnehmern, diese lösenden, neuen Beziehungserfahrungen zu vertiefen. *Sie sind in der Tiefe der Seele gewonnen worden und sollen im Geist verankert werden.* Sie stehen als Folge von Versöhnung im Einklang mit dem Prophetenwort: »Er wird die Herzen der Väter ihren Kindern und die Herzen der Kinder ihren Vätern zuwenden ...« (Maleachi 3,24)

Verschiedenartige familiäre Verstrickungsmuster von Großeltern über Eltern zu Kindern

Wird jemand übersehen, vergessen, ausgeklammert (ein abgetriebenes Kind, ein früh verstorbenes Kind, ein nicht gewürdigter früherer Partner, eine frühere kranke Verwandte von Vater oder Mutter), wirkt das wie eine *Verletzung im System*, die nach Ausgleich verlangt, »nach Sühne schreit«. Das kann bewirken, dass ein jetzt lebender Familienangehöriger, meist ein Kind, stellvertretend den Platz einnimmt und Symptome entwickelt, also stellvertretend Sühne leistet. Es wird körperlich oder psychisch krank, entwickelt *Lebensprobleme* verschiedenster Art.

Die Beziehungsdynamik der Eltern zueinander (Paardynamik) kann geprägt sein von *Männerhass* und/oder *Frauenhass*. Die Ursache ist in der Regel eine frühe Störung der Mutter-Kind-Beziehung. Kann die Mutter in der sehr frühen Entwicklung ein männliches Kind nicht annehmen, kann das Kind später Frauenhass, ein weibliches Kind Männerhass entwickeln.

Zur Aufstellung gehören: tot geborene, abgetriebene, schwer erkrankte, früh verstorbene Kinder; Angehörige mit schwerem

Schicksal, Heimatvertriebene, Täter und Opfer, die in ihren Familien nicht gewürdigt worden sind, sondern vergessen, verachtet, ausgeschlossen waren und ausgeschlossen geblieben sind.

Für ein Kind ist es immer mehr oder weniger sehr schwer, zu sehen, *wenn ein Elternteil leidet oder wenn die Eltern im Streit sind, sich unter Umständen scheiden lassen wollen.* Symptome des Kindes enthalten dann eine Botschaft an die Eltern, die Unterschiedliches ausdrücken können: Ein *parentifiziertes* Kind übernimmt stellvertretend Lasten und Aufgaben der Eltern. Es kommt zu Leistungsstörungen in der Schule oder es grenzt sich zu früh ab. Es kann die Eltern nicht mehr als Eltern nehmen, verliert dadurch an Lebenskraft. Die verwundete, verletzte Kindesliebe hat für ein Kind weitreichende Folgen in späteren Entwicklungsjahren. In der Familienaufstellung können diese frühen Erfahrungen bei Erwachsenen oft noch sehr gut in der Übung der unterbrochenen Hinbewegung oder auch in der Stuhlübung mit dem inneren Kind nacherlebt und einer Heilung zugeführt werden.

Sehr wichtig können auch oft erstaunliche Aussagen von *Geschwisterstellvertretern* sein, die aus einer anderen Perspektive ein Familienschicksal erkennbar werden lassen. Der *Aufsteller* hat unter Anleitung des Therapeuten die Möglichkeit, alles, was zum Vorschein gekommen ist, in einen neuen Beziehungsprozess einzuordnen. Ein Bibelvers fasst das sehr schön zusammen:»Doch wenn das Licht darauf fällt, wird alles sichtbar werden. Was aber sichtbar wird, wird nun auch Licht. Deshalb heißt es: ›Wach auf, du Schläfer, steh von den Toten auf, dann wird Christus dir aufleuchten.‹« (Epheser 5,13-14)

Mit diesen *verschiedenen Wesensbeschreibungen* des Menschen ist mit Einschränkungen das sogenannte *wissende Feld* begründet. Denn in seinem Personsein ist jeder Mensch mit Leib, Seele und Geist nicht nur Einzelwesen, sondern auch Familienwesen. Jeder wird in der Familie geboren, ist in der Familie aufgewachsen, hat in der Familie mehr oder weniger schlimme Verwundungen und Verletzungen erlitten. Jeder Mensch erkennt darin häufig sein besonderes *Familienschicksal*. Jeder Mensch kann darin krank geworden, einsam geblieben, missbraucht worden sein. All diese verschiedenen Erfahrungen zusammengenommen können an die nachfolgenden Generationen weitergegeben und im Unbewussten der Seele verankert werden. Darum kann in der Regel jeder Mensch in einer *bestimmten Familienposition spüren, welche Beziehungsdynamik in der Aufstellung aktuell wirkt. In der Seele offenbart sich dieses geheime tiefe Wissen.* Dieses Wissen wird von den aufgestellten Personen, wenn sie sich an ihr Inneres führen lassen, gefühlt und als Beziehungswahrheit wahrgenommen.

Im Grunde ist diese Fähigkeit zur Wahrnehmung die Grundlage jeder Beziehung, insbesondere im Kontext tiefenpsychologischer Therapieerfahrung und, ich füge bewusst hinzu, auch in der Seelsorge, die den Betroffenen an der Wurzel einer gestörten Gottesbeziehung erreichen will. Ich erlebe oft, dass diese Fühlfähigkeit in den aufgestellten Personen in Aktion tritt und Beziehungswahrheit offenbart. Im Kapitel 5 (Das wissende Feld) werde ich noch einen weiteren Aspekt hinzufügen, der das bisher Gesagte verdeutlicht und vertieft.

Ich bin nicht eingegangen auf kritische Stellungnahmen zu der Person und der Arbeitsweise Bert Hellingers. Diese kritischen Stellungnahmen nehmen vor allem Bezug auf psychologisch-esoterische Betrachtungsweisen und Inhalte der Arbeit dieses Autors, die für meine Arbeit keine Relevanz haben und die ich nicht vertrete. Ich möchte aber nicht verschweigen, dass ich aus dem Buch von Hellinger über das *Familienstellen* »Ordnungen der Liebe« viel gelernt habe, wohl wissend, dass in der Therapie von Hellinger, aus meiner Sicht, Wahres und Falsches vermischt ist.

4.2 Falldarstellungen

(Die Namen aller Personen sind geändert, Schweigepflichtentbindungen liegen vor.)

Ich empfehle dem Leser, die folgenden Fallgeschichten in Verbindung mit den Genesis-Kapiteln im Wechsel zu lesen. Das Wahrnehmen dieser unterschiedlichen familiären Zerreißproben kann eine große Hilfe sein, wenn es dem Leser gelingt, das fremde Schicksal mit dem eigenen in Berührung zu bringen.

Die Falldarstellungen zeigen den praktischen Verlauf der Aufstellungsarbeit. Nach der Vorstellungsrunde, dem inneren Bild, der getroffenen Wahl der einzelnen Stellvertreter, die in den Raum gestellt werden, wobei *Standort, Abstand, Blickrichtung* die entscheidenden Parameter sind, erfolgt die Beziehungsbeschreibung der Familiensituation. Die Beschreibungssätze der Stellvertreter benennen das *Störungsbild*. Es zeigt sich in der Regel, dass die Aussagen der aufgestellten Personen mit der Wirklichkeit der Familie des Aufstellers übereinstimmen. Das sogenannte innere Bild bestätigt sich. Der Therapeut stellt danach das *Lösungsbild*, in dem er beide Eltern in eine gute Beziehung zueinander stellt und die Kinder auffordert, an den Platz zu gehen, *an den es sie hinzieht*. Es ist immer wieder erstaunlich, welche Wirkung dieser Satz hat. Die Einzelnen suchen sich oft nach einem längeren Prozess den besten Platz aus, an dem sie sich in der Familie wohlgefühlt hätten. Hier zeigt sich, welche Bedeutung die Beziehung in einer Familie hat. Danach geht der Stellvertreter heraus und der Aufsteller geht an seinen Platz und hat die Möglichkeit, mit seinen Angehörigen, den Eltern, den Geschwistern und eventuell auch den Großeltern und anderen wichtigen Bezugspersonen in einen klärenden Dialog zu treten.

Ich lade den *Leser* jetzt ein, die folgenden Darstellungen mit den Diagrammen, die so knapp wie möglich beschrieben sind, aufmerksam zu lesen und zu spüren zu versuchen, wie das *innere*

Bild der eigenen Familie aussehen könnte. Der eigentliche Gewinn für den Leser wird nicht nur durch das Wahrnehmen einer fremden Beziehungsgeschichte erzielt, sondern besonders auch durch die *Einfühlung in die eigene erlebte Geschichte* durch die Wahrnehmung einer anderen Geschichte. Die Kraft dieser Einfühlung kann für den Leser besonders hilfreich sein. Die Fragen lauten: »Wo und wie stehen die eigenen Familienmitglieder?«, »Wie könnte mein Dialog mit ihnen aussehen?«, »Welchen Eindruck machen die vorgestellten Beziehungssätze auf mich?« und »Was lerne ich daraus?«

Es kann auch sehr hilfreich sein, die späteren Kapitel im Wechsel in die Lektüre der Fallgeschichten mit einzubeziehen. Die Überschriften können dabei unterstützen. Die Bedeutung der Trinität Gottes, der Dreieinheit des Bösen, des einzelnen Menschen als Leib, Seele und Geist, des Familienmenschen als Vater, Mutter und Kind erschließt sich erst allmählich. Die Wahrnehmung dieser vier *Dreieinheiten* ist besonders auch für größere Gemeinschaften außerhalb der Familie, also in Gemeinde und Gesellschaft, von hoher Bedeutung.

Die Fallgeschichten beruhen auf der Geschichte von realen Personen, die mit der Publikation einverstanden sind. Allerdings gehen sie aufgrund des persönlichen Schutzes und der Schweigepflicht nicht ganz so detailliert in die Tiefe wie bei den wirklichen Aufstellungen.

Die Vornamen der betreffenden Personen sind geändert. Von allen Teilnehmern liegt die Entbindung von der Schweigepflicht vor. Sie sind mit der Veröffentlichung einverstanden.

Ich empfehle dem Leser, jeweils nur eine bis zwei Fallgeschichten hintereinander zu lesen. Die Einfühlung in Störungsbild, Lösungsbild und in die Dialoge erfordert große Aufmerksamkeit. Am Anfang jeder Fallgeschichte werden ein Störungsbild und ein Lösungsbild gegenübergestellt. Die Namen sind abgekürzt und finden sich ausgeschrieben in den folgenden Aufstellungen.

Günters Fallgeschichte

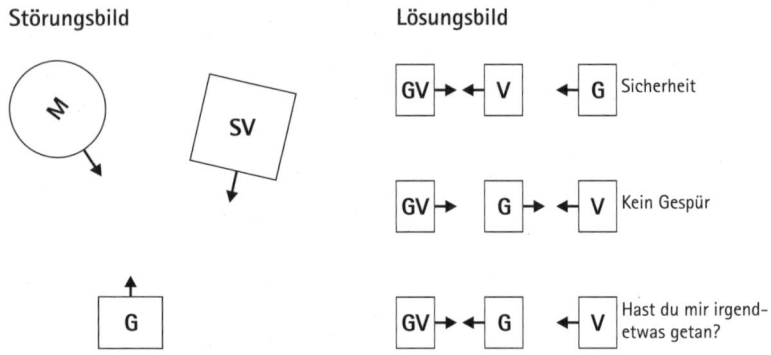

Störungsbild

Lösungsbild

GV → ← V   ← G   Sicherheit

GV → G → ← V   Kein Gespür

GV → ← G   ← V   Hast du mir irgend-etwas getan?

Biografische Daten

45 Jahre, akademischer Beruf, zwei schwere Verkehrsunfälle in der Familie, wegen häufiger Krankheiten und psychischer Störungen vorzeitiger Ruhestand.

Aufgestellte Personen

Günter, noch Kind, bekommt Stiefvater. Als Günter erwachsen war, Tod des Stiefvaters. Danach wird Günter vom Großvater (Vater des Stiefvaters) adoptiert, zu dem die Beziehung auch doppelt schwierig ist. Adoptivgroßvater lebte in der Nähe und spielte eine entscheidende Rolle. Früher Tod des leiblichen Vaters (nach Würdigung seiner Person nicht aufgestellt).

Störungsbild

Fragen des Therapeuten (zu den einzelnen Personen): Wie geht es dir? Sag drei Sätze und ein Wort.

Stiefvater: Wenig Beziehung zu meiner zweiten Frau (war früher schon in einer Verbindung), noch weniger Kontakt zu meinem Stiefsohn.

Mutter: Schaue an meinem Sohn vorbei, kaum Kontakt zum Stiefvater.

Günter: Kann nicht antworten (schweigt längere Zeit, weint ein wenig, wirkt sehr betroffen).

Nach dem Tod des Stiefvaters wurde Günter vom Vater des Stiefvaters adoptiert. Das Schicksal Günters wird entscheidend von Stiefvater und Adoptivgroßvater bestimmt.

Lösungsbild

Unterbrochene Hinbewegung Günters zum Adoptivgroßvater

Günter:
1. Satz: Ich frage mich, was zwischen uns gewesen ist (sagt den Satz 3-mal).
2. Satz: Ich habe nie eine herzliche Beziehung zu dir gehabt (3-mal).
3. Satz: Ich war dir gegenüber unsicher, vielleicht hatte ich sogar Angst vor dir (5-mal).
4. Satz: Ich habe schon früh die Spannung zwischen dir und meinem Stiefvater gespürt. Du hast ihn zwar adoptiert, aber nie anerkannt (5-mal).
5. Satz: Ich glaube, du warst in der Tiefe ein verbitterter Mann, der mit seinem Schicksal gehadert hat. Nach den beiden Unfällen war nun der Sohn im Haus, der doch nicht dein Sohn war (3-mal). (In der Familie des Großvaters gab es zwei Unfälle, bei denen ein Sohn tödlich verunglückt ist.)

6. Satz: Du hast mich auf die Seite meines Vaters gestellt und hast in mir meinen Vater gesehen und mich mit ihm zusammen abgelehnt. Du mochtest mich nicht wirklich.
7. Satz: Ich frage mich, ob zwischen uns etwas war, was mich tief verletzt haben könnte, woran ich mich aber nicht mehr erinnern kann.
8. Satz: (Ich warte eigentlich auf eine Antwort.) Vielleicht steht jemand zwischen uns, ich spüre meinen Schwiegervater hinter mir.

Das *Diagramm* zeigt drei Reihen verschiedener Blickrichtungen der drei Personen AG, SV und G mit verschiedenen Beziehungsbotschaften, die erst die ganze Beziehungswahrheit ans Licht bringen.

1. AGV ist SV zugewandt, sie sind mit sich beschäftigt, Günter fühlt sich sicher.
2. Günter steht in der Mitte, AGV hinter ihm, SV vor ihm: Das berührt ihn nicht, keine Gefahr von SV.
3. Bild zeigt vor allem die Angst Günters, vom AGV missbraucht worden zu sein. Die Beziehung zwischen G, SV und AGV mit veränderten Blickrichtungen bringt Klarheit in Günters Beziehungsunsicherheit: Bin ich vom AGV missbraucht worden?

Schlussrunde

Wofür habe ich zu danken?
Ich sehe klarer, von Adoptivgroßvater ging keine Bedrohung aus.

Was habe ich gelernt?
Ich habe die Gründe meiner Beziehungsunsicherheit erkannt, jetzt ahne ich die Ursache und kann jetzt damit umgehen.

Was ist mein nächster Schritt?
Versuchen, mit meiner Mutter zu reden.

Was ist meine größte Gefahr?
Das Vergangene festhalten.

Fazit

Dieses Beispiel zeigt eine tiefgreifende Beziehungsunsicherheit eines Sohnes durch Verlust des Vaters. Stiefvater und später Adoptivgroßvater können den Vater nicht ersetzen. Erst im abschließenden Heilungs- und Segnungsgebet wird Erfahrung von Ruhe und Frieden möglich.

Haralds Fallgeschichte

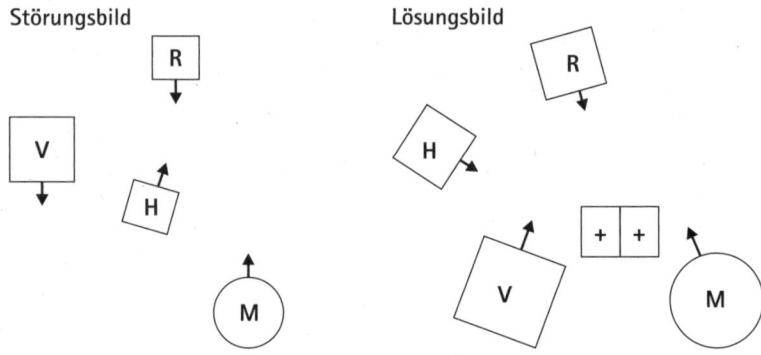

Biografische Daten

49 Jahre, akademischer Beruf, leidet unter alten, notvollen Verhaltensmustern, immer wieder Wutausbrüche, kommt von Eltern nicht los, Eheprobleme.

Aufgestellte Personen

Vater, Mutter, Harald, Bruder Rainer, später werden zwei abgetriebene Kinder dazugestellt und gewürdigt.

Störungsbild

Therapeut (zu den einzelnen Personen): Wie geht es dir? Sag drei Sätze und ein Wort.

Vater: Nicht gut, sehe meine Frau nur von Weitem. Sie schaut weg, fühle mich schutzlos, mit den beiden da (meint die Söhne) habe ich nichts zu tun.

Mutter: Ich fühle mich nicht wohl, bin unsicher. Meine Kinder sind zu weit weg, ich schaue ins Leere, habe keinen Mann.

Harald: Ich stehe im Abseits, habe keinerlei Verbindung zur Familie. Ich fühle mich verloren.

Rainer: Ich stehe im Zentrum, habe die Mutter im Blick. Den Vater sehe ich überhaupt nicht, von hinten kommt Druck.

Therapeut (zu Harald): Was war zwischen den Eltern?

Harald: Die Ehe war eine Zweckbeziehung, Arbeitsteilung in festen Rollen. Der Vater war verwöhnt seit seiner Kindheit, die Mutter in Härte erzogen. Mutter erlebt den Vater als drittes Kind, musste die Familie durchbringen. Beide Eltern sind voneinander abhängig.

Lösungsbild

Würdigung der toten (abgetriebenen) Kinder, sie sitzen zwischen den Eltern. Harald hat sich vorgedrängt, Rainer steht neben ihm. Die Mutter steht rechts neben dem Vater, beide Eltern sind einander zugewandt.

Therapeut: Wie geht es dir jetzt?

Harald: Ich fühle mich ganz wohl, Eltern stehen gut, Vater ist jetzt Vorbild, mein Bruder Rainer steht mehr im Winkel.

Rainer (antwortet dem Vater): Du warst kein gutes Vorbild, hast mir keine Liebe, keine Gefühle gezeigt. Aber jetzt lasse ich dich los, ich wünsche dir Segen.

Rainer (antwortet der Mutter): Ohne dich wäre ich sehr allein gewesen. Danke für alles, was du mir gegeben hast.

Harald (antwortet der Mutter): Ich weiß, du hast dich aufgeopfert. Ich hätte mir gewünscht, mehr von dir zu erfahren, wie es dir geht. Du hast dich nur nach schulischen Leistungen erkundigt. Persönliche Dinge waren dir nicht wichtig. Du hast mir sehr gefehlt, hätte dich sehr gebraucht (vorwurfsvoll). Deine Arbeit war dir wichtiger. Aber das muss ich jetzt bei dir lassen, was du getan hast. Dafür hast du die Verantwortung. Ich gebe dich frei und entlasse dich aus meinen Vorwürfen und Anklagen.

Harald steht mit Tränen vor dem Vater. Er beklagt sich, dass er ihm zu wenig Vorbild war, dass er heute noch in der Ehe Probleme hat, seit vielen Jahren in Ehearbeit engagiert ist und ganz allmählich erst jetzt selbst in der Familie die Vaterrolle übernehmen kann.

Harald (zum Vater): Alle Vorwürfe lasse ich jetzt los. Du bist mein Vater, ich bin dein Sohn. Was du mir nicht geben konntest, lasse ich jetzt bei dir, ich gebe dich frei.

Mutter (antwortet beiden Söhnen): Mein Verhalten tut mir jetzt von Herzen leid. Ich freue mich, dass ihr euren Platz gefunden habt. Zwischen Papa und mir war keine gute Beziehung, aber das geht euch nichts an.

Schlussrunde

Wofür habe ich zu danken?
Für die Erkenntnis, dass Trennung von Gefühl und Wille schlimme Folgen hat.

Was habe ich gelernt?
Mutter war dominant, gefühllos, der Vater fehlte.

Was ist mein nächster Schritt?
Zu lernen und einzuüben, dass in meiner Ehe Vaterschaft und Mutterschaft zusammengehören.

Was ist meine größte Gefahr?
An alten Beziehungsmustern hängen zu bleiben.

Fazit

Dem Leser wird allmählich zunehmend deutlich, dass gestörte Familienbeziehungen auf den Einzelnen in der Familie auf unterschiedliche Weise schlimme Folgen haben. Es gehören immer zusammen die Beziehung zu mir selbst, zu meinen Angehörigen, später zu den mir zugewandten Mitmenschen und Bezugspersonen auch im Beruf und bei Christen immer auch die Beziehung zu Gott. Diese Störungen können im Lauf der Zeit, wenn sie keiner Lösung zugeführt werden, nicht nur schlimme Beziehungsfolgen haben, sondern auch seelische und körperliche Symptombildungen auslösen. Unter schlimmen Beziehungsfolgen können negative Gefühle von Neid, Missgunst, Angst, Depressivität und anderes verstanden werden. Die Aufstellungen bringen diese Zusammenhänge immer wieder auf unterschiedliche Weise ans Licht.

Ich ermutige den Leser, wieder innezuhalten und sich selbst und die eigene Geschichte ein wenig durchzuspüren und eventuell anschließend die zwei folgenden, anstrengenden Fallgeschichten von Heidi und Rita durchzuarbeiten.

Heidis Fallgeschichte

Störungsbild   Lösungsbild

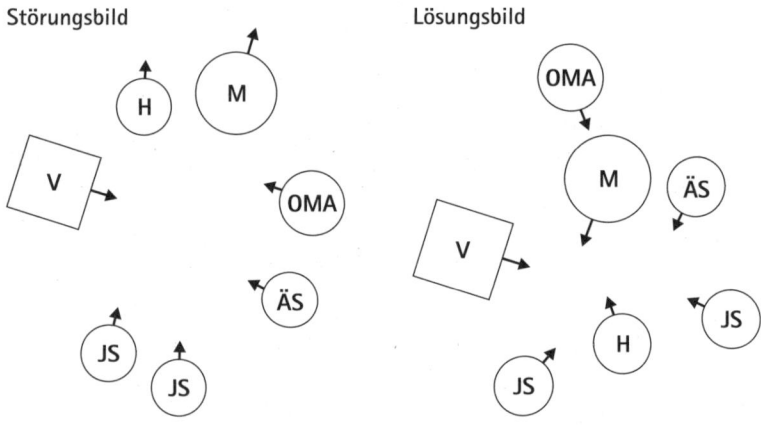

Biografische Daten

51 Jahre, akademischer Beruf, verheiratet, evangelisch-freikirchlich, seit früher Kindheit Beziehungsstörungen in der Familie: »verrücktes« Herkunfts-Familiensystem, wenig Gefühle in der Ehe, keine Kinder. Aus beruflichen Gründen Interesse am Familienstellen auf biblischer Basis.

Aufgestellte Personen

Vater, Mutter, Oma (Mutter der Mutter), eine ältere Schwester, Heidi, zwei jüngere Schwestern.

Störungsbild

Therapeut (zu den einzelnen Personen): Wie geht es dir? Sag es in drei Sätzen und einem Wort.

    Vater: Ich fühle mich isoliert, habe keine wirkliche Beziehung zu meiner Frau. Sie steht sehr weit weg von mir, mir geht es schlecht.

Mutter: Es geht mir sehr gut. Ich habe meine Ruhe, gehe meinen eigenen Weg. Der große Abstand zu meiner Tochter tut mir leid, aber ich fühle mich sehr sicher, ist ok so.

Oma: Ich fühle mich sehr wohl mit diesen drei Mädchen. Meine Tochter ist meinem Blick entschwunden. Zwiespältige (ambivalente) Gefühle gegenüber Vater und Heidi.

Ältere Schwester: Ich fühle mich sicher und wichtig bei meiner Oma, kann meine Mutter nicht sehen, der Vater schaut an mir vorbei.

Jüngere Schwester: Ich bin angespannt, fühle mich wohl neben meiner Schwester, die mir sehr nahe ist, auch bei meiner Oma. Die hält alles zusammen. Ich habe Angst, dass meine Schwester Heidi zerrissen wird.

Jüngste Schwester: Ich kann alle sehen, fühle mich aber isoliert. Der Abstand ist zu groß, ich bin zornig.

Heidi: Mir geht es schlecht. Etwas will mich rauspuschen, was ich nicht definieren kann. Ich könnte explodieren, fühle mich zerrissen.

Lösungsbild

Therapeut stellt Vater und Mutter nebeneinander, fordert alle anderen auf, an den Platz zu gehen, an den es sie hinzieht.

Therapeut: Wie geht es dir?

Vater: Jetzt bin ich mittendrin, aber irritiert, dass ein Teil der Familie an mir vorbeischaut, bin aber froh, dass meine Frau bei mir ist.

Mutter: Mir geht es gut. Ich sehe meinen Mann, das gibt mir Sicherheit. Kann meine jüngere Tochter nicht sehen. Es stört mich, dass meine Mutter hinter mir steht.

Oma: Ich fühle mich an einer guten Stelle. Ich spüre, dass ich eine Macht habe.

Heidi: Jetzt sind wir alle nah zusammen, kann aber die jüngeren Schwestern nicht sehen.

Jüngere Schwester: Ich will zum Vater, kann ihn aber nicht ansehen.

Jüngste Schwester: Ich kann alle sehen, habe etwas Distanz, die mir recht ist.

Ältere Schwester: Mir geht es gut. Ich sehe meine Geschwister, ich sehe meine Mutter. Hier gehöre ich hin.

Weitere Klärungsversuche, Dialoge

Heidi (zur jüngeren Schwester): Ich kann einfach nicht auf dich verzichten, ich brauche dich. Wir wissen alles voneinander. Ich bin endlos traurig über meine Kinderlosigkeit. Meine Mutter hat mich gehasst, weil ich am meisten »jüdisch« aussehe.

Heidi (zur älteren Schwester): Meine Mutter hat mich bevorzugt, weil du so langsam warst. Ich war das Wunschkind, aber ich sollte ein Sohn werden. Ich wurde plötzlich abgestillt, beinahe wäre ich gestorben (weil ihre Brust angeblich anfing zu hängen). Ich liebe meine Mutter, dieses Monster, trotzdem immer noch. Es gab eine große Nähe zwischen meinem Vater und mir. Ich kann meinen Vater nicht loslassen, das verstehe ich nicht. In der Hochzeitsnacht habe ich dem sexuellen Begehren abgeschworen. Mein Mann ist mir zwar Halt und Sicherheit, aber mein sexuelles Begehren richtet sich nach außen.

Therapeut stellt ein letztes Lösungsbild (Gegenwartssituation ist mit dokumentiert)

Therapeut: Es sind weitere Männer ihrer aktuellen Beziehungssituation von Bedeutung.

Heidi (erschrickt, Heidi sieht mit Blick schräg nach links zwei Männer hintereinander stehen)

Heidi: Dieses Bild halte ich fast nicht aus. Ich kann da nicht hinsehen, es hat mit Scham zu tun.

Heidi (zu Mann D): Ich liebe dich, aber ich weiß nicht, was ich mit der Liebe anfangen soll.

Es gibt keinen Platz für sie. Wenn ich mich fürchte, denke ich an dich.

Therapeut denkt nach: Handelt es sich hier um eine »Übertragung« (Vater-Ehemann)?

Heidi (zum Mann A): Was wir einander angetan haben, ist verrückt, vergiss es. Wir haben ein Riesenproblem damit.

Heidi (zum Ehemann): Ich hab dich lieb, aber kein Begehren. Auf dich kann ich mich aber verlassen.

Heidi (zum Vater): Ich möchte, dass du gehst, dass alles vorbei ist. Lass mich los. (Ich glaube, ich lasse ihn nicht gehen.)

Therapeut (zu Heidi): Warum findet der Vater vor dir keine Ruhe? Warum kannst du ihn nicht loslassen?

Heidi: Weil ich dann mit der Mama allein bin, ich brauche ihn noch.

Heidi (zur Mutter): Alle diese Männerprobleme haben viel mit dir zu tun.

Heidi (zur Oma): Ohne dich könnte ich nicht singen und nicht lachen.

Mann D (zu Heidi): Ich will, dass du dich entscheidest.

Mann A (zu Heidi): Du musst dir über deine Gefühle klar werden.

Ehemann (zu Heidi): Ich erlebe und empfinde dich als zerrissen und möchte, dass du zu mir kommst, du gehörst zu mir.

Vater (zu Heidi): Du kannst mich loslassen.

Mutter (zu Heidi): Lass mich los, du schaffst das auch allein.

Oma (zu Heidi): Es tut mir leid, dass ich dich nicht mehr geliebt habe.

Schlussrunde

Wofür habe ich zu danken?
Ich sehe und erkenne meinen *Gefühlswirrwarr* mehr und mehr und bin dankbar und hoffe nach einer schlaflosen Nacht zu einer Entscheidung zu finden.

Was habe ich gelernt?
Sexueller Missbrauch erzeugt Liebes- und Lebenskatastrophen.

Was ist mein nächster Schritt?
Meine jahrelange Gottesbeziehung erneuern.

Was ist meine größte Gefahr?
Mich sehr schwer entscheiden zu können.

Fazit

Das Stichwort Gefühlswirrwarr steht im Mittelpunkt dieser Beziehungsgeschichte. Ich möchte das jetzt nicht näher kommentieren, sondern dem Leser überlassen, wie er mit diesem Phänomen umgehen möchte. Später werde ich darauf zurückkommen. Ich empfehle dem Leser jetzt, sich eventuell mit einem anderen Kapitel zu beschäftigen, vielleicht eingehender das komplexe, sehr wichtige und schwierige Thema der vier aufeinander bezogenen Dreiecke genauer anzuschauen.

Ritas Fallgeschichte

Störungsbild der Herkunftsfamilie **Störungsbild der Gegenwartsfamilie**

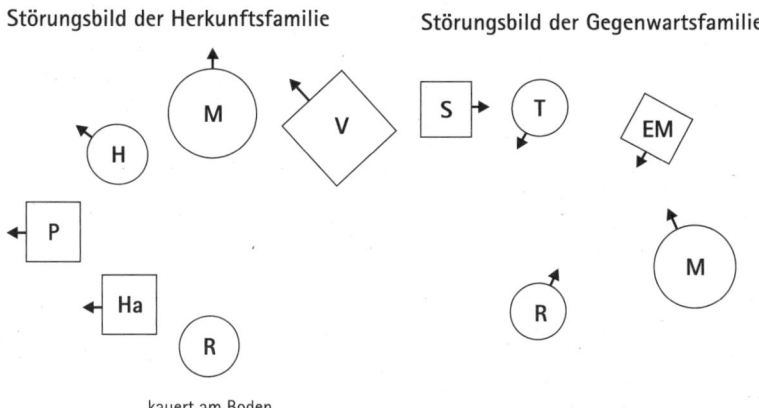

kauert am Boden

Biografische Daten

Schon bei der Geburt entzündete Haut, im Alter von elf Monaten an Neurodermitis erkrankt, vier Wochen im Krankenhaus, danach Eltern nicht wiedererkannt. Mutterangst. Vater Alkoholiker, viele Jahre sexueller Missbrauch. Hauptproblem ist bei hoher Begabung: schwerste Abhängigkeit von Menschen, Angst, Einsamkeit.

Aufstellung der Herkunftsfamilie

Aufgestellte Personen

Vater, Mutter, Rita, zwei ältere Geschwister: Helga, Peter, jüngerer Bruder Hans.

Störungsbild

Therapeut: Wie geht es dir? Sag es in drei Sätzen und einem Wort.

Mutter: Ich gehöre nicht dazu, ich will hier raus.

Vater: Schlecht. Ich habe großen Abstand zu meiner Familie, stehe abseits.

Rita (kauert am Boden, schaut vor sich hin): Sehr schlecht (fängt an zu weinen).

Helga: Ich stehe zwar neben der Mutter, habe aber keinen Kontakt.

Peter: Ich gehöre nicht dazu.

Hans: Ich weiß nicht, was ich hier soll.

Diese aus der Aufstellungssituation erkennbare, unglaublich chaotische, beziehungsgestörte Familiensituation ist in dieser Ausdrucksstärke selten. Ich frage Rita, die am Boden kauert, und ermutige sie, mal zur Mutter hinzugehen, die ihr gegenübersteht und nach außen schaut, wegschaut.

Rita bricht zusammen. Beginnt unglaublich zu weinen, gerät in tiefsten Schmerz. Ich ermutige sie, tief ein- und auszuatmen. Allmählich fängt sie sich und antwortet auf meine Bitte, mal zur Mutter hinzugehen.

Rita: Ich will da nicht hin, sie ist eine Hexe, sie spielt ein falsches Spiel. Sie wollte uns Kinder alle nicht. Ich möchte meine Oma aufstellen. Sie hat meine Mutter betrogen, die hat uns alle betrogen. (Danach erzählt sie eine chaotische Geschichte, auch von einer Abtreibung, zu der Helga überredet wurde.)

Rita: Ich will diese Familie nicht, ich sterbe.

Der Therapeut beginnt mit Rita eine längere Beziehungsarbeit, in der vor allem die in ihr wirkende chaotische Gefühlswelt ausgedrückt werden kann. Darin hat sie Zeit und Raum zu weinen, zu klagen und anzuklagen, zu schreien und zu toben.

Therapeut (formuliert allmählich Sätze der Ermutigung, die von Rita gut genommen werden können wie frisches Wasser): Rita, du lebst, du sollst leben (und weitere Sätze mit diesem Inhalt).

Rita: Es ist niemand da, wo soll ich denn hin? Ich will nicht mehr suchen.

Therapeut: Du wirst deinen Platz finden, du hast ihn schon.

Rita: Ja. Ich möchte mich von Schwester Helga verabschieden.

Rita (Sie geht in meiner Begleitung zu ihr hin): Ich will, dass du nicht mehr in mein Leben kommst. Du warst meine Ersatzmutter. Auch du hast mich betrogen und belogen. Du hast die Lügen mitgemacht. Du wusstest, dass Mutter und Vater immer in Kontakt waren, unter einer Decke. Du hast mitgespielt, damit Mutter dir näher sein konnte als uns. Ich will dich nicht verlieren und ganz allein sein (weint heftig). Ich lasse dich los aus meinen Anklagen und vergebe dir in Jesu Namen, was du mir angetan hast. Ich nehme jetzt mein Leben auch ohne dich. Ich bin Rita und nicht Helga. Ich habe mit dir nichts mehr zu schaffen.

Helga: Deine Vorwürfe liegen wie eine Last auf mir. Ich verstehe, dass wir beide unser Leben unabhängig voneinander leben müssen.

Rita (Abschied vom ältesten Bruder Peter): Es tut mir leid, dass ich dich verachtet habe, so wie dein Vater dich verachtet hat. Ich wollte dich nicht und versuchte es wiedergutzumachen. Ich habe dir Unrecht getan, meinen Jammer auf dich übertragen. Ich wollte dich verletzen, so wie ich verletzt worden bin. Es tut mir sehr leid. Vergib mir.

Peter: Ich vergebe dir. Ich war ein Opfer und ein Täter wie du auch. Ich wünsche dir die Kraft, dein Leben zu führen.

Rita (Abschied vom jüngeren Bruder Hans): Du bist mein Vorbild gewesen: Du bist cool, hast viel Geld, hast dich durchgesetzt, aber wir haben keine Beziehung. Du hast alles miterlebt, aber weggeschaut.

Hans (zu Rita): Ich hätte mir gewünscht, dass du aufstehst und wir auf einer Ebene sind.

Rita (Abschied von ihrem Vater): Ich habe dich sehr lieb. Ich war froh, dass du mich berührt hast. Ich hatte Macht bei dir und auch von dir. Manchmal tat sie mir gut. Ich war deine Frau, nicht dein Kind. Diese Position hatte ich auch in der Familie, die Geschwister mussten tun, was ich sagte. Ich hatte Verantwortung. Ich fühle sie noch heute. Du hast mich geliebt und gleichzeitig missbraucht. Bis heute weiß ich nicht, was Liebe ist. Hass und Liebe mischen sich. (Trauer kommt heraus, weint entsetzlich.) Ich suche immer noch. Ich lasse jetzt diese ganze schlimme Beziehung los. Ich lasse dieses schlimme Männerbild los, das du in mir erweckt hast.

Vater (zu Rita): Ich kann nur zustimmen. Es tut mir leid. Du hast recht, lass mich los, aber ich habe dich auch geliebt.

Nach dieser Aufstellung ist Rita total erschöpft, schweigsam, aber auch wie verwandelt, fühlt sich befreit. Sie schläft den ganzen Nachmittag. In der darauffolgenden Nacht schläft sie gut, hat aber Träume, die sie aufwühlen. Nach einem weiteren Tag wirkt sie ausgeglichen, gesammelt und ist entschlossen, die *Gegenwartsfamilie* aufzustellen – mit ähnlichen Beziehungskatastrophen.

Aufstellung der Gegenwartsfamilie

Aufgestellte Personen

Exmann, zwei Kinder: schon ältere Tochter und Sohn, die zuletzt verabschiedet werden. Rita wünscht, dass Mutter dazukommt.

Störungsbild

Therapeut (zu den einzelnen Personen): Wie geht es dir? Sag es in drei Sätzen und einem Wort.

Mutter (steht nahe bei Ritas Exmann): Er ist beinahe wie mein *Ehemann*. Es geht mir ganz gut. Auch zu den Kindern von Rita keine Beziehung, habe auch keine Beziehung zu meiner Tochter Rita, mir geht es ganz gut.

Exmann von Rita: Ich frage mich, warum meine Schwiegermutter so nahe bei mir steht. Das ist unangenehm. Aber die Distanz zu meiner Frau Rita ist angenehm, ich fühle mich stabil, ausgewogen.

Rita: Ich stehe ganz allein, zwei Grüppchen gegeneinander. Ich habe keine Beziehung, fühle mich einsam, keiner schaut mich an.

Tochter: Kein Gefühl zu den Eltern. Der Bruder ist mir zu nahe, er engt mich ein. Zur Mutter ist eine Spannung, fühle mich nicht wohl. Zum Vater und zur Oma fast keine Beziehung, bin gefühllos.

Sohn: Stehe angenehm. Schön, dass Schwester neben mir steht, ebenso angenehm, dass Vater und Mutter da sind.

Rita: (geht an ihren Platz, antwortet spontan): Ich fühle *von allen Seiten Gewalt*, vom Sohn, von der Tochter, vom Exmann und von der Mutter. Mein Exmann hat mich oft geschlagen, meine Kinder haben seine Gewalt gegen mich übernommen und auf mich übertragen. Bei meiner Mutter bettle ich immer noch um Gnade und Anerkennung. Ich möchte mich jetzt verabschieden von ihr (sagt diese Sätze in großer Trauer, aber im Ganzen gefasst).

Therapeut (zu Rita): Sag der Mutter einige Sätze (geht auf Mutter zu).

Rita: Von meinem Leben bleibt nichts übrig, warum kannst du mich nicht lieben? Lass mich in Ruhe. Ich werde dich nicht mehr besuchen. Zu deiner Beerdigung werde ich kommen, vorher nicht. Erst wenn du dich änderst, besuche ich dich wieder (ich möchte ein Messer nehmen und auf sie losgehen).

Rita (weiter zur Mutter): Auch wenn du mir Vorwürfe machst, komme ich nicht mehr zu dir. Erst wenn du mich behandelst wie eine erwachsene Frau und alles zurücknimmst, was du mir angetan hast. Ich werde dir einen Brief schreiben und dir alles mitteilen, was du mir angetan hast, damit du weißt, wie es mir geht. Du hast die Möglichkeit einer Entschuldigung. Du hast mich ein Leben lang missbraucht. Du warst eine böse Frau und keine Mutter, aber dafür hast du die Verantwortung, nicht ich. Ich entlasse dich jetzt aus meinen Vorwürfen und Anklagen und gebe dich frei. Ich lebe jetzt mein Leben auch ohne dich und in Jesu Namen vergebe ich dir alles, was du mir angetan hast (weint, aber beruhigt sich schnell).

Rita (geht jetzt auf Exmann zu): Alle Probleme hast du auf mich geschoben, aber ich bin nicht allein schuld. Sehr verletzt hat mich deine Pornografie. Aber ich möchte dich um Entschuldigung bitten für mein Fremdgehen in unserer Ehe. Für alles andere bist du verantwortlich. Ich verabschiede mich von dir und gebe dir alles zurück, was du mir angetan hast, und lasse dich jetzt los. In Jesu Namen vergebe ich auch dir alles, was du mir angetan hast. Wie bisher gehe ich meinen Weg weiter auch ohne dich und entlasse dich aus allen meinen Vorwürfen und Anklagen. Du bist jetzt frei.

Exmann: Warum hast du alles über dich ergehen lassen, du bist an allem schuld.

Rita (zum Exmann): So bist du einfach. Du hast mich in die Therapie geschickt. Auch dir werde ich einen Brief schreiben und dir alles mitteilen, da ich merke, dass du innerlich noch immer so denkst wie früher. Aber du hast genauso Schuld wie ich. Wir bleiben getrennt und du kannst deinen Weg gehen ohne mich.

Rita (zu ihrer Tochter): Ich möchte, dass du und dein Bruder euch gegenseitig stärkt. Ihr seid Geschwister. Es tut mir leid, dass ich dir schon mit zwölf Jahren erzählt habe, dass mich mein Vater missbraucht hat. Damit warst du überfordert. Ich bin jetzt stolz auf dich. Wenn ich schuldig geworden bin, bitte ich dich um Vergebung.

Tochter (zu Rita): Ich vergebe dir, aber es war »scheiße«, was du mir gesagt hast. Denn es hat mein Frauenbild und Männerbild stark belastet. Aber heute muss ich selber Verantwortung übernehmen für mich. Ich weiß, dass für dich alles sehr schlimm war.

Rita: Du bist und bleibst meine Tochter. Ich bin deine Mutter, aber sorgen musst du jetzt für dich selbst.

Rita (zu Sohn): Du hast mich sehr verletzt durch deine Gewalt. Immer wieder habe ich Gewalt erlebt, durch Vater und Mutter und zuletzt auch durch dich. Du hast zu mir gesagt: »Dein Exmann hat dich noch nicht genug ›durchgefickt‹.« Das hat mir sehr wehgetan. So geht der »Frauenhass« weiter. Und es ist schlimm, was du tust. Du bist so schlimm wie dein Vater. Ich fühle mich ganz klein in deiner Nähe.

Sohn: Ich habe nur Oma, deine Mutter, gehasst, nicht dich. Dich habe ich nur verachtet.

Rita (überwältigt von Tränen): Ich muss alles aufgeben, nicht schon wieder.

Sohn: Dein Schmerz kümmert mich nicht.

Rita: Du bist mein Sohn, aber mehr der Sohn deines Vaters. Du hast seinen Hass übernommen und damit auch seinen Frauenhass, die Verachtung mir gegenüber als Frau und Mutter. Du verachtest mich und nützt mich schamlos aus. Welche Rolle deine Freundin spielt, kann ich nur ahnen. Ich dagegen bin deine Mutter und als Frau sage ich dir: Das hört jetzt auf!

Therapeut: Sag es dreimal!

Rita: Das hört jetzt auf, das hört jetzt auf! Das hört jetzt auf. Ich sehe keine andere Lösung, als mich von dir völlig zurückzuziehen, damit ich endlich leben kann und dass es auch dir besser geht. Denn deine Missbrauchshaltung, die du mir gegenüber hast, beschmutzt nicht nur mich, sondern auch dich und dein Frauenbild. Es gibt keine bessere Lösung als die Trennung. Mein Leben gehört jetzt einem anderen.

Damit meint sie Jesus.

Sohn: Ich werde jetzt gehen, mich hält eigentlich nichts zurück.

Schlussrunde

Wofür habe ich zu danken?
Dass ich den ganzen *Lebensjammer* von Kindheit an, die Beziehungskatastrophe vor allem zur Mutter, aber auch zu den anderen Angehörigen, anschauen, ausdrücken und zu einer guten Lösung bringen konnte. Das hat mir sehr geholfen. Aber ich danke auch

für die ganze Runde, die mich getragen und mit mir gelitten hat.

Was habe ich gelernt?
Wie sehr Gefühlsverletzungen ein ganzes Leben kaputt machen können.

Was ist mein nächster Schritt?
Neue Gefühlsmuster einüben, in der Form, wie wir es besprochen haben.

Was ist meine größte Gefahr?
Alte Sehnsüchte nach Liebe und Geliebt-zu-Werden wieder aufflammen zu lassen.

Fazit

Herkunfts- und Gegenwartsfamilie von Rita offenbaren einen unglaublich tiefen Lebensjammer. Die Herausforderung an den Therapeuten und Seelsorger ist in solchen Fällen sehr intensiv. Rita ist seit Jahren in Therapie und Seelsorge. Diese Geschichte zeigt in besonderer Weise die Bedeutung der Begriffe *Macht der Sünde* und *Stachel des Todes*. Die alte Schlange, die wir in den Genesis-Fallgeschichten kennenlernen werden, ist hier sehr machtvoll am Ball. Diese und ähnliche Beziehungskatastrophen können nur durch *gebietendes Gebet* überwunden werden. Die Seelsorge kennt hier den Begriff *Befreiungsdienst*. Auf Einzelheiten wird in Kapitel 8 hingewiesen. Es sei betont, dass Rita während des Seminars entscheidende Hilfe erfahren hat und auch weiterhin in guter therapeutischer und seelsorgerlicher Begleitung ist. Vielleicht wäre es für den Leser hilfreich, jetzt ein späteres Kapitel durchzuarbeiten und erst danach wieder zu den Fallgeschichten zurückzukehren.

Friedgards Fallgeschichte

Störungsbild

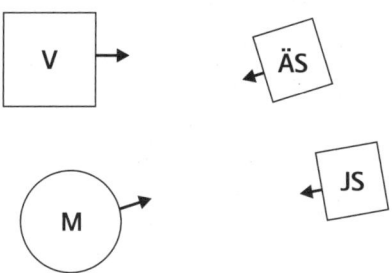

Biografische Daten

36 Jahre, verheiratet, höhere Angestellte, behütete Kindheit, schon länger verheiratet. Eheprobleme, ihre Aussage: »Ich kann die hohen Erwartungen meines Mannes nicht erfüllen«, seit einigen Monaten eigene Wohnung, zwei kleinere Söhne leben bei der Mutter. Früher schon Herkunftsfamilie aufgestellt. Möchte jetzt ihre Gegenwartsfamilie aufstellen.

Aufgestellte Personen

Vater, Mutter Friedgard, zwei Söhne

Störungsbild

Therapeut (zu den einzelnen Personen): Wie geht es dir? Sag drei Sätze und ein Wort.

Vater: Eigentlich ganz gut. Die Frau ist in der Nähe, aber sie schaut an mir vorbei.

Mutter: Nicht so gut, ich sehe nur die Kinder, der Mann neben mir geht seinen eigenen Weg.

Älterer Sohn: Beide Eltern stehen vor mir, ich sehe sie beide.
Jüngerer Sohn: Ich stehe vor der Mama, schaue Papa und Mama an.

Verzicht auf Lösungsbild

Auf Lösungsbild wird verzichtet, da die Beziehung Friedgards zu ihrem Ehemann das eigentliche Problem darstellt und durch eine Lösung nicht geklärt werden kann.

Unterbrochene Hinbewegung Friedgards zum Ehemann und zum Vater

Beide stehen einander gegenüber.

Friedgard (zu beiden): Ja, so hat es für uns beide eine Weile gestimmt und ich konnte die Defizite ausfüllen. Als der erste Sohn zur Welt kam, veränderte sich unsere Beziehung, ich war Mutter für beide.

Ehemann (zu Friedgard): Für mich unbewusst habe ich dich als meine Mama missbraucht und du hast dich als meine Mama missbrauchen lassen.

Friedgard (zum Vater): Du bist mein Vater und ich danke dir dafür.

Friedgard (zum Ehemann): Du bist mein Mann und ich habe die ganze Zeit das Gefühl, dass ich dir nicht die Ehefrau sein kann, die du dir wünschst.

Friedgard (zum Vater): Du bist mein Vater und du hast mein Männerbild geprägt.

Friedgard (zum Ehemann): Du bist mein Mann und am Anfang hat alles so stimmig ausgesehen.

Friedgard (zum Vater): Du bist mein Vater und ich habe dich bewundert und du hast mich bewundert.

Friedgard (zum Ehemann): Du bist mein Mann und ich habe versucht, deine schwierige Vergangenheit mit dir zusammen heil zu machen.

Friedgard (zum Vater): Du bist mein Vater und als ich in die Pubertät kam, habe ich gemerkt, dass du auch nicht fehlerlos bist.

Friedgard (zum Ehemann): Du bist mein Mann und im Laufe der Zeit habe ich gemerkt, dass die Liebe immer kleiner und kleiner geworden ist.

Friedgard (zum Vater): Du bist mein Vater und ich danke dir, dass ich mich auf dich verlassen durfte, auch als ich mich mit dir auseinandersetzen musste, auch in Unstimmigkeiten.

Friedgard (zum Ehemann): Du bist mein Mann und ich hätte gerne eher eine Lösung gefunden. Ich würde ja ganz gerne zurückkommen, aber ich spüre, dass ich deine Erwartungen nicht erfüllen kann. Ich habe dir die Liebe gegeben, die ich konnte. Du hast mich immer wieder um ein neues »commitment« gebeten, aber ich kriege das nicht hin.

Stuhlübung (am Ende des Seminars)

Ehemann (leerer Stuhl) sitzt Friedgard gegenüber.

Friedgard: Ich hatte gehofft, gleichwertig zu sein, ernstgenommen zu werden.

Friedgard: (nimmt auf dem Stuhl des Ehemannes Platz): Ich merke, du wartest nur darauf, dass ich mich verändere.

Friedgard: Du bist nicht bereit, dich zu verändern. Solange du dich nicht veränderst, kann ich nicht mehr mit dir zusammenleben.

Ehemann: Es tut mir leid, du kannst gehen.

Friedgard: Ich will eigentlich gar nicht gehen.

Ehemann: Ich finde wahrscheinlich wieder eine, wie du bist.

Therapeut: Das nennt man Missbrauch.

Friedgard: Ich finde es so schade, dass du nicht zu Umwegen bereit bist.

Therapeut: Du bist immer noch die Kleine, du änderst dich auch nicht.

Friedgard: Ich möchte eigentlich nicht gehen, aber ich merke, dass es für mich keine andere Lösung gibt.

Therapeut: Du glaubst an Jesus, aber er sitzt nicht tief genug in deinem Herzen.

Ehemann: Ich lasse dich gehen, auch wenn es mir sehr schwerfällt.

Friedgard (zuletzt zum Vater): Ich möchte und muss lernen aus der *Kind-Tochter Beziehung zur erwachsenen Frau zu werden.*

Schlussrunde

Wofür habe ich zu danken?
Für die Erkenntnis: Vater und Ehemann sind nicht die gleichen Personen.

Was habe ich gelernt?
Umzudenken und »umzufühlen« und diese beiden Beziehungsprozesse einzuüben.

Was ist mein nächster Schritt?
Ab sofort damit anzufangen und mir therapeutische Hilfe zu holen, mit meinem inneren Kind in Kontakt zu kommen.

Was ist meine größte Gefahr?
Weiterzuwursteln wie bisher.

Fazit

Der Leser spürt, dass hier ein wesentlicher Reifungs- und Wachstumsprozess angesagt ist. In Kapitel 7.7 »Hilfen zur Selbsterfahrung« und 7.8 »Lebenskrisen in Verbindung mit Konfliktfeldern« werden Aspekte zu diesem Thema angesprochen.

Gudruns Fallgeschichte

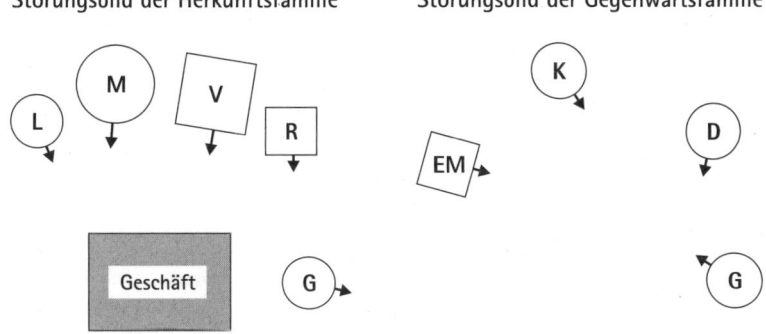

Störungsbild der Herkunftsfamilie   Störungsbild der Gegenwartsfamilie

Aufstellung der Herkunftsfamilie

Biografische Daten

55 Jahre, in sehr schwierigen Familienverhältnissen aufgewachsen, als viertes Kind geboren, Tod des Vaters mit 44 Jahren an Herzversagen, als Gudrun 17 Monate alt war. Die Mutter übernahm den Familienbetrieb, ein Lebensmittelgeschäft. Der älteste Bruder war damals schon im Geschäft, später verfiel er dem Alkohol, lebt heute in betreutem Wohnen. Als Einziger konnte sich ein jüngerer Bruder im Leben bewähren und machte eine Ausbildung. Gudrun: »Es gab bis zu meiner Ehe nur Arbeit, Verbote, keine Liebe von der Mutter, keinen Kontakt zu Mitschülern.« Heirat mit 21 Jahren, Trennung meiner Ehe nach 18 Jahren, zwei Töchter aus dieser Ehe, die ältere K., die jüngere D., wenig Kontakt zu den Töchtern, deren Ehen auch geschieden sind.

Wir alle leben in *Familienverstrickungen*: Kontaktabbrüche, kein Vertrauen, Angst, gegenseitige Vorwürfe, Bitterkeit.

Aufgestellte Personen

Vater, Mutter, Gudrun, Geschwister: Ralph, Monika, Lea

Störungsbild der Herkunftsfamilie

Therapeut (zu den einzelnen Personen): Wie geht es dir? Sag drei Sätze und ein Wort.

Vater: Ich habe das Geschäft gegründet, Menschen waren nicht so wichtig.

Mutter: Ich sehe nur das Geschäft.

Monika, die Älteste: Ich habe ein Beziehungsproblem.

Lea: Ich will hier raus.

Ralph: Ich habe mit dem Geschäft nichts zu tun.

Gudrun: Ich folge dem Bruder und will hier raus. Ich habe keinen Kontakt, keine Beziehung.

Gudrun möchte die Gegenwartsfamilie aufstellen.

Aufstellung der Gegenwartsfamilie

Aufgestellte Personen

Ehemann, Gudrun, zwei Töchter, die ältere K., die jüngere D.

Störungsbild der Gegenwartfamilie

Therapeut (zu den einzelnen Personen): Wie geht es dir? Sag drei Sätze und ein Wort.

Ehemann: Totale Gleichgültigkeit.

Ehefrau Gudrun: Ich schaue an meinem Exmann haarscharf vorbei, weiß nicht, was ich hier soll. Ich bin allein, einsam.

Ältere Tochter K: Mir geht's gut. Ich habe ja den Vater, stehe neben ihm.

Jüngere Tochter D: Mir geht es schlecht, gehöre nicht zur Familie. Ich schaue zur Mutter und bin mit ihr in Beziehung, sie aber nicht mit mir.

Therapeut zu Gudrun: Wie erlebst du die Beziehung zur älteren Tochter?

Gudrun: Ich komme an sie nicht ran.

Gudrun (zur jüngeren Tochter): Du hast mir einen Brief geschrieben, der mich sehr verletzt hat. Ich habe versucht, dir eine gute Mutter zu sein. Ich weiß aber nicht, wer ich für dich bin. Ich kann nicht Mutter und Oma sein, was ich eigentlich möchte.

Therapeut (zu Gudrun): Geh einige Schritte zurück und bleib stehen, wo es für dich stimmig ist.

Gudrun: Je weiter ich zurückgehe, desto besser geht es mir.

Therapeut: Mach dich nicht abhängig von ihr.

Therapeut (zur jüngeren Tochter): Wo ist dein bester Platz?

Jüngere Tochter zur Mutter: Ich habe dich als Hülle empfunden. Dein Äußeres war da, du selbst aber nicht.

Mutter: Kommt das bei dir wirklich so an?

Tochter: Ja.

Mutter: Was erwartest du von mir?

Tochter: Deine Herzlichkeit (sie geht weiter zurück, auf Abstand und fühlt sich ganz gut dabei).

Mutter zu Ehemann: Du hast dich aus der Ehe herausgeschlichen, mich sehr enttäuscht und verletzt. Ich habe dich immer geliebt bis zum letzten Tag. Du hast zu mir gesagt: »Dich mag ja keiner.« Jetzt trenne ich mich von dir endgültig. Du hast mich nicht nur enttäuscht, sondern auch betrogen. Ich will mit dir nichts mehr zu tun haben. Ich werde meinen Weg ohne dich gehen. Für deinen Weg hast du die Verantwortung, in deinen Missbrauch mit D. werde ich mich nicht einmischen.

Mutter zur älteren Tochter K.: Ich freue mich, dass wir uns wieder annähern. Ich liebe dich. Du weißt auch, dass ich es nicht gern habe. Wenn du dich von deinem Vater ausnutzen lässt, werde ich mich in den Missbrauch nicht mehr einmischen.

Ältere Tochter K. zur Mutter: Jetzt, wo der Vater nicht mehr neben mir steht, sehe ich dich erst richtig.

Mutter: Warum beschwerst du dich bei mir?

Ältere Tochter: Das ist am einfachsten.

Mutter (geht auf Abstand): Deine Beschwerden kannst du woanders loswerden, nicht mehr bei mir. Du bist dafür selbst verantwortlich.

Therapeut zur Mutter: Bei beiden Töchtern brauchst du Abstand. Dann kannst du reden, in Beziehung gehen.

Fazit

Probleme in Form von *Abhängigkeit in der Herkunftsfamilie wiederholen sich in der Gegenwartsfamilie* nahezu nach dem gleichen Muster. Die Lösung ist in der Regel: auf Abstand gehen, genau hinschauen, auf Augenhöhe klärende Sätze formulieren, die beides enthalten: das Gute anerkennen, das Ungute benennen. Lernen loszulassen, was nicht mehr hilft, sondern schadet.

Schlussrunde

Wofür habe ich zu danken?
Dass ich meine Vergangenheitsprobleme nicht nur erkennen, sondern gesehen habe, wie ich sie loslassen kann.

Was habe ich gelernt?
Wie sehr meine Vergangenheit meine Gegenwartsbeziehungen beeinflusst hat.

Was ist mein nächster Schritt?
Mit meinen Töchtern in Kontakt zu bleiben.

Was ist meine größte Gefahr?
In alte Beziehungsmuster zurückzufallen.

Reinhards Fallgeschichte

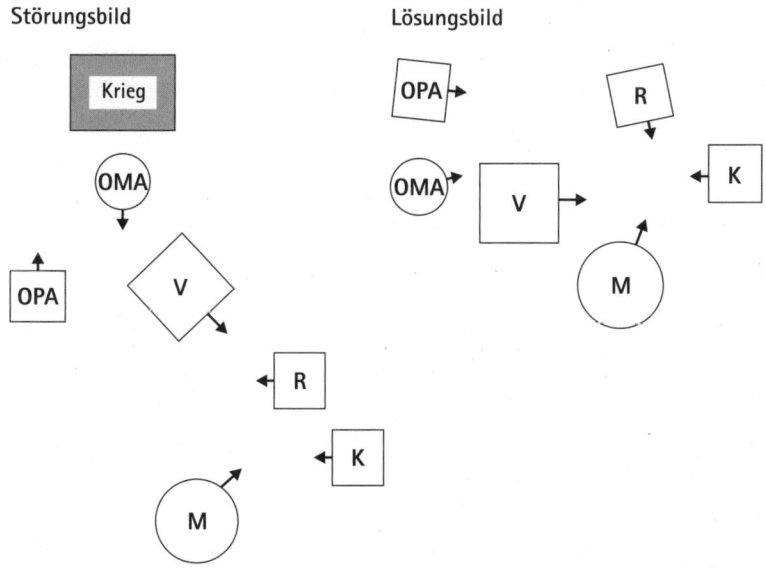

Störungsbild

Lösungsbild

Biografische Daten

40 Jahre, akademischer Beruf, ledig, evangelisch, von Jugend an in christlichen Jugendkreisen aufgewachsen. Mit 17 Jahren Scheidung der Eltern, starker Groll gegen die Eltern, besonders gegen den Vater, Minderwertigkeitsgefühle.

Aufgestellte Personen

Vater, Mutter, Eltern des Vaters, Reinhard, Bruder Konrad.

Störungsbild

Therapeut (zu den einzelnen Personen): Wie geht es dir? Sag drei Sätze und ein Wort.

Vater: Ich fühle mich unwohl, werde beeinflusst, ich bin unsicher.

Mutter: Ich gehöre nicht ganz dazu. Ich bin auf meinen jüngsten Sohn Konrad fixiert. Ich nehme die anderen nicht richtig wahr. Ich bin einsam.

Reinhard: So richtig wohl fühle ich mich nicht, bin aber im Mittelpunkt, obwohl die anderen weit weg sind. Von Mutter spüre ich nichts, vom Vater auch wenig. Konrad steht hinter mir, er akzeptiert mich und unterstützt mich. Das Ganze ist mir unheimlich, da ich keinen Kontakt zum Opa und zum Vater habe.

Konrad: Die Nähe zur Mutter tut gut. Sie schaut mich an, auch wenn sie nicht in meinem Blickfeld ist. Reinhard schützt mich einerseits, andererseits engt er meinen Bewegungsraum ein. Vater nehme ich nur aus den Augenwinkeln wahr. Opa sehe ich nicht. Es geht mir nicht schlecht.

Opa: Ich stehe am falschen Platz. Mein Blick geht ins Leere. Der Krieg hat mein Leben sinnlos gemacht. Oma steht falsch.

Oma: Ich fühle mich nicht wohl. Hinter mir stand etwas, was bedrückt. Ich habe zu keinem Familienmitglied Kontakt. Ich fühle mich ausgegrenzt.

Therapeut stellt den sinnlosen Krieg hinter die Oma.

Reinhard (antwortet stellvertretend für den Krieg): Opa war in Russland, ist mit 56 Jahren gefallen. Vater war 25, als er starb. Opa war im Kirchengemeinderat. Er war überzeugt vom Dritten Reich, aber nicht mehr verstrickt. Dem Vater hat die Hitlerjugend viel bedeutet.

Vater: Der sinnlose Krieg macht keine Veränderung.

Mutter: Zu weit weg.

Reinhard: Keine Veränderung.

Opa: Ich will an den Platz, wo der Krieg steht.

Oma: Durch den Namen sinnloser Krieg ist der Druck weg.

Reinhard: Mein Vater hatte keinen Standpunkt, mein Blick geht ins Leere. Ich hätte gerne jemanden, mit dem ich mich reiben kann. Bei allen Aufgestellten entdecke ich nur Mutter, die kam neu in den Ort.

Lösungsbild

Therapeut stellt Vater und Mutter nebeneinander, einander zugewandt.

Therapeut: Kinder, wo zieht es euch hin?
Reinhard und Konrad gehen näher zu den Eltern.

Vater: Mir geht es jetzt viel besser, fühle mich hier wohl, mein Blick geht immer noch ins Leere.
Mutter: Es ist gemütlich, aber etwas eng.
Reinhard: Ich fühle mich hier gut. Ich spüre, dass ich an Vaterlosigkeit leide. Es hat mich hierher gedrängt. Ich …
Konrad: Ich fühle mich wesentlich wohler, näher zu Reinhard, weniger zum Vater. Mutter spüre ich mehr, Vater habe ich im Blick.

Reinhard geht selbst an seinen Platz, redet mit den Einzelnen.

Reinhard (zu Konrad): Wie könnte mein Verhalten zu dir besser sein? Zeige mir nicht den Rücken, gehe auf mich zu. Dann will ich schauen, was ich mit dir anfangen kann. Wir sind beide Opfer unserer Familie, haben beide sehr gelitten. Wenn du auf mich zukommst, könnte es gut sein, du bist der Ältere.
Reinhard (zum Opa): Was würdest du dir von deinem Enkel wünschen?
Opa: Dass du eine *Vision für dein Leben* bekommst. Lass dir dein Leben nicht zerschlagen, wie es bei mir war. (Zu seinem Sohn, dem Vater:) Er hat mein Erbe übernommen und du, Reinhard, stehst in Gefahr, dieses auch zu übernehmen.
Reinhard (zur Mutter): Wie geht es dir mit mir?

Mutter: Habe dich oft nicht wahrgenommen, hatte keine Beziehung zu dir, hatte als Mutter nicht auf Einheit unserer Familie geachtet. Ich war zu weit weg mit dem Krieg beschäftigt. Was ich selber nicht hatte, konnte ich auch nicht weitergeben. Mütterliche Empfindungen hatte ich nicht. Es war schwer, an dich heranzukommen. Ich hatte mehr Gefühl für Konrad.

Reinhard (zur Mutter): Was könnte ich tun in unserer Beziehung? Ich denke, es ist auch meine Sache, aber du könntest mir eine Chance geben.

Therapeut (schaltet sich ein, zu Reinhard): Sag ihr: »Mama, wir wissen beide, wie schlimm es war. Je älter ich werde, umso mehr merke ich, dass keine Beziehung zwischen uns war. Papa ist ins Leere gelaufen, konnte dir keine Nähe geben. Das hat aber auch mit deiner Geschichte zu tun, du hast auch nicht mehr geben können, als du heute gibst. Mutter, ich will dich loslassen. Ich bin und bleibe dein Sohn und du meine Mutter. Du bist noch nicht so alt, dass nichts mehr geht. Mama, ich lass dich los, du bist frei.«

Reinhard (zum Vater): Warum hast du dich nicht um dein Leben gekümmert, warum warst du mir kein Vorbild?

Vater: Ich wollte es schon, aber ich war selber in Bedrängnis. Ich hatte selber kein Vorbild. Mein Vater hat mich nicht bestätigt. Er gab mir das Gegenteil, mein Leben ging ins Leere. Der Krieg war daran schuld. Ich habe zu wenig aus meinem Leben gemacht. Heute bin ich ein Wrack. Du kannst mich auch nicht retten.

Reinhard: Vater, ich muss dich jetzt loslassen. Ich entlasse dich aus meinen Vorwürfen und Anklagen. Ich kann aber nicht für dich und dein Leben Verantwortung übernehmen. Ich bin und bleibe dein Sohn und du mein Vater. Ich bitte dich um Vergebung für meinen Hass, meinen Groll und meine Bitterkeit. Das hat mich kaputt gemacht, so wie du auch kaputt gemacht worden bist. Ich werde auf dich zukommen und dir meine Gefühle sagen und dich um Vergebung bitten. Ich will auch mit Konrad reden.

Therapeut: Die Sinnlosigkeit des Krieges steht noch hinter euch. Sie wirkt weiter.

Reinhard (spricht nach): Es tut mir weh, das zu sehen. Aber ich will raus aus dieser Finsternis, dem Chaos des Krieges, raus aus der Sinnlosigkeit, die alles kaputt gemacht hat. Die einzige Kraft ist die Liebe Gottes.

Therapeut dreht »Sinnlosigkeit« um. Sie schaut nach hinten, davor steht jetzt »Zukunft« mit Blick nach vorn.

Reinhard (geht auf die »Zukunft« zu und sagt zu ihr): Es sieht gut aus, sie wartet auf mich.

Schlussrunde

Wofür habe ich zu danken?
Die Sinnlosigkeit des Krieges und den schlimmen Einfluss auf unsere Beziehungen durchschaut zu haben.

Was habe ich gelernt?
Dass nicht nur der Krieg, sondern auch die Art und Weise, wie wir darauf reagiert haben, unsere Beziehungsgestörtheit bewirkt hat, besonders die der Eltern. Ich habe gelernt, auf die Zukunft zu schauen.

Was ist mein nächster Schritt?
Vor allem mit meinem jüngeren Bruder zu reden und ihm zu empfehlen, an seinen Problemen zu arbeiten: Auch bei ihm ist eine Aufstellung dran.

Was ist meine größte Gefahr?
Meine Gefühlswahrnehmungen von früher zu bagatellisieren.

Fazit

Das Hauptthema war die Sinnlosigkeit des vergangenen Krieges und dessen verheerende Wirkung auf alle Familienbeziehungen.

Marions Fallgeschichte

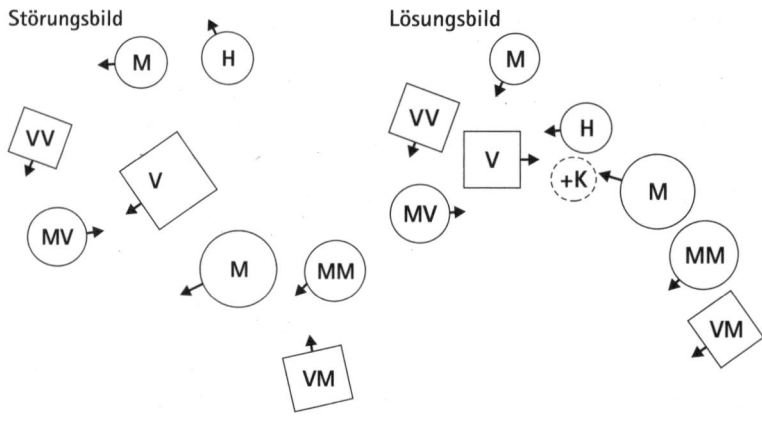

Biografische Daten

45 Jahre, evangelisch, ledig, mehrere Berufe, Abschluss Studium Lehramt, danach Fernstudium, Karriere als Managerin, immer wieder Beziehungsabbrüche, Drogenmissbrauch, viele Männerkontakte.

Aufgestellte Personen

Vater, Mutter, Eltern der Mutter und Eltern des Vaters, Marion, Schwester Hiltrud, später abgetriebenes Kind.

Störungsbild

Therapeut (zu den einzelnen Personen): Wie geht es dir? Sag drei Sätze und ein Wort.

Vater: Ich fühle mich nicht gut. Etwas stimmt nicht, ich würde gerne einen Schritt zurückgehen.

Mutter: Ich fühle mich auch nicht gut, nicht richtig wahrgenommen, schaue ins Leere.

Marion: Ich fühle mich nicht wohl, habe keinen Kontakt.

Hiltrud: Wo ist meine Familie? Ich schaue ins Leere.

Marion (kommentiert): Meine Eltern haben viel gestritten, um Beziehung gerungen.

Eltern des Vaters und der Mutter werden dazugestellt.

Vater (seine Eltern stehen vor ihm): Es hat sich verändert, von links hinten kommt eine Bedrohung.

Marion und Schwester: Es hat sich nichts verändert.

Mutter (ihre Eltern stehen hinter ihr): Ich fühle mich bedroht, etwas sitzt mir im Nacken.

Vater der Mutter: Ich habe alle unter Kontrolle.

Mutter der Mutter: Ich habe keine Beziehung, obwohl ich ziemlich nah dran bin. Ich stehe außerhalb.

Vater des Vaters: Ich bin fremd für meine Familie, ich bin Randsiedler.

Mutter des Vaters: Er war Sozialdemokrat. Er verursachte das Schwarze Loch.

Marion kommentiert: Er war in der Partei aktiv. Er wollte eigentlich nicht heiraten, Familie hat ihn nur gestört. Er musste heiraten (Sohn war unterwegs), aber es war für ihn eine Katastrophe.

Lösungsbild

Therapeut: Wie geht es dir?

Vater: Ich spüre Konfrontation von vorne.

Marion: Die Mutter meiner Mutter bemutterte den Vater.

Mutter: Mein Mann hat mir emotional was angetan. Ich kann ihn nicht richtig anschauen.

Marion: Ich hatte eine gute Beziehung zum Vater. Mit Mutter habe ich immer rivalisiert. Meine Eltern haben irgendwann mal geheiratet, sie wollten aber eigentlich nicht.

Abgetriebenes Kind (setzt sich vor die Mutter): Daraufhin fühlte sich die Mutter besser. Das Negative, das vom Vater ausgeht, ist weg.

Marion an Hiltrud: Ich wünsche mir, dass sich der Graben schließt.

Hiltrud an Marion: Wenn du deinen Weg weiter so dahingammelst und dich von den Eltern nicht lösen kannst, will ich nichts mehr mit dir zu tun haben. Wenn du dich löst, kann es anders werden.

Unterbrochene Hinbewegung der Stellvertreterin Marions zum Vater

Marion:

1. Satz: Ich bin sauer auf dich, weil du einfach nicht loslässt, weil du dich abhängig machst.

2. Satz: Ich bin sauer auf mich selbst, weil ich dich nicht loslassen kann. Ich möchte, dass du mir hilfst.

Vater (antwortet): Es geht mir um mich, nicht um dich.

Marion:

3. Satz: Ich weiß es. Ich handle nicht entsprechend. Ich bin so feige.

Therapeut zu Marion: Dreh dich um und geh in Richtung *Zukunft*.

Marion (dreht sich um, geht einen Schritt zurück in Richtung Vater, spürt ihn von hinten, schaut nach vorne): Es ist ein Mischmasch meiner Gefühle. Ich bin ambivalent, was soll ich machen, die Zukunft macht mir Angst.

Marion (geht mehrere Schritte nach vorn in Richtung Zukunft): Es ist befreiend, ich freue mich auf eine neue Zukunft ohne meinen Vater. Aber je näher ich an die Zukunft komme, spüre ich Angst. Es ist alles unklar und offen (geht noch näher in Richtung Zukunft, noch näher): Es ist eine gute Zukunft. Hinter mir wird es leichter, der Druck ist weg.

Zukunft: Ich bin dein. Ich kann es aber nur sein, wenn du deinen Vater loslässt. Wenn du es nicht tust, habe ich keine Chance.

Marion (dreht sich wieder zum Vater um): Ich lasse dich jetzt los, ich überlasse dich deiner Verantwortung. In Zukunft reduziere ich meine Besuche auf einmal monatlich, später alle drei Monate.

Wenn ich dich ganz losgelassen habe und du mich nicht loslässt, besuche ich euch nicht mehr.

Vater (zu Marion): Eigentlich wollte ich nicht dich, sondern einen Sohn haben. Ich gebe dich jetzt frei und will, dass du eine neue Zukunft bekommst.

Marion: Es stimmt, ich spürte immer die Anforderung an das Männliche in mir.

Therapeut (zu Marion): Deshalb hast du auch dein Frausein noch nicht richtig angenommen.

Marion geht an ihren Platz.

Marion (zum Vater): Ich bin ziemlich sauer auf dich. Ich habe die Stabilitätsrolle für dich gespielt. Das hat mich daran gehindert, mein Leben selbstständig zu führen. (Er liebte mich, er sagte es auch. Wenn ich einen Freund hatte, dann ging er auf 180.)

Marion (zur Mutter): Wir hatten nie Kontakt, nur Streit.

Mutter: Stimmt, mein Kontakt zur Schwester war viel besser.

Marion (zur Oma, Mutter der Mutter): Danke, du hast mich und uns gehalten. Du hast dich für uns Kinder und Vater geopfert.

Oma: Ich habe es sehr gerne getan. Der Vater, ihr Schwiegersohn, war mir wichtiger als meine Tochter.

Marion (zum Opa): Du warst das *verzogene Kind* in der Familie, du hattest keinen Halt.

Therapeut (zu Marion): Du lebst in einer *Rollendiffusion*. Du kannst dich nicht entscheiden, was du willst, du bist jetzt dran.

Marion (zur Mutter): Ich lasse jetzt eure Ehe los. Sie geht mich nichts mehr an. Ich suche auch immer noch Kraft, Stärkung und Schutz bei euch. Das ist jetzt vorbei. Ich bin erwachsen. Ich muss dich loslassen und meine Beziehung zu dir klären.

Mutter (zu Marion): Das macht mich gelöst und frei. Dazu kommt auch noch, dass meine Mutter sich auch immer an den Vater geklammert hat.

Schlussrunde

Wofür habe ich zu danken?
Vergangenheitsprobleme sind ans Licht gekommen, besonders die Verstrickungen mit meinem Vater. Das habe ich schon immer verspürt. Jetzt kann ich entsprechend handeln, ich bin gelöst.

Was habe ich gelernt?
Besonders die unterbrochene Hinbewegung der Stellvertreterin hat mir die Augen geöffnet.

Was ist mein nächster Schritt?
Die verworrenen Vergangenheitsprobleme mit meinen Eltern, so gut es geht, ansprechen und mich mit ihnen versöhnen.

Was ist meine größte Gefahr?
So bleiben, wie ich bin, nicht handeln, glauben, es wird schon von selber alles kommen.

Udos Fallgeschichte

Störungsbild

Lösungsbild

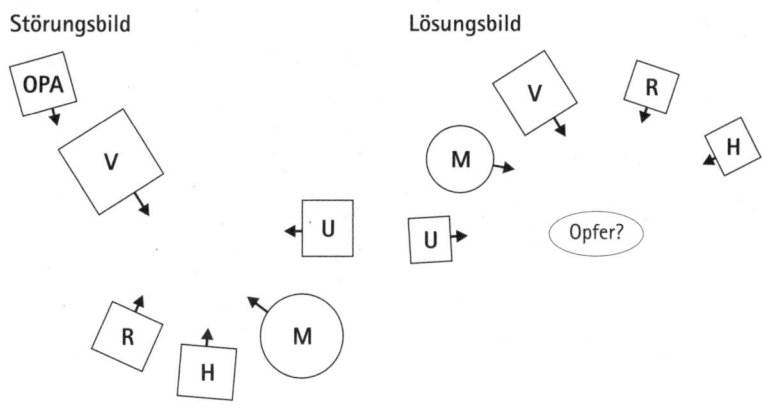

Biografische Daten

46 Jahre, akademischer Beruf, ledig, längere Zeit im Ausland tätig gewesen, mehrere Frauenfreundschaften gescheitert, deswegen ziemlich frustriert, fühlt sich zeitweise handlungsunfähig.

Aufgestellte Personen

Vater, Mutter, Udo, Robert, Hans, später Opa (Vater des Vaters).

Störungsbild

Therapeut: Wie geht es dir? Sag drei Sätze und ein Wort.

Vater: Sehr unwohl. Ich sehe zwar meine Frau, habe aber keinen Augenkontakt. Meine Söhne sehen mich überhaupt nicht an. In der Mitte ist ein *Opfer.*

Mutter: Es geht mir nicht gut. Ich fühle mich aber wohl mit meinen Söhnen. Der jüngste (Hans) ist zu dicht. Ich bin froh, an meinem Mann vorbeischauen zu können.

Udo: Ich spüre die Nähe zur Mutter mehr als zum Vater. Fühle mich aber nicht ganz wohl. Ich spüre, dass etwas zwischen uns steht.

Robert: Der Vater muss etwas sagen. Wir warten darauf. Eine gewisse Unruhe ist in mir und leichte Enttäuschung.

Hans: Neben der Mutter fühle ich mich unwohl. Sie umklammert mich, keinen Kontakt zu den anderen, fühle mich unwohl.

Therapeut (zu Udo): Wer könnte das in der Mitte sein?

Udo: Meine Patin sagte, dass meine Mutter schon einmal schwanger war, bevor ich geboren wurde. Durch einen Motorradunfall gab es eine Fehlgeburt. Vielleicht war es unbewusst gewollt von meinem Vater, dass der Roller wegrutschte.

Udo (zum Vater): Hast du das gemacht?

Vater: Ich spüre eine Macht, die zum Unfall geführt hat, sodass das Kind abgegangen ist. Vielleicht hat das was mit *dem Führer* zu tun, ein stellvertretendes Opfer vielleicht?

Mutter: Bei mir herrscht Gleichgültigkeit.

Robert: Mir kam der Gedanke, dass der Vater eine andere Gesinnung hat als der Rest der Familie. Es hat was mit dem Dritten Reich zu tun.

Therapeut: War da sonst noch was?

Udo: Mit der Schwester meiner Mutter war er vielleicht näher zusammen. Der Opa war im Polenfeldzug, in Frankreich und in englischer Gefangenschaft. Übers Dritte Reich wurde nie gesprochen. Der Opa war für mich sehr wichtig.

Lösungsbild

Therapeut: Wie geht es dir?

Vater: Robert darf sich nicht opfern. Ich halte es hier nicht aus. Ich gehe einen Schritt zurück.

Mutter: Ich bin sehr angespannt, vorher ging es mir emotional besser.

Udo: Ich habe an Vater vorbeigeschaut, schaue jetzt am kleinen Bruder vorbei. Ich spüre mehr Zuneigung zur Mutter.

Robert: Ich bin gerne nahe am Vater, würde ihm gerne helfen, etwas zu sagen. Ich warte einfach.

Hans: Mir geht es ganz gut, habe Abstand zur Mutter. Robert steht mir zur Seite.

Mutter: Ich fühle mich nicht zugehörig, sondern einsam, und habe den Eindruck, dass Udo es spürt.

Udo geht an seinen Platz.

Udo: Warum fühlst du dich an der Seite von Papa so unwohl?

Mutter: Weil er so streng zu mir ist. Ich wollte euch immer davor schützen.

Udo: Hast du eine Ahnung, woher die Strenge kommt?

Mutter: Diese Härte hat er aus dem Krieg mitgebracht. Er spricht nicht über seine Gefühle, Vergewaltigung oder Mord. Ich weiß es nicht.

Unterbrochene Hinbewegung Udos zum Vater

1. Schritt: Was war das Problem zwischen dir und deinem Vater?
2. Schritt: Du redest über nichts. Ich habe immer gehofft und gewünscht angenommen zu sein, Respekt, nicht nur Kritik zu erfahren. Alles ist immer verkehrt.
3. Schritt: Ich weiß, dass du einen schweren Stand hattest. Ich empfinde auch Mitleid mit dir.
4. Schritt: Sag doch endlich was. Was ist los? Lass doch mal deine Gefühle zu. Ich würde dich so gern in den Arm nehmen, aber es geht nicht.

Vater: Als du vorhin dahinten standest, wusste ich, dass ich dich liebe. Aber es gibt ein *Geheimnis*. Und wir haben geschworen, nichts darüber zu sagen. Unter diesem Geheimnis liegen alle Gefühle für dich begraben. Ich darf es nicht sagen.

Udo (zum Vater): Dieser Schwur ist ein *Todesfluch*. Ihr habt Leute umgebracht, das macht wahrscheinlich deine Gefühle kaputt. Der *Führer* hat euch alle kaputt gemacht und hat euch auch noch Schwüre abgenommen. Unter diesem Fluch geht alles kaputt, auch meine Gefühle.

Vater: Meins ist es schon.

Udo: Sag mir das Geheimnis.

Vater (Stellvertreter kann es nicht deutlich spüren): Ich weiß es nicht.

Dialog zwischen dem kleinen und dem großen Udo über das Vaterproblem (Stuhlübung)

Der Erwachsene: Kleiner Udo, es ist gut, dass du jetzt da bist und ich dir persönlich begegnen kann. Ich weiß, dass ich einiges weiß, was du noch nicht weißt. Ich möchte mehr Kontakt zu dir bekommen. Was ist dein Hauptproblem? Ich weiß, es hängt an einer ganzen Fülle von Beziehungen, unter denen du gelitten hast. Was war dein Hauptproblem?

Der kleine Udo: Ich erinnere mich, dass ich abends zur bestimmten Zeit einfach im Bett gelegen und geweint habe.

Der Große: Dass du das jetzt sagst, ist ganz wichtig. Ich habe gemerkt, dass dieses dir nicht leichtgefallen ist. Es wäre schön, wenn du darüber weiter reden könntest.

Der Kleine: Es ist schwer für mich, heute da hineinzuspüren und nachzuspüren, warum ich geweint habe. Es hat sicher mit dem Gefühl zu tun, ungerecht behandelt worden zu sein und nicht beachtet zu werden.

Der Große: Mir fällt auf, du redest wie ein Erwachsener. Was du sagst, weiß ich alles auch. Was war deine allererste Erinnerung an deine Mama, an deinen Papa?

Der Kleine: Mir fällt die ständige Streiterei der Eltern ein wegen des Geldes. Da war ich aber schon größer. Von früher fiel mir ein, dass ich Rotkohl essen sollte, den ich nicht runtergebracht habe. Ich sollte schlucken und wusste nicht wie ...

Der Große: Was fällt dir aus deiner Schulzeit ein?

Der Kleine: Dass ich die Schultüte aus Stoff für vieles andere verwenden konnte. Wenn ich zu Hause weg war, ging's mir gut. Wenn dann der Papa heimkam, hatte ich fürchterliche Angst vor seiner Schreierei. Das war schlimm.

Der Große: Jetzt verstehe ich erst, was du für ein armer Kerl warst. Du trautest dich nicht das zu fühlen, was du fühlst.

Der Kleine: Es tut gut zu hören, dass ich nicht schuld war. Schlimm war für mich, dass ich immer dachte, meine Mutter schützen zu müssen. Sie wollte uns mehr Mutter sein und konnte es nicht. Auf alles, was ich als Gefühl empfunden habe, wurden Steine geworfen, immer mehr und mehr.

Der Große: Jetzt verstehe ich dich noch besser. Du warst völlig überfordert in dieser beschissenen Kindheit. Vielleicht ist es ein kleines Wunder, dass du noch lebst. Jetzt haben wir noch eine Chance. Wir müssen zusammenhalten und ich sage dir, wie wir damit umgehen müssen: Wir zwei müssen mit dem Vater reden. Dabei muss ich dir helfen. Ich, der Große, sehe, dass der Vater unter irgendeinem Bann gewesen ist. Wir zwei müssen uns lossagen davon. Das Erste, was wir dem Vater sagen müssen, ist: »Es war scheiße, was du da gebaut hast. Die Angst bei dir ist das Schlimmste. Und es kommt alles darauf an, dass du aus diesem Gefängnis der Angst herauskommst. Ich gebe dir einen Rat und ich helfe dir dabei. Fang heute Abend an, all deine Klagen, deine Beschwerden, deine Ängste auf einen Zettel zu schreiben und immer mehr aufzuschreiben, was dir alles einfällt. Je länger, je mehr du das tust, umso mehr wirst du merken, dass sich etwas Inneres, Schlimmes in dir löst. Ich, der Erwachsene, bin ein Christ und ich helfe dir dann mal, wie man das alles an Jesus abgeben kann. Dein Vater kann sich vielleicht nicht mehr ändern, obwohl er Pfarrer ist. Aber du und ich, wir können uns ändern.«

Der Kleine: Meine große Angst ist, religiös manipuliert zu werden. Ich will keine frommen hohlen Phrasen mehr hören, wie ich sie immer von meinem Vater gehört habe. Aber dir, großer Udo, glaube ich. Lassen wir es mal so stehen. Es ist schön, wenn du mal wieder zu mir kommst.

Schlussrunde

Wofür habe ich zu danken?
Den großen Udo gefunden zu haben.

Was habe ich gelernt?
Dass meine Kindheit schlimm, ich aber nicht der Schuldige war.

Was ist mein nächster Schritt?
Weitergehen, nicht stehen bleiben.

Meine größte Gefahr?
Vergangenes einfach vergessen, weil es nicht hilft.

Therapeut:
Bleibe dran an deinen Gefühlen.

Horsts Fallgeschichte

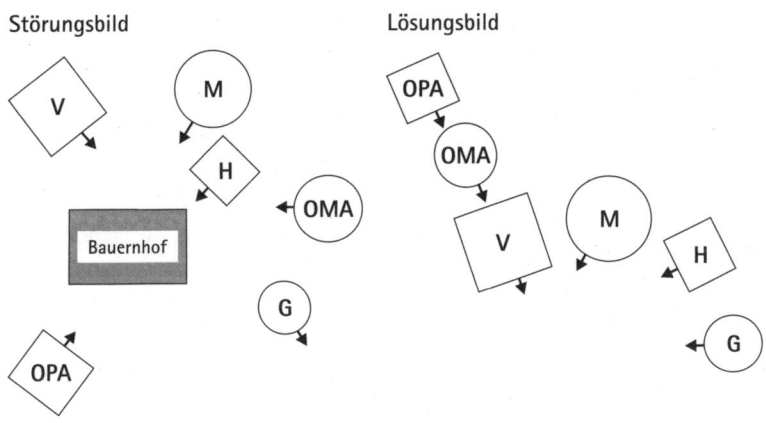

Störungsbild

Lösungsbild

Biografische Daten

55 Jahre, evangelisch, selbstständig, geschieden, immer schwierige Beziehungen zu den Eltern, Horst:»Geborgenheit hat als Kind und Schüler immer gefehlt, Berufsentscheidung fiel gegen meine Wünsche auf Drängen der Eltern. Hatte später immer Geldschwierigkeiten und Schuldgefühle, gegen den Willen der Eltern zu fühlen und zu handeln. Ungehorsam war das Grundgefühl meines Lebens; das hat sich erst verändert, als Gott in mein Leben kam.«

Aufgestellte Personen

Bauernhof, Vater, Mutter, Horst, Gisela, Opa, Oma (Eltern des Vaters).

Störungsbild

Therapeut: Wie geht es dir? Sag drei Sätze und ein Wort.

Bauernhof: Ich bin der Bauernhof. Ich bin sehr wichtig und habe alles unter Kontrolle. Das Geld spielt auch eine Rolle.

Vater: Der Hof steht im Zentrum. Mein Blick ist auf ihn gerichtet. Ich fühle mich in einer Machtposition. Mir geht es zufriedenstellend.

Mutter: Mir geht es nicht gut, mein Mann ist vollkommen bedeutungslos. Der Opa (Vater des Vaters) steht machtvoll gegenüber. Der Sohn steht abgewandt, es geht mir nicht gut.

Horst: Ich stehe meinem Opa gegenüber. Fühle mich unter einem starken Zwang: der Erwartungshaltung, dass ich mich einbringen soll. Meine Mutter verbirgt sich vor mir, sie schiebt mich vor.

Gisela: Ich bin weitab vom Schuss. Ich komme nicht durch zur Familie, auch nicht zum Vater. Der Hof ist dazwischen. Es ist angenehm für mich, Abstand zu haben.

Opa: Ich habe eine Stinkwut auf den Kerl (meint Horst), aber auch auf den Vater. Der Hof ist wichtig. Die haben nicht kapiert, was Sache ist.

Oma: Ich bin auf meinen Sohn gerichtet. Er muss den Familienbetrieb erhalten. Gut, dass die Enkelin neben mir steht. Sie kann Beziehung pflegen. Mein Mann ist weit weg, aber mein Sohn muss es schaffen. Doch er schafft es nicht.

Therapeut: Horst, was ist dein Problem?

Horst: Vater wäre nicht auf den Hof gekommen, wenn der Opa ihn nicht gezwungen hätte. Auch ich wurde gezwungen. Ich konnte nicht werden, was ich werden wollte, nämlich Förster.

Lösungsbild

Der Hof ist nicht mehr aufgestellt.

Therapeut: Wie geht es dir?

Vater: Es geht mir gut. Der Hof ist weg. Auch das, wo die Kraft herkommt, ist weg. Ich weiß nicht, was ich machen soll.

Mutter: Mir geht es gut.

Horst: Es ist gut.

Gisela: Es ist gut.

Oma: Ich habe Einfluss verloren, aber es ist okay.

Opa: Die Frau vor mir stört mich, aber ich kann mich arrangieren.

Horst geht an seinen Platz, er lächelt.

Therapeut: Was deckst du mit deinem Lächeln zu?

Horst (zum Vater): Ich hatte eine gute Beziehung zu dir, aber den Druck von deiner Seite habe ich nicht aushalten können. Ich habe meinen Beruf auf dem Hof allein ausgeübt. Der Opa hat nur Druck gemacht und seine Aggressionen waren brutal. Der Frust kam immer wieder von ihm. Ich hätte gleich aussteigen sollen. Als dann der Vater starb, habe ich es doch nicht gemacht. In der Beziehung zum Vater war immer ein Für und Wider, und immer wieder war der Opa dazwischen. Ich habe die Beziehung zwischen den beiden nie klären können und wurde dazwischen aufgerieben.

Horsts unterbrochene Hinbewegung zu seinem Opa

1. Schritt: Opa, du hast das ganze Leben beherrschen wollen durch deine Geldgier und deine Habsucht.
2. Schritt: Opa, du wolltest uns dein Leben aufdrücken. Am Ende hast du deine Wünsche und Ziele in mir verwirklichen wollen, als es mit deinem Sohn nicht ging. Du hast es dein ganzes Leben versucht. Es ist dir nicht gelungen und ich war der Letzte. Das nennt man Missbrauch: Du hast mich missbraucht und ich habe mich missbrauchen lassen.
3. Schritt: Opa, du hast dein gottloses Leben auf mich übertragen.
4. Schritt: Ich sollte immer nur das tun, was du wolltest. Deshalb habe ich dich gehasst.
5. Schritt: Ich wünschte, es hätte dich nie gegeben.

Horst geht schrittweise zurück.

1. Schritt: Es tut mir gut, wenn ich mich von dir langsam entferne.
2. Schritt: Deine Geldgier hat mein ganzes Leben kaputt gemacht.
3. Schritt: Du hast durch deine gottlose Haltung mein Leben beeinflusst.
4. Schritt: Und trotzdem möchte ich dir jetzt an dieser Stelle vergeben und dich loslassen und alles, was du mir angetan hast. Ich vergebe dir deinen Missbrauch in Jesu Namen.

Opa (an Horst): Ich habe den Hof auch nicht gewollt. Aber ich habe meinen Sohn, deinen Vater, verachtet, weil er nicht nein gesagt hat. Du hast auch nicht nein gesagt.

Vater (zu Horst): Weißt du was, ich wäre ja schon gerne Koch geblieben. Aber es war selbstverständlich, dass ich den Hof übernehmen muss. Ich konnte gar nicht verstehen, dass du die Aufgabe nicht gesehen hast. Als meine Mutter weg war, bin ich zusammengebrochen.

Stuhlübung mit Hilfe des Therapeuten: Horst und sein inneres Kind

Der Kleine: Ich spüre unheimlich viel Gefühle, Schmerz und Jammer, eine ungeheure Energie, die gebunden ist und nicht frei werden kann.

Der *Große:* Ich bin jetzt groß geworden und muss dir sagen, du solltest jetzt nicht mehr nach deinen Gefühlen handeln, sondern solltest dich *führen lassen.*

Der *Kleine:* Leider habe ich mich nie von meinen Gefühlen führen lassen können.

Beispiel für ein abschließendes Gebet (ausnahmsweise vorgezogen)

Vater im Himmel, wir beten jetzt für Horst. Du hast heute diese dramatische Beziehungsgeschichte zu seinen Eltern aufgedeckt.

Wir beten, dass Horst durch die Kraft des Heiligen Geistes freigesetzt wird von seinem inneren Kind. Wir danken, dass er in Kontakt gekommen ist zu seinem inneren Kind und der Generationenmissbrauch bei ihm zu Ende gehen muss. Wir verwerfen den Willen Satans in seinem Leben. Vater, heile du den Bruch seines Herzens, damit neues wirkliches Leben entstehen kann, wie du es für ihn bereit hast.

Schlussrunde

Wofür habe ich zu danken?
Dass der Missbrauch meines Lebens aufgedeckt worden ist.

Was habe ich gelernt?
Nicht immer nur »ja« zu sagen, sondern zu lernen, wann »nein« dran ist.

Was ist mein nächster Schritt?
Immer wieder neu den Kontakt zu meinem inneren Kind aufzunehmen.

Was ist meine größte Gefahr?
Meine wichtigste Lernerfahrung wieder zu vergessen.

Danielas Fallgeschichte

Störungsbild   Lösungsbild

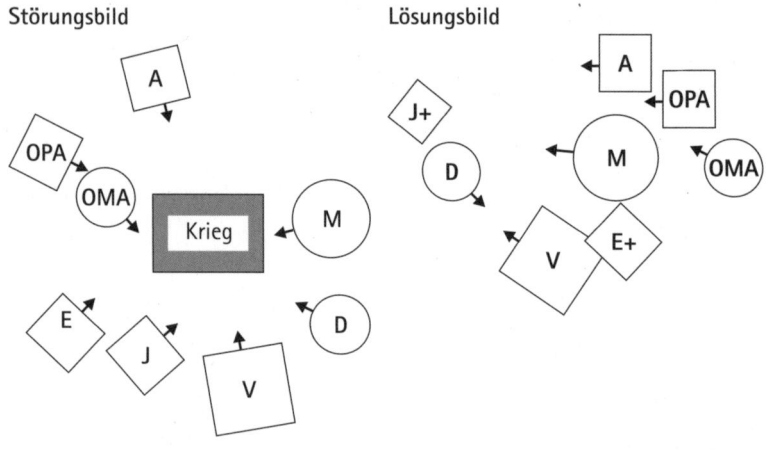

Biografische Daten

45 Jahre, verheiratet, freikirchlich, in einer warmherzigen Großfamilie aufgewachsen und gefördert worden, frühe Erfahrung mit Todesfällen in der Familie, nach Heirat erlernten Beruf nicht ausgeübt, länger dauernde Ehekrise wegen Dominanz der Schwiegereltern.

Aufgestellte Personen

Vater, Mutter, ältester Sohn Jörg (im Krieg als Jagdflieger abgestürzt), Daniela, Eugen (eigener Bruder starb mit 26 Jahren), Oma (Mutter von Mutter), Opa (Vater von Mutter), Albert (Bruder der Mutter, früher Tod durch Krankheit).

Störungsbild

Therapeut (zu den einzelnen Personen): Wie geht es dir? Sag drei Sätze und ein Wort.
Vater: Das Schwerste ist der Tod des abgestürzten Sohnes. Den beiden gefallenen Schwägern (nicht aufgestellt) trauere ich auch nach. Bei dem Sohn ist es zu schwer. Die Nähe der Familie ist gut. Der Zusammenhalt tut gut.
Mutter: Eine Schwere liegt auf mir. Ich könnte mehr tragen, wenn mein Mann näher wäre. Ich habe zugemacht und die Gefühle weggedrängt.
Oma: Ich bin innerlich verzweifelt, die toten Söhne ziehen mich runter, nach vorne habe ich keine Beziehung.
Opa: Ich habe das Gefühl der Kontrolle. Keinen Zugang zu meiner Frau. Ich würde meiner Tochter gern Rückendeckung geben.
Daniela: Ich finde gut, dass Vater hier steht. Die Mutter ist da, aber nicht ganz da. Mir fehlt mein Bruder. Ich würde gern der Oma in die Augen sehen. Der Opa gibt mir ein ungutes Gefühl.
Eugen: Als ich stand, fühlte ich mich unwohl; jetzt sitzend, fühle ich mich gut (früh verstorbener Bruder).
Jörg: Zu große Nähe zur Mutter, sonst gut.
Albert: Bruder der Mutter, früh verstorben.
Daniela: Ich war die Jüngste. Meine Geburt sollte die Trauer aufheitern. Ich war das Licht in der Runde.
Therapeut: Woher kommt die Todesmacht in der Familie? Nationalsozialismus?

Lösungsbild

Therapeut: Wie geht es dir jetzt?
Vater: Das Leid liegt hinter mir. Ich freue mich, dass Daniela vor mir steht. Mit meiner Frau sind wir ein Team.
Mutter: So ist es gut. Meine Gaben können sich entfalten, ich stehe im Zentrum.
Oma: Es ist gut so.
Opa: Ich bin einsam. Es zieht mich neben meinen ältesten Sohn.

Albert, Jörg und Eugen: Es ist ganz gut so.

Daniela: Es tut mir gut. Es geht mir besser als vorhin, hinter mir keine Leere mehr.

Daniela geht an ihren Platz.

Therapeut (zu Daniela): So wäre es gut gewesen. Der Tod hat seine Opfer gefordert.

Daniela (zu Eugen): Ich habe dich vermisst, habe um dich nicht trauern können.

Daniela (zur Oma): Du hast immer die ganze Familie manipuliert. Ich musste immer tun, was dir guttat. Du hast mein Leben schwergemacht, deinen Schmerz auf mich übertragen. Du warst egoistisch.

Oma (zu Daniela): Es stimmt, was du sagst. Ich habe nur meinen Schmerz gesehen. Es tut mir leid. Ich konnte nicht anders mit dem Schmerz umgehen.

Daniela (zum Vater): Dir wollte ich sagen, wie sehr ich es vermisst habe, dass du deine Männerrolle nicht eingenommen hast. Aber ich danke dir, dass du mir so viel Nähe gegeben hast.

Vater (zu Daniela): Danke, dass du unser Sonnenschein warst. Gott segne dich!

Daniela (zur Mutter): Dir war die Oma in ihrer Trauer wichtiger als ich. Aber ich will dir danken, dass du mich schulisch gefördert hast.

Schlussrunde

Wofür habe ich zu danken?
Für die Nähe und Wärme in meiner Herkunftsfamilie.

Was habe ich gelernt?
Wie groß der Einfluss von Todesmächten ist und wie man damit umgehen muss.

(Das Problem der Todesmacht wurde am Ende des Seminars in der Segnungszeit angesprochen und im Gebet gelöst.)

Was ist mein nächster Schritt?
In meiner Gegenwartsfamilie diese Erkenntnisse umzusetzen.

Was ist meine größte Gefahr?
Mit dem, was ist, zufrieden zu sein und darauf auszuruhen.

Konrads Fallgeschichte

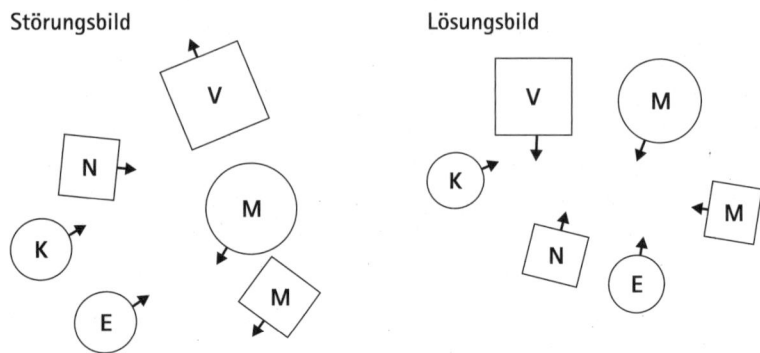

Biografische Daten

50 Jahre, akademischer Beruf, freikirchlich, verheiratet, Konrad: Mutter hatte Probleme, während sie mit mir schwanger war, konnte anscheinend wenig mit mir anfangen; die Säuglingszeit war schwierig, das hatte erhebliche Folgen bis heute. Später hat ihn seine Mutter mit ihrer Liebe erdrückt. Berufsausbildung kein Problem: seit 18 Jahren verheiratet, erhebliche Konflikte mit seiner Frau, vier Kinder, vor allem mit dem ältesten Sohn Probleme.

Vater- und Mutterproblem wird abschließend dialogisch zu klären versucht.

Aufgestellte Personen der Gegenwartsfamilie

Vater, Konrad, Mutter Ursula, Manfred, Kerstin, Ellen, Norbert

Störungsbild

Therapeut: Wie geht es dir? Sag drei Sätze und ein Wort.

Vater: Mir geht es so weit gut. Ich blicke in die Ferne, habe wenig mit der Familie zu tun. Ich bin allein.

Mutter: Ich habe eine große Familie, das ist sehr anstrengend für mich. Ich frage mich, wo ist mein Mann? Bin allein gelassen mit der Arbeit, blicke an allen vorbei, fühle mich einsam. Es geht mir nicht gut.

Manfred: Das Einzige, was mich hier hält, ist der Kontakt zur Mutter. Würde mir mehr Kontakt mit meiner Schwester wünschen. Die Situation stimmt traurig.

Konrad: Mein kleiner Bruder links drängt sich vor, das Miteinander könnte wesentlich besser sein.

Ellen: Ich fühle mich, als ob ich eine Last wäre. Der Kontakt zum Vater fehlt.

Norbert: Ich spüre viel Energie, schaue in die Ferne.

Lösungsbild

Vater: Ich habe mit jedem der vier Kinder eine Beziehung, zu den jüngeren eine stärkere, zu dem ältesten weniger gut.

Therapeut: Die Lösung liegt in der Beziehung zu deiner Frau. Aber sie ist natürlich verletzt und wendet sich dann ab.

Vater: Mir fehlt zum Teil ein Rat und eine Antwort auf die Frage, wie wir uns näherkommen könnten. Das Problem ist auch der Alltag, mein Beruf und der Beruf meiner Frau.

Therapeut: Ihr müsst euch nicht über eure Berufe definieren, sondern über eure Beziehung.

Ehemann (zur Ehefrau): Ursula, ich möchte, dass wir ein Team werden, auch wenn es uns schwerfällt. Ohne dass ich es will, kann es passieren, dass ich dich wieder verletze. Ich bitte dich um Vergebung und dass du Heilung erfährst. Dass auch du die Vergebung annehmen kannst. Ich denke, dass wir eine Chance haben und ein gutes Team und eine gute Familie sein könnten.

Ehefrau (zum Ehemann): Es geht mir nicht gut mit diesen Sätzen. Aber ich bin dir dankbar. Ich höre, dass du dich, so wie deine Kräfte es möglich machen, ändern willst. Ich mache es ja so ähnlich wie du. Ich weiß, du kannst nichts dazu. Ich bin aber frustriert, dass ich das alles ausbaden muss, durch die Umstände, auch durch dich. Du bist halt so, wie du bist, und wirst auch schwer anders werden. Bei mir ist es auch, wie es ist, obwohl ich es ändern will.

Therapeut: Zwei Dinge helfen: Jeder soll seine Gefühle zulassen, sie auch äußern dürfen und danach sollte jeder dem andern immer wieder vergeben. Wer diesen Prozess aushält, es ist wahrhaftig ein Prozess, der seine Zeit braucht, erlebt Veränderung.

Unterbrochene Hinbewegung des Sohnes Konrad zu seinem Vater, zur Mutter und zur Ehefrau (beide stehen sich gegenüber)

1. Satz: Ich bin euer Produkt und damit habe ich ganz schön Schwierigkeiten, aber ich bin es und nehme es an, dass ich euer Sohn bin.
2. Satz: Du hast mich gezeugt und du hast mich geboren. Du Mutter, du hast es nicht leicht gehabt mit dem Vater: Er war da und doch nicht da. Du warst in deiner Welt und er war in seiner Welt. Du hast mich zum Ersatzmann gemacht und gewissermaßen missbraucht. Du hast mich schreien lassen, als ich klein war. Das führte bei mir zu mangelndem Selbstwertgefühl. Daraus entstand Eifersucht, Kontrolle. Ich habe meine Frau und meine Familie fertig gemacht.
3. Satz: Mutter, du hast mich manipuliert und dominiert, hast mich nach deinem Wunsch und Egoismus aufwachsen lassen. Ich war dir eine Last. Du hast mich dir vom Leib gehalten, hast mir die Nähe zu dir nicht gestattet. Ich musste ohne Mutterliebe nachts aufwachen. Tagsüber hast du mich mit deiner (angeblichen, kontrollierenden) Liebe eingezwängt und erdrückt.
4. Satz: Mutter, es ist nicht nur deine Schuld. Auch ich habe meine Familie und meine Frau mit hineingezogen, aber deine Verfehlungen muss ich bei dir lassen: Du hast dich mir entzogen, als ich dich dringend gebraucht hätte. Später hast du mich erdrückt mit deiner Zuwendung und Aufmerksamkeit und Liebe.

Mutter: Es tut mir unendlich leid, dass ich dir in meiner Verzweiflung zu wenig Liebe gegeben habe und mir mehr genommen habe für mich. Es tut mir leid. Ich war keine gute Mutter für dich.

5. Satz: Mutter, es ist gut, dass du zugegeben hast, dass du dir selbst wichtiger warst als ich dir. Das hilft mir. Ich lasse es jetzt bei dir und lasse es los. Und so gut ich kann, lasse ich auch meine Gefühle gegen dich los und werfe sie ans Kreuz von Jesus. Ich lasse dich los und vergebe dir. Ich entlasse dich aus meinen Vorwürfen und Anklagen und gebe dich frei. Du bist und bleibst meine Mutter. Und ich bin dein Sohn. Heute gehöre ich zu meiner Familie und nicht mehr zu dir.

Mutter: Ich wünsche dir, mein Sohn, dass du deine Wut und den ganzen Ärger auch fühlen kannst, damit du es wirklich hinter dich bringen kannst.

Konrad (zum Vater): Du bist immer noch ein dominanter Sack. Ich möchte, dass du das begreifst und mich loslässt. Ich habe jetzt meine eigene Familie und möchte meinen Platz darin finden. Und das geht nur, wenn du mich loslässt. Du hast deinen eigenen Kram aus deiner Familie in mich hineingelegt. Ich möchte, dass du das weißt.

Vater (zu Konrad): Es ist gut, dass du dastehst und auch ich zu dir reden kann. Ich weiß, dass auch ich dich verletzt habe. Du tust das Gleiche mit deiner Familie. Ich sehe für uns beide ein, dass wir herauskommen müssen. Jeder aus seinem eigenen Mist. Ich aus meinem und du aus deinem. Und du kannst es auch. Du hast es nicht nötig, meine Fehler zu wiederholen.

Konrad (zum Vater): Ich vergebe dir alles, was du mir nicht geben konntest. Die krankhaften Belastungen von dir schleppe ich jetzt mit mir herum. Ich lasse sie los und lasse sie bei dir. Ich kann dir nur vergeben, indem ich dich loslasse. Du bist jetzt frei, aber ich bin dein Sohn und du bist mein Vater. Ich möchte mich auch bedanken, dass du viel mit mir unternommen hast.

Vater (zu Konrad): Ich bereue es, dass du die Bestätigung von mir nicht bekommen hast. Ich bitte dich um Vergebung. Es tut mir leid.

Konrad (zur Ehefrau): Liebe Ursel, ich sage dir, ich habe mich von meinen Eltern.gelöst und nehme meinen Platz in der Familie jetzt ein. Ich bitte dich um Vergebung für alles, was ich dir und den

Kindern angetan habe. Ich weiß, dass du mir ständig misstraust. Trotzdem hast du mich geheiratet und wir haben gemeinsame Kinder. Ich will alles mir Mögliche tun und hoffe, dass auch du mir vergibst. Wir müssen gemeinsam vor Gott stehen und darüber reden und beide unsre Fehler eingestehen. Soweit es an mir liegt, will ich alles tun, dass unsere Beziehung wieder heil wird. Wenn wir das nicht machen, dann leiden unsere Kinder darunter.

Ursula: Ich habe dich aus Liebe geheiratet und wollte Kinder mit dir haben. Doch plötzlich warst du weg, das hat mich tief verletzt. Ich wünsche mir kein Team, sondern einen Mann, der an meiner Seite steht. Ich will dich annehmen, wie du bist, und vergebe dir, was du mir angetan hast.

Konrad: Ich danke dir, dass du mir eine Chance gibst. Ich werde dir ein Mann sein mit Gottes Hilfe.

Schlussrunde

Wofür habe ich zu danken?
Dass ich meine Probleme ausreden und zu Ende reden konnte.

Was habe ich gelernt?
Wie sehr die Probleme meiner Gegenwartsfamilie mit meiner Herkunftsfamilie zusammenhängen.

Was ist mein nächster Schritt?
Mit meiner Frau über alles das zu reden, was ich hier erlebt habe.

Was ist meine größte Gefahr?
Durch Passivität nicht so zu werden, wie ich werden möchte.

(Erst seit Kurzem verwende ich in Ergänzung zu den Aufstellungen der relevanten Familienpersonen häufig auch – mit überraschend erstaunlichen Ergebnissen – die Aufstellung von weiteren drei Personen, die verschiedene Ichzustände darstellen: das so genannte »Trauma-Ich«, das sogenannte »Überlebens-Ich« und das sogenannte »Gesunde starke Ich«. Weitere Einzelheiten kann der Leser in dem Buch von Franz Ruppert, Seelische Spaltung und innere Heilung nachlesen.[3])

---

[3] Franz Rupprt, Seelische Spaltung und innere Heilung, 2. Auflage, Klett-Cotta, Stuttgart 2008.

5. Das »wissende Feld«: Versuch einer Klärung

Kommen wir auf den Begriff des *wissenden Feldes* zurück. Bei den Aufstellungen wirkt eine Kraft, die *Verborgenes* ans Licht bringt. Alle *Aufsteller* sind übereinstimmend der Meinung: Dieses *Wissen* zeigt sich regelhaft, aber wir wissen nicht, woher es kommt. Das Verborgene, das aufgedeckt wird, ist immer vergangene, verborgene Beziehungswahrheit, die von *Stellvertretern* an dem Platz, an dem sie stehen, an den sie von dem Aufsteller nach seinem inneren Bild hingestellt worden sind, ausgesprochen werden, die aber mit den wirklichen Beziehungspersonen des Aufstellers nicht in Berührung waren, diese also nicht kennen. So entsteht immer wieder die Frage: *Woher wissen sie das*, woher wissen sie diese Beziehungswahrheiten, die ja eigentlich nur der Aufsteller selbst wissen dürfte? Denn der Aufsteller bestätigt in der Regel das, was sie sagen. Ja, so war es wirklich.

In einer »Monatszeitung für Politik und Religion«[4] ist vor einiger Zeit ein kleiner Artikel erschienen, in dem die therapeutische Methode des Familienstellens mit Bezug auf den Namen Bert Hellinger als eine *Technik esoterischer Wahrsagerei* dargestellt und verstanden wird. Auch aus biblischer Sicht wird die Wirklichkeit des Bösen, die Wirklichkeit satanischer Wahrsagerei als eine Macht eingestanden. Sie kann beim *Familienstellen* durchaus zum Ausdruck kommen. Das hängt aber sehr davon ab, in welchem Geist die Seminararbeit des Familienstellens durchgeführt wird. Vor allem der Leiter der Seminararbeit ist für das Gelingen der Aufstellungen verantwortlich. *Familienstellen auf biblischer Basis* wird in einem Team von Mitarbeitern durchgeführt, die alle dem biblischen Menschenbild verpflichtet und verbunden sind.

---

[4] Kurier der Christlichen Mitte, Lippstädter Str. 42, 59329 Liesborn.

Das Gebet zu dem dreieinigen Gott steht im Mittelpunkt der Seminararbeit. Am Ende jeden Seminars wird jedem Teilnehmer auf Wunsch ein Heilungs- und Segnungsgebet angeboten. Unter diesen Vorzeichen haben *Geister der Wahrsagerei* keine Chance zur Wirkung.

Jeder Mensch wird in der Familie gezeugt, geboren, verletzt; ist also von frühester Kindheit an allen Formen von mehr oder weniger guten Beziehungserfahrungen ausgeliefert. Doch erklären diese sehr frühen kindlichen Beziehungserfahrungen, die ja schon im Mutterleib beginnen, das sogenannte *Geheimnis* des wissenden Feldes? Meine Antwort lautet: Sie erklären es nicht vollständig, denn es kommen immer wieder auch Wahrheiten ans Licht, die viel weiter zurückgehen, noch in viel frühere Generationen zurückreichen; auch Wahrheiten, die noch andere Qualitäten haben, die mit Belastungen durch Machtbereiche der Finsternis in Verbindung stehen. Bei manchen Aufstellungen ist es erstaunlich, dass oft noch Wahrheiten von Großeltern, ja Urgroßeltern ans Licht kommen, sozusagen *beziehungswirksam* werden können, in denen *geistig-seelische Machtwirkungen* erkennbar werden, z. B. Todesmächte, Freimaurerei, Nationalsozialismus oder eine Macht von Habsucht, Trunksucht, sexueller Missbrauch, Erbschuld u. a. In aller Regel sind es *schlimme* oder *böse* Wahrheiten, die plötzlich von einem Stellvertreter *wahrgenommen* werden: Vergangene Finsternis kommt ans Licht.

Meiner Meinung nach liegt die eigentliche Wurzel dieses wissenden Feldes schon in den ersten Familien der Menschheit, wie sie im Buch Genesis (1. Buch Mose) geschildert werden. Das Wort Genesis bedeutet *Anfang*. Die Erschaffung der ersten Menschen war der Anfang der Menschheit. Hier beginnt alles. Auch das Wort *Gen* meint etwas Ähnliches, genauer: etwas Identisches. Gen ist klinisch ein Ausdruck für Erbfaktor. Die Summe der Gene enthält die Summe der Erbfaktoren. So stellt sich die Frage: Was unterscheidet und was verbindet ein *Aufstellungsbild* der Genesis-Fallgeschichten von den Aufstellungsbildern bei den Familienaufstellungen?

Es gibt einerseits keinen nennenswerten Unterschied. Es zeigt sich in jedem Fall ein *Beziehungskraftfeld*, das die einzelnen Personen in der Familie ähnlich unterschiedlich beschreibt. Der entscheidende Unterschied ist jedoch, dass bei den Genesisaufstellungen die Wirklichkeit des *Lichtes* als eines liebenden Schöpfergottes und die Wirklichkeit der *Finsternis* als *Schlange* in Erscheinung treten. Es sind ja nicht nur zwei Bilder, sondern zwei wesensverschiedene, einander entgegengesetzte Grundmächte in der Schöpfung, die in den Genesis-Geschichten aufeinandertreffen. Diese beiden Grundmächte kennzeichnen das *Geheimnis zweier Kraftfelder von Gut und Böse.*

Im folgenden Kapitel versuche ich, diese beiden Kraftfelder theologisch zu begründen.

5.1 Theologischer Exkurs: Das Geheimnis des wissenden Feldes – Adam und Eva vor und nach dem Fall

Gott hatte den ersten Menschen Adam am Anfang der Schöpfung in besonderer Weise auf zwei Bäume im Garten des Paradieses aufmerksam gemacht: auf den »Baum des Lebens« und den »Baum der Erkenntnis des Guten und Bösen«.

1. Mose 2,7 berichtet in bildhafter Sprache von der Erschaffung des ersten Menschen.

Der Mensch wird jedoch von Gott gewarnt, vom Baum der Erkenntnis zu essen. Folgende Bibelstellen illustrieren dies:

1. Mose 2,8-9: »Dann pflanzte Gott, der Herr, einen Garten in Eden, im Osten gelegen.
Dort hinein brachte er den Menschen, den er erschaffen hatte. Und Gott, der Herr, ließ alle Arten von Bäumen in dem Garten wachsen – schöne Bäume, die köstliche Früchte trugen. In der Mit-

te des Gartens wuchsen der Baum des Lebens und der Baum der Erkenntnis von Gut und Böse.«

1. Mose 2,15-17: »Gott, der Herr, brachte den Menschen in den Garten Eden. Er sollte ihn bebauen und bewahren. Er befahl dem Menschen jedoch: ›Du darfst jede beliebige Frucht im Garten essen, abgesehen von den Früchten vom Baum der Erkenntnis des Guten und Bösen. Wenn du die Früchte von diesem Baum isst, musst du auf jeden Fall sterben.‹«

Ich möchte auf das *Geheimnis des wissenden Feldes* aufmerksam machen. Ich weise auf Ursachen und Wirkungen hin, die beim *Familienstellen* erkennbar werden. Nach meiner Erkenntnis beginnt das *wissende Feld* mit einer Gebotsübertretung im Garten des Paradieses.

1. Dietrich Bonhoeffer hat in seinem Buch »Schöpfung und Fall« Genesis 1-3 ausgelegt und vieles verständlich gemacht. In der Einleitung seines Buchs schreibt er: »Die Kirche Christi legt Zeugnis ab vom Ende aller Dinge. Sie lebt vom Ende her, sie denkt vom Ende her, sie handelt vom Ende her, sie verkündigt vom Ende her. ›Gedenket nicht an das Alte und achtet nicht auf das Vorige! Denn siehe, ich will ein Neues machen.‹ Jes. 43,18-19. Das Neue ist das wirkliche Ende des Alten; das Neue aber ist Christus. Christus ist das Ende des Alten. Nicht Fortführung, nicht Zielpunkt, sondern Vollendung. Die Kirche redet in der alten Welt von der neuen Welt. Sie erkennt die alte Welt allein aus dem Licht der Neuen Welt.«[5]

2. Bonhoeffer beschreibt eindrücklich: »Der Baum der Erkenntnis des Guten und Bösen steht ebenso wie der Baum des Lebens in der Mitte des Gartens. Aber an den Hinweis auf ihn knüpft sich unmittelbar ein besonderes Wort Gottes, nämlich das Verbot, von ihm zu essen, und die Bedrohung mit dem Tod, sobald der

---

[5] Dietrich Bonhoeffer, Schöpfung und Fall, 4. Auflage, Kaiser Verlag, München 1937, Seite 6.

Mensch dieses Gebot übertreten würde. Wie soll Adam begreifen, was Tod, was Gut und Böse, ja was überhaupt das Verbot ist, da er ja im ungebrochenen Gehorsam gegen den Schöpfer lebt? Kann das alles für ihn etwas anderes sein als leere Worte? Gewiss, Adam kann nicht wissen, was Tod, was Gut und Böse ist, aber Adam versteht in diesen Worten nur, dass hier Gott ihm gegenübertritt und ihn auf seine Grenze hinweist.«[6]

Fazit

Der Mensch Adam steht allein vor einem göttlichen Vertrauensanspruch. Der liebende Schöpfergott erhebt ihn zu einer besonderen Vertrautheit in dem Anspruch, ihm zu gehorchen, aber auch zu dem Anspruch, von ihm allein abhängig zu sein.

3. Die Erschaffung der Frau (1. Mose 2,18-25) erfolgt *nach dem Dialog* Gottes mit Adam über die Bedeutung der beiden Bäume. Der Baum des Lebens wird zuerst genannt, an den sich kein Verbot knüpft, um dessen Frucht letztlich alles geht, der aber besonders gefährdet ist durch den Baum der Erkenntnis des Guten und Bösen. Adam hat Eva im ungebrochenen Verhältnis zu Gott empfangen. »Endlich!«, rief Adam aus. »Sie ist ein Teil von meinem Fleisch und Blut! Sie soll ›Männin‹ heißen, denn sie wurde vom Mann genommen.« Das erklärt, warum ein Mann seinen Vater und seine Mutter verlässt und sich an seine Frau bindet und die beiden zu einer Einheit werden.« (1. Mose 2,23-24) Im täglichen Zwiegespräch waren sie beide mit Gott, dem Schöpfer, verbunden.

Es scheint, dass Adam in seiner Begeisterung über dieses Geschenk das Verbot Gottes in Bezug auf das empfangene Verbot, von dem er offenbar mehr wusste als Eva, menschlich ausgedrückt, ein wenig vergessen hatte; denn Eva ist es, die zuerst von der Schlange, nach dem Griff zu der verbotenen Frucht, verführt wurde.

---

[6] Dietrich Bonhoeffer, ebd., Seite 61.

Bonhoeffer führt dazu aus: »Das *Zwielicht*, in dem das Geschaffene und das Böse hier erscheinen, ist auf keine Weise aufzulösen, ohne dass das Entscheidende zerstört wird. Die Zweideutigkeit der Schlange, der Eva, des Baumes der Erkenntnis als Geschöpfe der Gnade Gottes und als Ort der Stimme des Bösen muss als solche gewahrt bleiben und darf keinesfalls grob auseinandergerissen werden. Denn eben dieses Zwielicht, diese Zweideutigkeit, in der Schöpfung hier steht, ist für den Menschen in der Mitte – und auch der Jahwist war Mensch der Mitte – allein mögliche Gestalt der Aussage über jenes Geschehen. Nur so ist das zwiefache Anliegen zu wahren: die Schuld wirklich ganz dem Menschen zu geben und zugleich die Unbegreiflichkeit, die Unerklärbarkeit, die Unentschuldbarkeit der Schuld zum Ausdruck zu bringen. Die Bibel will nicht über den Ursprung des Bösen Auskunft geben, sondern von seinem Charakter als Schuld und als unendliche Belastung des Menschen zeugen. Die Frage nach dem Ursprung des Bösen unabhängig hiervon zu stellen, liegt dem biblischen Autor fern und gerade dadurch wird die Antwort nicht eindeutig, direkt sein können. Sie wird immer ein Doppeltes ausdrücken, dass der Mensch als Geschöpf Gottes das ganz Widergöttliche, das Böse getan habe und dass dies eben darum Schuld, unentschuldbar Schuld ist«[7] ... Die Bibel weist hier nicht auf eine fremde Macht hin, auf den Teufel, der verführt hat, sondern sie macht allein das Geschöpf Gottes verantwortlich.

Fazit

Hier wirkt und waltet ein Beziehungsgeheimnis zwischen Gott und dem Menschen, das wir nicht auflösen können, das aber bis heute wirkt. Es ist das Geheimnis einer sehr tiefen Würde, die Gott dem Menschen damals und bis heute zumutet; nämlich die Würde einer Entscheidung in der Frage: Wer ist der Erste und wer ist der Zweite? Bist du, Adam, bereit, nach mir der Zweite zu sein und niemanden sonst in diese Beziehungsvertrautheit eindringen zu lassen?

---

[7] Dietrich Bonhoeffer, ebd., Seite 80 f.

4. Bonhoeffer geht noch weiter: »›Die Schlange war listiger als alle Tiere auf dem Felde.‹ Es wird nicht einfach gesagt, dass die Schlange der Teufel gewesen sei. Die Schlange ist Geschöpf Gottes, aber eben listiger als alle anderen Tiere. … Die Schlange fragt: Sollte Gott gesagt haben, ihr sollt nicht essen von allerlei Bäumen im Garten? Sie bestreitet dieses Wort nicht, aber gibt dem Menschen einen bisher unbekannten Ausblick in eine Tiefe, von der aus der Mensch in der Lage wäre, ein Wort als Gottes Wort zu begründen oder zu bestreiten … Das Entscheidende dabei ist, dass dem Menschen durch diese Frage nahegelegt wird, selbst hinter das Wort Gottes zurückzugehen und es nun seinerseits, aus seinem menschlichen Verständnis des Wesens Gottes zu begründen. … Nur als die fromme Schlange ist sie die böse. Sie, die erst aus der Kraft Gottes ihr Dasein zieht in ihrer Frage, sie, die nur dort, wo sie fromm ist, böse sein kann, sie gibt sich nun selbst als die Kraft aus, die noch hinter dem Gotteswort steht, aus der Gott selbst erst seine Kraft zieht.«[8] »Gott weiß, dass eure Augen geöffnet werden, wenn ihr davon esst. Ihr werdet sein wie Gott und das Gute vom Bösen unterscheiden können.« (1. Mose 3,5)

Dieses Gespräch der Schlange mit Eva *über* Gott, sozusagen das erste religiöse, theologische Gespräch über Gott hat nicht die gemeinsame Anrufung, die Anbetung Gottes im Auge, sondern die Rede über Gott, über ihn hinweg. Dieses religiöse Gespräch aus der Haltung eines tieferen Wissens der Geheimnisse Gottes demaskiert ihre Frömmigkeit als eine *Scheinfrömmigkeit*. In dieser Scheinfrömmigkeit wird die Wahrheit Gottes als Lüge umgedeutet. Das ist der Abgrund der Lüge, in der diese sogenannte Wahrheit lebt, dass sie sich selbst als Wahrheit setzt. Die *Gotteswahrheit* wird als Lüge verurteilt, die *Schlangenwahrheit* wird als die wahre, die bessere Wahrheit ausgegeben. Dass aber Gott auf diese Wahrheit den Tod verheißen hat, verschweigt die Schlange wohlweislich.

---

[8] Dietrich Bonhoeffer, ebd., Seite 81-83.

Fazit

Gott wusste natürlich, dass es ein Geschöpf geben wird, das in diese Beziehungsvertrautheit eindringen will, um das Geheimnis der Gottesvertrautheit zu zerstören.

5. »Die Frau sah: Die Früchte waren so frisch, lecker und verlockend – und sie würden sie klug machen! Also nahm sie eine Frucht, biss hinein und gab auch ihrem Mann davon. Da aß auch er von der Frucht.« (1. Mose 3,6) Was ist geschehen? Was bedeutet das alles? Der Mensch steht nun nicht mehr in Beziehung zu Gott, er hat in seinem Ungehorsam der Gebotsübertretung seine Grenze überschritten. Er lebt nun aus sich selbst, ohne Gott und ist allein mit sich selbst und seiner Partnerin.

Fazit

Wer den wirklichen Gott ablehnt, will selber Gott sein. Wer den wahren Gott nicht kennen will, verfällt dem *Sog des Seinwollens wie Gott*: dem Wahn nach Macht, nach Einfluss über andere, in vielen Spielarten menschlichen Zusammenlebens. Die kleinen und großen Hitlers, Stalins, Maos …, wie auch immer sie heißen mögen, treten in Erscheinung. Es gibt sie in Ehen, Familien, unter Männern und Frauen und fast allen Gemeinschaften, auch in den frommen: Sie leben und denken alle mehr oder weniger aus einer Wurzel: Ich allein bin wichtig. Eine weitere tödliche Folge sind Neid und Eifersucht. (Ein »Eifer, der mit Eifer sucht, was Leiden schafft«.) Kain, der erste, hochwillkommene Sohn Evas, wird zum ersten Mörder, aus purem Neid. Neid ist eines der Hauptprobleme in menschlichen Beziehungen.

6. Durch diesen Ungehorsam, den *Fall in die Sünde* ist aus dem *imago-dei*-Menschen des Anfangs der *sicut-deus*-Mensch geworden, der sein will wie Gott. Nun lebt er aus sich selbst, er schafft sein Leben selbst, er ist sein eigener Schöpfer geworden, er ist wie Gott geworden. Er bedarf des Schöpfers nicht mehr, sofern

er jetzt sein eigenes Leben selbst meistern muss. Allerdings für einen sehr hohen Preis: Indem Adam sich seiner Geschöpflichkeit entrissen hat, muss er jetzt *Gutes und Böses erkennen* und die Verantwortung hierfür selbst übernehmen. Gott sagt: »Der Mensch ist geworden wie einer von uns, er kennt sowohl das Gute als auch das Böse.« (1. Mose 3, 22) Die weitere Folge des Falles wird in 1. Mose 3,7 beschrieben: »In diesem Augenblick wurden den beiden die Augen geöffnet und sie bemerkten auf einmal, dass sie nackt waren. Deshalb flochten sie Feigenblätter zusammen und machten sich Lendenschurze.« Sie fürchten sich und verstecken sich vor Gott. Sie entschuldigen sich und verschieben ihre Schuld jeweils auf den anderen.

Die *Entdeckung der Nacktheit* wird zuerst genannt. Sie trennt den Mann von der Frau: Sie schämen sich voreinander. Offenbar ist es eine Nacktheit, die nicht nur auf Äußeres bezogen ist, auf den Leib und seine Erscheinungsform, sondern vielmehr auch auf ein Inneres hinweist. Auf etwas Inneres, was nicht sein darf, aber doch ist. Es war wohl das Erschrecken vor der eigenen *Tat,* die jetzt als Schuld spürbar geworden ist, das göttliche Gebot übertreten zu haben. Dies aber wird geleugnet, es war wohl zu schwer auszuhalten. Adam konnte und wollte es sich nicht eingestehen, darum die Verschiebung auf Eva: »Die Frau«, antwortete Adam, »die du mir zur Seite gestellt hast, gab mir die Frucht. Und deshalb habe ich davon gegessen.« (1. Mose 3,12) Es stimmt ja auch, sie war die erste Schuldige. Es ist schon bemerkenswert, dass Gott selbst die Frage nach der Nacktheit beantwortet: »Wer hat dir gesagt, dass du nackt bist?«, fragte Gott, der Herr. »Hast du etwa von den verbotenen Früchten gegessen?« (1. Mose 3,11) Das ist der wahre *sicut-deus-*Mensch, er ist es und bleibt es, bis er sich von Jesus erlösen lässt.

Fazit

Hinfort sind Adam und Eva, Mann und Frau zerrissen in Gut und Böse; sie sind fortan *Zerreißproben* ausgeliefert in jeder Form von

Beziehung. Sie müssen immer wieder neu die Entscheidung für oder gegen Gott treffen.

7. Bonhoeffer schreibt zum Gesetz von »tob« und »ra«, die hebräischen Worte für »gut« und »böse«: »Die Worte tob und ra reden von einem letzten Zwiespalt in der Welt des Menschen überhaupt, der hinter den moralischen Aspekt noch zurückgreift, sodass tob auch ›lustvoll‹ und ra ›leidvoll‹ bedeuten würde (Hans Schmidt). … Wesentlich für sie ist, dass sie paarweise auftreten, dass sie in ihrer Zwiespältigkeit unlöslich zusammengehören. Es gibt tob, das Lustvolle – Gute – Schöne, nicht ohne dass es schon immer in das ra – das Leidvolle – Böse – Gemeine – Unrechte getaucht wäre. Und es gibt – in jenem weiten Sinn – das Leidvolle – Böse nicht ohne den Schimmer von Lust, der das Leid erst ganz zum Leid macht. Das tob – Gute ist uns immer nur das aus dem Bösen Entrissene, das durch das Böse Hindurchgegangene, das von ihm Erzeugte, Getragene und Geborene, der Glanz des Lustvoll-Guten ist seine Herkunft aus dem Bösen, wohl aus der Überwindung des Bösen, aber doch so wie das Kind den Mutterschoß überwindet, d. h. so, dass das Gute von der Größe des Bösen, dem es sich entrissen hat, geadelt ist. … Der gesunde Mensch ist im Leidvollen getragen und genährt von dem Lustvollen, ist im Lustvollen durchwühlt vom Leidvollen, im Guten vom Bösen, im Bösen vom Guten, er ist im Zwiespalt. Das sind *wir*, die wir vom Baum der Erkenntnis des Guten und Bösen gegessen haben, nicht nur Adam.«[9]

Der Baum der Erkenntnis des Guten und Bösen ist zugleich der *Todesbaum* geworden, der unmittelbar neben dem Lebensbaum steht. Er verkündigt uns unablässig auch den Tod unserer Beziehungen. In diesem Sinne ist er eigentlich der Todesbaum, der den Lebensbaum gefährdet. Diese aus dem Sündenfall sich ergebende neue Beziehungssituation zu Gott führt dazu, dass beide Menschen, Adam und Eva, das Paradies verlassen müssen. Sie leben

---

[9] Dietrich Bonhoeffer, ebd., Seite 64 f.

hinfort nicht mehr in der Gegenwart Gottes, ihres Schöpfers; nicht mehr in einer von Gott geschenkten Einheit einer Beziehung im Sinne von *Gottebenbildlichkeit (imago-dei-Verhältnis)*. Sie sind jetzt auf sich selbst verwiesen, für sich selbst verantwortlich, wie es in 1. Mose 3,16-19 beschrieben ist. Sie sind *sicut-deus-Menschen* geworden. Sie sind, wie es die Schlange formuliert hat, selbst wie Gott geworden und wissen um das Gute und Böse.

8. In diesem Zwiespalt, in diesem Wissen um Gut und Böse, wurzelt ihre Zerrissenheit. »Da sprach Gott, der Herr, zu der Schlange: ›Weil du das getan hast, sollst du unter allen zahmen und wilden Tieren verflucht sein. Dein Leben lang sollst du auf dem Bauch kriechen und Staub fressen. Von nun an setze ich Feindschaft zwischen dir und der Frau und deinem Nachkommen und ihrem Nachkommen. Er wird dir den Kopf zertreten und du wirst ihn in seine Ferse beißen.‹ Dann sprach er zu der Frau: ›Mit großer Mühe und unter Schmerzen wirst du Kinder zur Welt bringen. Du wirst dich nach deinem Mann sehnen, doch er wird über dich herrschen.‹ Und zu Adam sprach er: ›Weil du auf deine Frau gehört und von der verbotenen Frucht gegessen hast, soll der Ackerboden deinetwegen verflucht sein. Dein ganzes Leben lang wirst du dich abmühen, um dich davon zu ernähren. Dornen und Disteln werden auf ihm wachsen, doch du musst dich vom Gewächs des Feldes ernähren. Dein ganzes Leben lang wirst du im Schweiße deines Angesichts arbeiten müssen, um dich zu ernähren – bis zu dem Tag, an dem du zum Erdboden zurückkehrst, von dem du genommen wurdest. Denn du bist aus Staub und wirst wieder zu Staub werden.‹« (1. Mose 3,14-19)

Fazit

Diese neue Beziehungssituation zwischen Adam und Eva trifft sehr genau auch auf Beziehungssituationen zu, wie sie im wissenden Feld bei Familienaufstellungen erkennbar und sichtbar werden. Es sind Familien in der Zerreißprobe, Zerreißproben auch zwischen

Geschwistern. Wir sehen: Sie wirken auch außerhalb von Familien, in allen Gemeinschaften, Völkern und Nationen, bis heute. Diese Feindschaft »zwischen dir und der Frau« wird erst Jesus sehr viel später beenden. (1. Mose 3,15)

In 1. Mose 3,20-21 wird wohltuend von einer *nachparadiesischen Fürsorge* Gottes, des Schöpfers, für seine beiden geschaffenen Menschen gesprochen. Aber auch von der Vertreibung aus dem Paradies: »Dann sprach Gott, der Herr: ›Der Mensch ist geworden wie einer von uns, er kennt sowohl das Gute als auch das Böse. Nicht dass er etwa noch die Früchte vom Baum des Lebens pflückt und isst! Dann würde er ja für immer leben!‹ Deshalb schickte Gott, der Herr, Adam und seine Frau aus dem Garten Eden fort. Er gab Adam den Auftrag, den Erdboden zu bearbeiten, aus dem er gemacht war. Nachdem er sie aus dem Garten vertrieben hatte, stellte Gott, der Herr, Cherubim auf, die mit einem flammenden, blitzenden Schwert den Weg zum Baum des Lebens bewachen.« (1. Mose 3,22-24)

Familienstellen bringt Beziehungswahrheiten ans Licht, in denen immer wieder deutlich wird, dass Liebe und Hass, Nähe und Distanz, Wahrheit und Lüge nahe beieinanderliegen und häufig über Generationen verstrickt in Erscheinung treten. Häufig treten sie auch eher verdeckt in Erscheinung. Ich benenne diese Situation gerne als *Beziehungstod* und war erstaunt, wie Bonhoeffer die Situation des *sicut-deus*-Menschen fast identisch beschreibt und philosophisch und theologisch ausdeutet. Ich konnte es im Einzelnen nur andeuten. Dieser Beziehungstod hängt, mehr oder weniger erkennbar, auch immer mit diesem *Erkennen des Guten und Bösen* und dem *Seinwollen wie Gott* zusammen: »Er befahl dem Menschen jedoch: ›Du darfst jede beliebige Frucht im Garten essen, abgesehen von den Früchten vom Baum der Erkenntnis des Guten und Bösen. Wenn du die Früchte von diesem Baum isst, musst du auf jeden Fall sterben.‹« (1. Mose 2,16-17)

9. Nach der Tat des Ungehorsams stellen sich folgende Fragen: »Was ist denn gestorben? Was in ihnen ist gestorben, denn sie

sind ja äußerlich am Leben geblieben?« Bevor diese Fragen beantwortet werden können, ist es vielleicht hilfreich, noch einmal auf die entscheidenden *Wesensbeschreibungen* des Menschen hinzuweisen: Der Mensch ist Geschöpf Gottes (1), er ist ein historisches Wesen: Er hat eine Geschichte in Vergangenheit, Gegenwart und Zukunft. Diese *Vergangenheitsgeschichte* ist, biblisch gesprochen, ausgedrückt in dem *Heimsuchungsgesetz* (»Du sollst dir kein Götzenbild anfertigen von etwas, das im Himmel, auf der Erde oder im Wasser unter der Erde ist. Du sollst sie weder verehren noch dich vor ihnen zu Boden werfen, denn ich, der Herr, dein Gott, bin ein eifersüchtiger Gott! Ich lasse die Sünden derer, die mich hassen, nicht ungestraft, sondern ich strafe die Kinder für die Sünden ihrer Eltern bis in die dritte und vierte Generation.« (2. Mose 20,4-5) Das heißt genau von »Urgroßvater über Großvater, Vater und Sohn.« Die Heimsuchung erlischt jeweils mit der 4. Generation und beginnt jeweils wieder mit der 1. Generation (des Sohnes). Das heißt biblisch gesprochen: Sünde hinterlässt Folgen, die entweder durch die *Erlösungstat Jesu Christi* gelöscht werden oder über drei bis vier Generationen weitergegeben werden. Darin besteht das eigentliche Geheimnis des wissenden Feldes: Die zum Ausdruck kommenden, spannungsvollen *Zerreißproben zwischen Gut und Böse* sind verursacht durch jenes biblische Heimsuchungsgesetz. Sie bewegen sich über einen Zeitraum von drei bis vier Generationen (2). Der Mensch ist ein dialogisch-soziales Wesen. Er kann nur in Beziehung existieren (3). Er ist ein *gefallenes* Wesen (4) und darum auch ein erlösungsbedürftiges Wesen (5). In dieser Wesenhaftigkeit ist er eine *Person*, eine *Dreieinheit* von Leib, Seele und Geist. Der Mensch ist ein endliches Wesen (6). Er muss sterben und wird sich danach vor einem Gericht verantworten müssen (Offenbarung 20,11-15).

Fazit

Die Gesamtheit dieser Wesensbeschreibungen bringt das *wissende Feld* zum Ausdruck. *Es ist immer ein Wissen um Gut und Böse.* Dieses Wissen um Gut und Böse innerhalb von drei bis vier Generationen ist tief im Unbewussten der Menschenseele gespeichert und verankert und kann durch die Beziehungsdynamik einer Gruppe aufgestellter Personen ans Licht gebracht und geweckt werden. Es wurzelt in der spannungsvollen Beziehung zwischen Mann und Frau und Kindern.

10. Das Wesen des Menschen wurzelt auch in seinem *Personsein: als Dreieinheit von Leib, Seele und Geist.* Durch den Fall in die Sünde sind Leib und Seele des Menschen am Leben geblieben. Der Mensch lebt ja weiter. Jedoch: Sein Geist ist tot. Aber seine *Seele* und auch der *Leib* sind zerrissen in Gut und Böse. Sie sind, biblisch gesprochen, tot. Die *Seele* ist zerrissen in unterschiedliche, in *gute* und *böse* Emotionen: Angst, Scham, Schuld, Sehnsucht nach Liebe einerseits, zerrissen aber auch durch Hass, Selbstsucht, Gier nach Leben andrerseits. Jeder sehnt sich nach Beziehung und Nähe. Gleichzeitig ist er aber auch zerrissen durch Gier nach Lust und in der Folge enttäuschte Verzweiflung. Goethe im Faust: »So tauml' ich von Begierde zu Genuss. Und im Genuss verschmacht' ich nach Begierde.« Auch der Leib des Menschen ist vielen Krankheiten ausgeliefert, zerrissen in kranke und gesunde Anteile, in Symptombildungen aller Art. Diese Zusammenhänge werden in Kapitel 7 aufgenommen. Der Geist des Menschen ist durch den Fall geöffnet für den lügenhaften Einfluss der Schlange: »Gott weiß, dass eure Augen geöffnet werden, wenn ihr davon esst. Ihr werdet sein wie Gott und das Gute vom Bösen unterscheiden können.« (1. Mose 3,5) Dieser Geist ist tot für Gott, genauer, für den lebenschaffenden Einfluss von Gott, dem Schöpfer. Denn *Geist und Herz* des Menschen leben in und aus der Beziehung zu Gott.

Der Geist des Menschen ist jetzt geöffnet für den Betrug der Schlangenlüge, gleichzeitig ist er tot für Gott. Denn: Gott ist das Leben des Geistes, Geist ist das Leben der Seele, Seele ist das Leben des Leibes. Das *wissende Feld* bringt diese Beziehungswahrheiten ans Licht. Gemeint ist die Wahrnehmung einer Beziehungsdynamik, die in unterschiedlichen Gefühlen, auch Körperwahrneh-mungen ausgedrückt ist. Diese werden von Stellvertretern gespürt und ausgedrückt, anstelle der wirklich Betroffenen in der Her-kunftsfamilie. Meiner Meinung nach ist es der Geist der Wahrheit, der dies ermöglicht. Nach der *Aufstellung* wird ein ausführlicher dialogischer Prozess angeboten, der in der Regel heilend, befreiend und erlösend wirkt. Die Heilungs- und Erlösungskraft der Gottes-liebe in Jesus Christus soll offenbar werden. Die neutestamentliche Botschaft der Bibel bringt diese Wahrheiten an vielen Stellen zum Ausdruck: Sie redet vom Tod des Menschen und bezieht sich dann mehr auf den Geist. Sie redet von Übertretungen und Sünden aller Art und bezieht sich dann mehr auf Seelisches.

Und sie redet von *Krankheiten* aller Art und sie redet dann mehr von Heilungen. Diese Beschreibungen sind jedoch mensch-liche Versuche, diese sehr komplexen und auch geheimnisvollen Zusammenhänge zu beschreiben und dem Leser verständlich zu machen.

Das sollen einige Bibelstellen illustrieren:

Römer 6,23: »Denn der Lohn der Sünde ist der Tod; das unverdien-te Geschenk Gottes dagegen ist das ewige Leben durch Christus Jesus, unseren Herrn.«

Römer 5,10-12: »Wir sind ja durch den Tod seines Sohnes mit Gott versöhnt worden, als wir noch seine Feinde waren. Dann werden wir erst recht jetzt, wo wir seine Freunde geworden sind, durch das Leben von Christus gerettet werden. So freuen wir uns nun darüber, dass wir wieder eine Beziehung zu Gott haben – weil Jesus Christus, unser Herr, uns mit Gott versöhnt hat. Die Sünde kam durch einen einzigen Menschen in die Welt – Adam. Als Folge davon kam der Tod, und der Tod ergriff alle, weil alle sündigten.«

Matthäus 1,21: »Sie wird einen Sohn zur Welt bringen. Du sollst ihm den Namen Jesus geben, denn er wird sein Volk von allen Sünden befreien.«

Johannes 8,34: »Ich versichere euch: Jeder, der sündigt, ist ein Sklave der Sünde.«

Psalm 116,16: »… und du hast meine Fesseln zerrissen.«

Psalm 124,7: »Wir sind entkommen wie ein Vogel aus dem Netz des Jägers. Das Netz ist zerrissen und wir sind frei!«

11. Gott der Schöpfer hat natürlich um dieses geheimnisvolle Versuchungsereignis nicht nur gewusst, sondern es zugelassen. Der Mensch des Anfangs sollte eine Entscheidung treffen; und nicht nur eine Entscheidung sollte es sein, sondern mit dieser Entscheidung sollte gleichzeitig auch eine Wahl getroffen werden. Eine *Wahlentscheidung* sollte es sein. Damit ist eine Entscheidung gemeint, die auch unter dem Druck eines starken inneren Widerstands getroffen wird: dem göttlichen Gebot auch dann zu gehorchen, wenn dieser Gehorsam etwas kostet, einen Preis hat. Also aus einer Macht der Versuchung heraus sollte Gehorsam geschehen, in dem Sinn etwa, wie eine Prüfung bestanden wird.

»»Wer hat dir gesagt, dass du nackt bist?‹, fragte Gott, der Herr. ›Hast du etwa von den verbotenen Früchten gegessen?‹ ›Die Frau‹, antwortete Adam, ›die du mir zur Seite gestellt hast, gab mir die Frucht. Und deshalb habe ich davon gegessen.‹ Da fragte Gott, der Herr, die Frau: ›Was hast du da getan?‹ ›Die Schlange verleitete mich dazu‹, antwortete sie. ›Deshalb aß ich von der Frucht.‹ Da sprach Gott, der Herr, zu der Schlange: ›Weil du das getan hast, sollst du unter allen zahmen und wilden Tieren verflucht sein. Dein Leben lang sollst du auf dem Bauch kriechen und Staub fressen. Von nun an setze ich Feindschaft zwischen dir und der Frau und deinem Nachkommen und ihrem Nachkommen. Er wird dir den Kopf zertreten und du wirst ihn in seine Ferse beißen.‹« (1. Mose 3,11-15)

Schuld als Verschiebebahnhof, nicht ich, immer der andere ist schuld. Ein Grundübel von Beziehungsgestörtheit ist die verschobene Schuld. Wir werden sehen müssen, dass Schuld sich nie von selbst auflöst, sondern Folgen hat.

Gott wollte in seinem Gebot, das er auch als Verbot formuliert hat, erkannt werden nicht nur als Herr der Schöpfung, der genau weiß, was für seine geschaffenen Menschen gut ist, sondern auch als ein liebender Gott, der ihre vertraute Nähe sucht, ihre Liebe, nicht nur ihren Gehorsam. Sie sollten ihm aus Liebe gehorchen, ihm in vertrauter Beziehung zugetan sein.

Das heißt auch: Gott wollte nicht nur aus unendlicher Ferne des Himmels als absoluter Herrscher über seine von ihm geschaffenen Menschen thronen, sondern er wollte, dass dieses von ihm gegebene Gebot als ein Liebesangebot verstanden wird. Es sollte eine Beziehung des Vertrauens, der gegenseitigen Wertschätzung sein. Das Gebot sollte Beziehung stiften und ermöglichen, es sollte eine Beziehung bestehen zwischen dem Gott des Universums und dem geschaffenen Menschen. Gott wollte offenbar von seinen Menschen nicht nur angebetet, sondern auch geliebt werden. Er wollte beides: Anbetung und Liebe in Gehorsam.

Fazit

Gott gibt ein Gebot, irgendwo und irgendwie taucht eine Schlange auf und verführt. Der Mensch fällt in Ungehorsam und die Zerreißprobe hat begonnen. Sie wird sich fortsetzen, wenn nicht irgendwann und irgendwo wieder eine göttliche Macht eingreift: die Macht der Versöhnung. Dieser Vorgang von Schuldigwerden, Sühne und Verstockung offenbart eine Macht, die bis heute unverändert wirkt. Es ist die Macht des biblischen Schöpfergottes, der den Menschen über die Maßen liebt und seine Rettung im Auge hat, der aber auch ein Gott der Wahrheit ist und Sünde nicht ungestraft lässt, »sondern ich strafe die Kinder für die Sünden ihrer Eltern bis in die dritte und vierte Generation.« (2. Mose 20,5)

Gott, der Schöpfer, hat natürlich von dieser Versuchung nicht nur gewusst, sondern sie zugelassen. Der Mensch sollte eine Entscheidung treffen und dem göttlichen Gebot auch dann gehorchen, wenn dieser Gehorsam etwas kostet.

Hinzu kommt aber auch die andere, sehr verborgene *Macht des Bösen*, die mit dem Ausdruck *Schlangenwahrheit* bezeichnet worden ist. Das Schicksal Kains, des erstgeborenen Sohnes von Adam und Eva, der nach dem Mord an seinem Bruder Abel von Gott zur Rechenschaft gezogen wird und seine Tat leugnet, offenbart diese Macht des Bösen, die schon bei Adam und Eva begonnen hat. Das Beispiel Kains offenbart, und die spätere Geschichte der Menschheit wird es immer neu offenbaren: »Wer den wahren Gott nicht kennt, nicht kennen will, will selber Gott sein.« Die Folgen kennen wir alle: Neid, Eifersucht, Kriege, Terror, Machtkämpfe im Kleinen wie im Großen.

Kehren wir zurück zu der *Verlassenheitssituation von Adam und Eva.* Die ersten Genesiskapitel schildern sie ausführlich. Sie mussten das Paradies verlassen. Die Gottesbeziehung war zutiefst gestört. Diese Störung wird fortan das Schicksal aller Menschen prägen. Die Frau wird mit Schmerzen Kinder gebären müssen und ihr Verlangen wird nach ihrem Manne sein. Er wird mit Mühsal und Schweiß sein Tagewerk tun müssen. Der Acker ist heute nicht mehr das Hauptproblem, die heutigen Probleme wurzeln wesentlich tiefer.

Und doch: Gott liebt den verlorenen Menschen und sucht ihn mit großer Geduld und Langmut. Bis heute. Heute nicht weniger als damals. Wir werden sehen, dass Gott sich viele Wege *ausdenken wird,* um seine geliebten Menschen aus ihrer Gottesferne in seine Nähe zurückzuholen.

6. Die Genesis-Fallgeschichten

6.1 Gestörte Familienbeziehungen im Buch Genesis: Abbild familiärer Zerreißproben auch für uns heute?

Das Buch Genesis ist das erste Buch der Bibel, das Erste Buch Mose. Ich spreche im Folgenden zwar von den Genesis-Fallgeschichten, zitiere die Bibelstellen aber mit »1. Mose«.

Ich habe mir oft vorgestellt, wie ich die ersten Familien Adam, Eva, Kain und Abel aufstellen würde, wie die Familie Abraham, Sara, Hagar, Ismael und Isaak, wie die Familie Isaak, Rebekka, Esau, Jakob und endlich die Großfamilie Jakobs. Wie würden die *Störungsbilder,* wie die *Lösungsbilder* aussehen?[10] (Vgl. Abb. 1a, 1b, 1c, S. 121, 122)

Die Genesis-Fallgeschichten verweisen uns eindringlich und ausdrucksvoll auf eine Katastrophe des Anfangs: den Fall in die Sünde. Ohne Verständnis dieser Katastrophe kann die Geschichte des Menschen, damals und heute, nicht verstanden werden.

Nach der Schöpfung von Mann und Frau in den ersten beiden Kapiteln der Bibel erscheint am Anfang der Versuchungsgeschichte

---

[10] In dem früheren, weiterführenden Kapitel 5 über das wissende Feld ist schon ausführlich über die Erschaffung des ersten Menschenpaares und über den Fall in die Sünde gesprochen worden. Es ging und geht hierbei nicht um die Frage, ob dieser Schöpfungsbericht wahr ist. Die biblische Lehre vom Menschen setzt diese Wahrheit voraus, denn sie weiß, dass Gott der Schöpfer und der Mensch Geschöpf ist. Die Ausführungen über das wissende Feld im Zusammenhang mit den früheren, aktuellen und den folgenden Genesis-Fallgeschichten sind aus meiner Sicht ein unglaublich überzeugender Hinweis auf die Wahrheit der biblischen Aussagen: Ohne Beziehung zu Gott ist der Mensch geistlich tot.

ein geheimnisvolles Tier, das Gott wie alle anderen Tiere geschaffen hatte, die Schlange. Es war listiger als die anderen Tiere und mit einer besonderen Fähigkeit ausgestattet: Es konnte sprechen.

Der Leser fragt sich vielleicht: Ein der Sprache mächtiges Tier, was für einen Sinn sollte das haben? Der aufmerksame Hörer aber ahnt vielleicht eine Deutung. In der sprechenden Schlange muss sich ein *Geheimnis* verbergen, ein Geheimnis des Schöpfers, das dem hörenden Leser zwar verhüllt, aber doch als ein verborgenes Geheimnis vertraut gemacht werden soll. Der folgende Dialog zwischen Eva und der Schlange wird dieses Geheimnis lüften. Offenbar verbirgt sich hinter der sprechenden Schlange eine *gottfeindliche Autorität*, die der Text nicht genauer benennt. Auch bleibt die Frage offen, warum sie, die Frau, und nicht er, der Mann, zum Dialog herausgefordert ist. Die Schlange beginnt den Dialog. Ihre Botschaft besteht aus zwei Sätzen, die ich im theologischen Exkurs über das *wissende Feld* erläutert habe. Eva lässt sich darauf ein.

Was bedeutet dieser Fall in die Sünde? Was bedeutet er für uns heutige, moderne Menschen, besonders auch für Christen von heute?

Diese Geschichte ist die Antwort auf die Frage nach unseren sehr *persönlichen, aber auch globalen Lebensproblemen*, von denen nicht nur der Einzelne, sondern die ganze Menschheit bedroht ist. Die Beziehung des Menschen zu seinem Schöpfer ist durch diese Tat des Ungehorsams zerbrochen. Der Mensch lieferte sich dem *Schlangenwort* aus und ist dadurch einer völlig neuen Situation unterworfen. Nach diesem *Fall in die Sünde* ist eine neue Schöpfungssituation in Erscheinung getreten. Adam und Eva und die Menschen nach ihnen unterliegen, wie sich zeigen wird, einer *Gefallenheitsstruktur*, die ihr ganzes Wesen verändert hat und weiter verändern wird. Diese Gefallenheitsstruktur wirkt bis heute. Sie ist die Grundlage unserer persönlichen und globalen Beziehungsprobleme. Sie ist auch die Grundlage des *wissenden Feldes*. Hier erkennen wir bereits sehr schwerwiegende Beziehungsgestörtheiten, die die Bibel mit *Erbschuld* bezeichnet. Dieser Begriff meint ein Schuldigwerden, das sich *vererbt* und im *Heimsuchungsgesetz*« (Abbildung 1a, b, c, Seiten 121–122) am deutlichsten zum Ausdruck kommt. Aber dieses Gesetz betont auch die wunderbare Aussage Gottes:»Denen aber, die mich lieben und meine Gebote befolgen, werde ich bis in die tausendste Generation gnädig sein.« (2. Mose 20,6) Dieses *Wohltun Gottes* hängt mit der Erlösungstat Jesu Christi und der Kraftwirkung des Heiligen Geistes zusammen und steht in Kraft über Tausende von Generationen. Eine wunderbare Verheißung auch für uns heute, insbesondere auch eine starke Verheißung für Therapie und Seelsorge, natürlich und besonders auch für das *Familienstellen auf biblischer Basis.*

Aber diese neue Situation des Falles in die Sünde wird zunächst auf vierfache Weise die Beziehung der Menschen zu Gott und zueinander verändern:

1. Sie sind durch *Angst* vor allem von Gott getrennt.

2. Der Einzelne ist *in sich selbst zerrissen in dem Wissen um Gut und Böse* nach der Schlangenverheißung:»Ihr werdet sein wie Gott und das Gute vom Bösen unterscheiden können.« (1. Mose 3,5)

3. Diese *Zerrissenheit* bezieht sich auch auf den Partner, Gefühle von *Scham und Schuld* stehen zwischen Adam und Eva, sie schämen sich plötzlich ihrer Nacktheit.

4. Sie sind der *Schöpfung entfremdet.* Zwischen Schöpfung und Mensch besteht nicht mehr, wie am Anfang, eine herrschend dienende, sondern, wie sich zeigen wird, eine herrschend ausbeuterische Haltung.

Und die Schöpfung selbst seufzt und liegt in *Geburtswehen*:»Denn wir wissen, dass die ganze Schöpfung bis zu diesem Augenblick mit uns seufzt, wie unter den Schmerzen einer Geburt.« (Römer 8,22)

Gott, der Schöpfer, hat um dieses geheimnisvolle Versuchungsereignis nicht nur gewusst, sondern es zugelassen. Der Mensch des Anfangs sollte eine *Entscheidung* treffen. Nicht *nur* eine Entscheidung sollte es sein, sondern damit sollte gleichzeitig eine *Wahl* getroffen werden. Eine Wahlentscheidung sollte es sein. Damit ist eine Entscheidung gemeint, die auch unter dem Druck eines starken inneren Widerstands getroffen wird: dem göttlichen Gebot auch dann zu gehorchen, wenn dieser Gehorsam etwas kostet, einen Preis hat. Aus einer Macht der Versuchung heraus sollten die Menschen gehorchen und ihre Prüfung bestehen.

Gott wollte in seinem Gebot, das er auch als Verbot formuliert hat, erkannt werden, nicht nur als Herr der Schöpfung, der genau weiß, was für seine geschaffenen Menschen gut ist, sondern auch als ein liebender Gott, der ihre vertraute Nähe sucht, ihre Liebe, nicht nur ihren Gehorsam. Sie sollten ihm aus *Liebe* gehorchen, ihm in vertrauter Beziehung zugetan sein, ihn als ihren göttlichen Ratgeber ehren, weil er allein Gott ist. Denn er wollte auch als der alleinige Herr erkannt werden.

Gott wollte nicht nur aus unendlicher Ferne des Himmels als absoluter Herrscher über seine von ihm geschaffenen Menschen thronen, sondern er wollte, dass dieses von ihm *gegebene Gebot als ein Liebesangebot* verstanden wird. Er wünschte sich eine Beziehung des Vertrauens und der gegenseitigen Wertschätzung. Das Gebot sollte eine Beziehung zwischen dem Gott des Universums und dem geschaffenen Menschen ermöglichen. Gott wollte offenbar von seinen Menschen nicht nur angebetet, sondern auch geliebt werden. Er wollte beides: *Anbetung und Liebe in Gehorsam.*

Fazit

Gott gibt ein Gebot, irgendwo und irgendwie taucht eine Schlange auf und verführt. Der Mensch fällt in Ungehorsam und die *Zerreißprobe* hat begonnen und wird sich fortsetzen, wenn nicht irgendwann und irgendwo wieder eine göttliche Macht eingreift:

die Macht der Versöhnung. Dieser Vorgang von Schuldigwerden, Sühne und Verstockung offenbart eine Macht, die bis heute unverändert wirkt. Es ist die Macht des biblischen Schöpfergottes, der den Menschen über die Maßen liebt und seine Rettung im Auge hat, der aber auch ein Gott der Wahrheit ist und Sünde nicht ungestraft lässt, sondern: »Ich lasse die Sünden derer, die mich hassen, nicht ungestraft, sondern ich strafe die Kinder für die Sünden ihrer Eltern bis in die dritte und vierte Generation.« (2. Mose 20,5)

Dazu kommt aber auch die andere, sehr verborgene *Macht des Bösen,* die ich als *Schlangengeheimnis* bezeichnet habe und die immer ihr Spielchen treibt. Das Schicksal Kains, des erstgeborenen Sohnes von Adam und Eva, der nach dem Mord an seinem Bruder Abel von Gott zur Rechenschaft gezogen wird und seine Tat leugnet, offenbart diese Macht des Bösen, die schon bei Adam und Eva begonnen hat.

Die Frage nach der Schuld und die Antwort Gottes (1. Mose 3,7–14)

»Als es am Abend kühl wurde, hörten sie Gott, den Herrn, im Garten umhergehen. Da versteckten sie sich zwischen den Bäumen. Gott, der Herr, rief nach Adam: ›Wo bist du?‹

Dieser antwortete: ›Als ich deine Schritte im Garten hörte, habe ich mich versteckt. Ich hatte Angst, weil ich nackt bin.‹ ›Wer hat dir gesagt, dass du nackt bist?‹, fragte Gott, der Herr. ›Hast du etwa von den verbotenen Früchten gegessen?‹ ›Die Frau‹, antwortete Adam, ›die du mir zur Seite gestellt hast, gab mir die Frucht. Und deshalb habe ich davon gegessen.‹

Da fragte Gott, der Herr, die Frau: ›Was hast du da getan?‹ ›Die Schlange verleitete mich dazu‹, antwortete sie. ›Deshalb aß ich von der Frucht.‹ Da sprach Gott, der Herr, zu der Schlange: ›Weil du das getan hast, sollst du unter allen zahmen und wilden Tieren verflucht sein.‹« (1. Mose 3,8-14)

Wie bei den ersten Menschen wird Schuld bis heute verschoben.
doch Schuld vergeht nicht einfach, sondern bleibt. Oft ist sie noch nach Generationen massiv am Werk und zerstört Familien, ohne dass deutlich wird warum.

Die *Entdeckung der Nacktheit* wird zuerst genannt:»In diesem Augenblick wurden den beiden die Augen geöffnet und sie bemerkten auf einmal, dass sie nackt waren. Deshalb flochten sie Feigenblätter zusammen und machten sich Lendenschurze.« (1. Mose 3,7) Die Nacktheit trennt den Mann von der Frau. Sie schämen sich voreinander. Offenbar ist es eine Nacktheit, die nicht nur auf Äußeres bezogen ist, auf den Leib und seine Erscheinungsform, sondern vielmehr auch auf ein Inneres hinweist. Auf etwas Inneres, was nicht sein darf, aber doch ist. Es war wohl das *Erschrecken vor der eigenen Tat, die jetzt als Schuld spürbar geworden ist,* das göttliche Gebot übertreten zu haben. Dies aber wird geleugnet, denn es war wohl zu schwer auszuhalten. Adam konnte und wollte es sich nicht eingestehen, darum die Verschiebung auf Eva: Du bist schuldig, nicht ich. (1. Mose 3,12-13) Sie war die erste Schuldige. Es ist schon bemerkenswert, dass Gott selbst die Frage nach der Nacktheit beantwortet:

»»Wer hat dir gesagt, dass du nackt bist?‹, fragte Gott, der Herr. ›Hast du etwa von den verbotenen Früchten gegessen?‹ ›Die Frau‹, antwortete Adam, ›die du mir zur Seite gestellt hast, gab mir die Frucht. Und deshalb habe ich davon gegessen.‹« (1. Mose 3,11) Die tiefste Frucht des Ungehorsams aber war die *Angst vor Gott.* Als Adam im Garten die Stimme Gottes hörte, sagte er:»Als ich deine Schritte im Garten hörte, habe ich mich versteckt. Ich hatte Angst, weil ich nackt bin.« (1. Mose 3,10)

Die Verfluchung der Schlange ist der Beginn einer erbitterten Feindschaft»zwischen deinem Nachkommen und ihrem Nachkommen« (1. Mose 3,15). Diese geheimnisvollen Sätze in Bezug auf die Macht der Schlangenverführung sind eine prophetische Vorausschau auf künftige Ereignisse.

Scham, Schuld und Angst: Grundemotionen gestörter Beziehung (1. Mose 3,5)

Diese wenigen Sätze offenbaren eine erste Wahrheit der Schlangenaussage: »Ihr werdet sein wie Gott und das Gute vom Bösen unterscheiden können.« (1. Mose 3,5) Die Frucht des Erkennenmüssens von Gut und Böse ist *die geleugnete Wahrheit* über sich selbst: »Es kann nicht sein, was nicht sein darf« und damit verbunden die *Schuldverschiebung* auf den anderen, ein immer wiederkehrendes Verhalten gestörter Beziehung, nicht nur in der Paarbeziehung, sondern eigentlich in jeder Beziehung zwischen Menschen, Eltern und Kindern, Völkern und Nationen. Es ist die Geburtsstunde des *schlechten Gewissens*. Niemand wird aus diesem Dilemma aus eigener Anstrengung aussteigen können.[11]

Verlust der göttlichen Friedensordnung, Austreibung aus dem Paradies, Beginn des Kampfs ums Dasein (1. Mose 3,16,17,22–24)

Adam und Eva waren am Leben geblieben. Hatte also die Schlange doch recht behalten? Einerseits ja, denn sie sind nicht gestorben, andererseits nein, denn die Frucht vom *Baum der Erkenntnis des Guten und Bösen* hatte doch einen Tod zur Folge, den sie vorher nicht kannten: einen *Beziehungstod*, der sich immer tiefer entfalten sollte. Beide müssen jetzt erfahren, dass eine neue Daseinsordnung begonnen hat. Sie müssen nicht nur die Angst vor Gott erkennen, nicht nur erkennen, dass sie nackt sind, mehr noch: Die Gebotsübertretung wird Folgen haben, die alle Arten von Beziehungen beeinflussen wird. Fortwährend werden sie *Gutes und Böses gleichzeitig erkennen müssen* und erleben, dass die *Frucht des Lebens-*

---

[11] Hierzu ein aktuelles Beispiel: In einem Spiegelartikel vom 16.10.06 »Das Tribunal des Todes NS-Verbrecher vor Gericht« war für mich ungewöhnlich erschütternd, dass keiner der Angeklagten sich zu den Verbrechen des Dritten Reiches als schuldig bekennen konnte.

baumes von ihnen genommen ist. Diese Situation wird in 1. Mose 3,16-17 beschrieben.

Die äußere praktische Lebenssituation ist gekennzeichnet von einem Kampf ums Dasein, der fortwährend das menschliche familiäre Zusammenleben bestimmen wird. Doch offenbart sich gleichzeitig die *Fürsorge* Gottes. Der paradiesische Friede ist zwar von den Menschen genommen, aber »Gott, der Herr, machte Adam und seiner Frau Kleidung aus Tierfellen und zog sie ihnen an« (1. Mose 3,21) zum Schutz der Intimität, damit nicht jedermann erkennen und sehen kann, was im Inneren des Menschen abläuft. Aber natürlich nicht nur das Innere, auch der Körper des Mannes und der Frau bedarf dieses Schutzes. Dieser ist ein Zeichen göttlicher Gegenwart.

Fazit

Fortwährend wird diese *barmherzige Nähe* alle Gottesferne, alle menschliche Nacktheit, alles menschliche Scheitern, alle menschliche Schuld und alles menschliche Versagen überdecken. Bis nach einer langen Zeit Gott selbst dieser Not ein Ende bereiten wird: in der Geburt seines Sohnes Jesus Christus.

Gestörte Familienbeziehungen im Buch Genesis: Abbild familiärer Zerreißproben auch für uns heute?

Warum beschäftige ich mich mit diesen frühen Familiengeschichten? Was haben diese uns heute noch zu sagen?

Spätestens seit dem 11. September 2001 wissen wir erneut um eine tiefgreifende Macht von Zerreißproben, die unsere Menschheit bedroht. Sie betrifft nicht nur Familien, nicht nur einzelne Nationen. Nahezu alle Nationen in ihrer globalen Vielfalt sind betroffen. Diese globale Zerreißprobe hat vor allem zu tun mit unterschiedlichen Ideologien, unterschiedlichen Religionen und

Weltanschauungen. Dahinter wirken verborgene Kräfte unterschiedlicher Menschenbilder und Gottesbilder. Hinzu kommt ein Übermaß an technischem Fortschritt, ein hemmungsloser Fortschrittsglaube in Verbindung mit materialistischen Weltanschauungen, die eine globale Sinnleere unserer heutigen Welt aufzeigen. »Nicht Wissenschaft erlöst den Menschen, sondern Liebe. Die menschliche Vernunft müsse sich öffnen für die rettenden Kräfte des Glaubens, für die Unterscheidung von Gut und Böse«, so Papst Benedikt XVI in seinem Lehrschreiben »Spe salvi«. Wir sind gerettet durch Hoffnung.

Die *Falldarstellungen* haben uns vor Augen geführt, dass immer beides im einzelnen Menschen und in seiner Beziehung zu anderen, besonders auch zu seinen Familienangehörigen vorhanden ist: Gutes und weniger Gutes, Böses und häufig auch sehr Böses. Eltern, die Kinder missbrauchen, abtreiben, verhungern lassen, handeln böse. Dennoch kann aus diesem Handeln nicht ohne weiteres abgeleitet werden, dass sie, die Menschen selbst, durchgängig böse sind. Es gibt zwar einzelne, die in blindem Hass Raubüberfälle begehen; Männer, die in Kinderpornografie verstrickt sind oder systematisch Terroranschläge begehen; hier ist das Böse sehr schlimm. Doch bei diesen und ähnlichen Schilderungen, und sie könnten beliebig fortgesetzt werden, stellt sich immer wieder die Frage nach den Motiven einer bösen Tat: Ist die Person, die Böses tut, durchgängig eine böse Person oder sind es nur bestimmte Verhaltensweisen, die als böse einzustufen sind? Besonders auch bei den Aufstellungen stellt sich die Frage nach dem »Warum« einer bösen Tat, nach dem Hintergrund, den Motiven, der eigentlichen Wurzel einer bösen Gesinnung, die dann irgendwann zu einer schlimmen Tat geführt hat.

Die *erste* Genesis-Fallgeschichte bringt Licht in diese verborgenen, dunklen Unklarheiten. Denn sie offenbart und verbirgt zugleich die eigentliche Ursache des Bösen: Es ist die ausstrahlende Macht einer *geheimnisvollen Schlange*, hinter der sich der eigentlich Böse verbirgt. Erst die spätere biblische Offenbarung benennt diese

Macht. Es ist Satan, der Urheber und Anfänger alles Bösen. Jesus nennt ihn den »Herrscher dieser Welt«. In Abbildung 2 (Seite 164) mit den vier aufeinander bezogenen Dreiecken habe ich versucht, diesen Zusammenhang zu erläutern.

Die folgenden Genesis-Fallgeschichten schildern familiäre Zerreißproben im Spannungsfeld von Erwählung, Berufung, Schuld und Sühne einerseits, andrerseits aber auch das Geheimnis von Fluch, Verwerfung, Verstockung. Die beiden Beziehungsebenen, die horizontale und die vertikale mit den vier symbolischen Dreiecken, sind immer akut oder mehr chronisch wirksam. Sie zeigen: Vergangenes ist immer gegenwärtig, Gegenwärtiges ist nie vergangen, Vergangenes wird nie vergehen. In der Seele wird es zukünftig sein und Folgen haben. Familienstellen macht in besonderer Weise diese unsichtbare, jedoch unglaublich wirksame Wahrheit deutlich. Vergangenes ist nie vergangen, sondern bleibt im Unbewussten unserer Seele anwesend, wenn nicht Versöhnung geschieht. Damals und heute zeigen sich Erscheinungsformen, die identisch sind: gestörte Beziehungen, Neid, Stolz, Hochmut, Scham, Schuld, Angst, Mord.

Das sichtbare menschliche Leben ereignet sich im Kontext von Vergangenheit, Gegenwart und Zukunft, das eigentlich unsichtbare Leben der Seele und des Geistes ist aber auch immer in Vergangenheit, Gegenwart und Zukunft gegenwärtig und anwesend. Es ist sozusagen zeitlos, biblisch gesprochen: Es hat Ewigkeitscharakter. Diese Beziehungseinheit ist der eigentlich tiefe Sinn der Beschäftigung mit diesen vergangenen Geschichten gestörter Beziehungen.

Der Mensch ist geschaffen nach dem Ebenbild Gottes, er hat eine ewige Zukunft. Der Mensch ist aber immer auch in Gefahr, *diese* ewige Zukunft zu verlieren. Der Machtbereich des Bösen umschleicht die Seele des Menschen und sucht sie zu verschlingen. Diese erschütternde Wahrheit offenbart die erste Fallgeschichte.

In den Genesis-Geschichten erkennen wir nicht nur wie im Spiegel unsere eigenen Zerreißproben, sondern deren eigentliche Ursache, nämlich eine geheimnisvoll verborgene Macht des Bösen. In jeder Beziehungsnot gibt Gott entscheidende Hinweise auf Lösungen aus diesen Nöten. Er antwortet direkt auf Lebensprobleme.

Die erste Familie nach dem Fall: Adam – Eva – Kain – Abel (1. Mose 4,1–15)

Die erste Familie: Adam – Eva – Kain – Abel bringt eine schwer gestörte Familiensituation ans Licht. Sie zeigt ein erstes Grundmuster einer familiären Zerreißprobe.

Ich versuche die erste Familie Adam, Eva, Kain und Abel in einem Störungsbild *aufzustellen* und anhand dieser symbolischen Bildhaftigkeit die Wirklichkeit, oder besser die Kraftwirkung eines wissenden, weiterwirkenden Feldes zu erläutern. Es wird sich zeigen, dass diese personalen Beziehungen mit den vier Dreieinheiten (Abbildung 3) verbunden sind.

Störungsbild

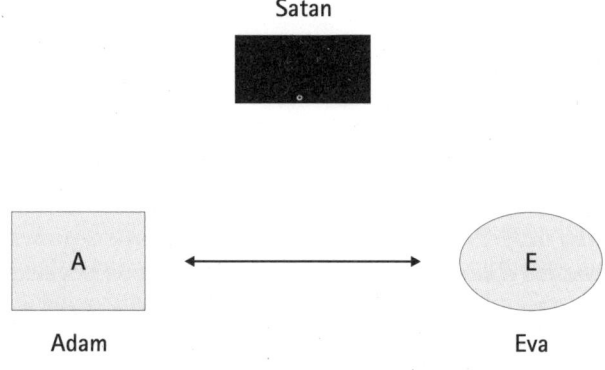

Abbildung 1a

121

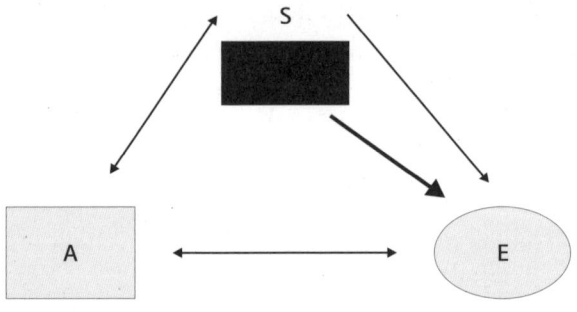

in der Versuchung

Abbildung 1b

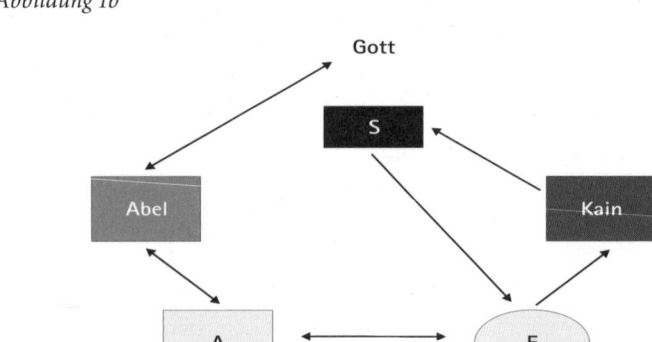

Abbildung 1c

Das Paar Adam und Eva, einander zugewandt, steht dem lebendigen Gott gegenüber, symbolisch als *Licht* dargestellt. Irgendwann schiebt sich die *listige Schlange,* im Symbol *Schwarz* dargestellt, dazwischen und verführt Eva. Adam steht daneben und wird von Eva verführt. Danach bestraft Gott die Gebotsübertretung.

Adam und Eva werden zwei Söhne geboren. Eva begrüßt ihren erstgeborenen Kain mit einer erstaunlichen Aussage: »Mit der Hilfe des Herrn habe ich einen Mann geboren.« (1. Mose 4,1) Dieser triumphale Ausdruck ist nicht leicht zu deuten. Meint sie das männliche Kind? Kain ist ja noch kein Mann. Adam kommt nicht mehr vor, war er vielleicht weniger Mann, als Eva erwartet hatte? Nun endlich: ein Mann?

Abel kommt hinzu: Nach meinem Bild steht Kain rechts vor Eva und richtet seinen Blick in Richtung Schlange. Abel, der Jüngere, steht links von Adam und richtet seinen Blick in Richtung Licht, zum Adam. Adam ist Eva und Abel zugewandt, schaut an Abel vorbei ins Leere. Eva ist Adam zugewandt, schaut in Richtung Spannungsfeld zwischen Kain und Schlange. Abel, ganz dem Licht zugewandt, wendet sich von den Eltern ab.

Der Leser möge sich nicht irritiert fühlen. Diese Beschreibung ist ein Versuch, sich in diese Familiensituation hineinzufühlen. Er soll spüren, dass ein überaus mächtiges *Beziehungskraftfeld* wirkt, wie immer man es auch benennen mag, das mit den Bildern bei Aufstellungen nahezu identisch ist. Der einzige Unterschied jedoch ist, dass wir diese Personen nicht aufstellen können, sondern uns nur hineinfühlen können. Entscheidend hierbei ist: Der Sich-hinein-Fühlende spürt eine doppelte Macht: eine Macht des Lichtes und eine Macht der Finsternis, die auf die verschiedenen Personen unterschiedliche Auswirkungen hat. Hier wirkt meines Erachtens schon die Beziehungskraft des wissenden Feldes. Das Störungsbild dieser ersten Familie soll genügen. Es ist ja nur ein erfühltes, kein aufgestelltes Störungsbild.

Im Text scheint sich wieder ein Geheimnis zu verbergen. »Später brachte sie einen zweiten Sohn zur Welt und nannte ihn Abel.« (1. Mose 4,2) Offenbar eine glanzlose Geburt, von Eva kein Kommentar. »Abel wurde ein Schafhirte, Kain ein Bauer.« (1. Mose 4,2) Weitere Einzelheiten über die Entwicklung der Brüder erfahren wir zunächst nicht.

Fazit

Das für uns Entscheidende dieser ersten Familiengeschichte ist die *Enthüllung eines Geheimnisses:* Es ist das Wirksamwerden einer verborgenen Macht, welches die Bibel mit Schlangengeheimnis bezeichnet. In Kapitel 5 haben wir es schon kennengelernt, in Kapitel 7 wird es noch einmal verdeutlicht.

Ich empfehle und ermutige den Leser, an dieser Stelle innezuhalten, die gewaltigen Zusammenhänge dieser ersten Beziehungskatastrophe auf sich wirken zu lassen und sich berühren zu lassen von der Wucht dieser gegensätzlichen Machtwirkungen. *Die Schicksalhaftigkeit der Gegensätze von Gut und Böse, Wahrheit und Lüge, von Liebe und Hass ist bis heute unvermindert in Kraft.* »Denn wir wissen, dass die ganze Schöpfung bis zu diesem Augenblick mit uns seufzt, wie unter den Schmerzen einer Geburt.« (Römer 8,22) Es wird sich aber auch zeigen, dass Gott sich immer wieder neue Wege einfallen lässt, dieser Schicksalhaftigkeit des Bösen Grenzen zu setzen. In Geburt, Leiden und Sterben, in Auferstehung und Erhöhung Jesu Christi hat Gott eine entscheidende Grenze gesetzt, für jene Menschen, die sich dieser Liebesbotschaft öffnen. Jesus, der Sohn Gottes, wird eines Tages in der Kraft des Heiligen Geistes bezeugen: »Mir ist alle Macht im Himmel und auf der Erde gegeben. Darum geht zu allen Völkern und macht sie zu Jüngern. Tauft sie im Namen des Vaters und des Sohnes und des Heiligen Geistes und lehrt sie, alle Gebote zu halten, die ich euch gegeben habe. Und ich versichere euch: Ich bin immer bei euch bis ans Ende der Zeit.« (Matthäus 28,18-20) Das zeigen bereits die Vätergeschichten und es soll auch bei den heutigen Aufstellungen wirksam werden.

»Nach einiger Zeit opferte Kain dem Herrn einen Teil seiner Ernte. Und auch Abel opferte ihm von den erstgeborenen Lämmern aus seiner Herde und von ihrem Fett. Der Herr sah wohlwollend auf Abel und nahm sein Opfer an, Kain und sein Opfer jedoch wies er zurück. Da wurde Kain sehr zornig und er blickte grimmig zu Boden.« (1. Mose 4,3-5) Die Verse schildern *Opfergaben* der beiden erwachsenen Brüder. Das Opfer Abels wird angenommen, Kains Opfer nicht. Wieder ein Geheimnis. Gott allein, der das Herz der beiden Brüder kennt, konnte im Herzen Kains Neid, Eifersucht, Stolz, Hochmut erkennen und ihn ermahnen: »Wenn du Gutes im

Sinn hast, kannst du frei umherschauen. Wenn du jedoch Böses planst, lauert die Sünde dir auf. Sie will dich zu Fall bringen. Du aber sollst über sie herrschen!« (1. Mose 4,6-7)

1. Mose 4,8-15 schildert eine *absolute Beziehungskatastrophe*, eine unverständlich feindliche Gesinnung Kains zu seinem Bruder. Gottes Angebot zur Umkehr, die Chance zur Änderung seiner Gesinnung, die ihm gegeben wird, so scheint es, wird nicht einmal gehört. Kain nutzt die nächste Gelegenheit und tötet seinen Bruder Abel. Als ihn Gott mit dieser Tat konfrontiert, *leugnet er die Tat* (erinnern wir uns an Adam). Gott verflucht ihn danach auf Erden, sodass er unstet und flüchtig sein wird. Kain fühlt sich dem nicht mehr gewachsen: »Meine Strafe ist zu hart, ich kann sie nicht ertragen.« (1. Mose 4,13) Seine Furcht, wegen seiner Sünde totgeschlagen zu werden, wird von Gott selbst zurückgewiesen: »Wenn dich jemand tötet, sollst du siebenmal gerächt werden.« (1. Mose 4,15)

Fazit

Mit den Grundemotionen gestörter Beziehung: Scham, Schuld und Angst beginnt der Kampf ums Dasein. Die *verwundete Seele* muss sich strafen lassen. Auslöser war Ungehorsam gegen das göttliche Gebot. Die Folgen sind einerseits erschreckend, andererseits für uns heute tägliche Realität. Wir bemerken in der Regel nicht mehr, dass dieser Ungehorsam, unser Ungehorsam, unsere Leugnung von Schuld und Verschiebung auf den anderen, immer schlimme Folgen hat. Die Stimme des Gewissens wird meist totgeschwiegen. Die Folgen kommen oft überraschend schnell, manchmal auch wesentlich später. Dann erkennen wir den Zusammenhang nicht mehr zwischen Ursache und Wirkung. Das Schicksal der Schuld von Adam und Eva wirkt weiter im Schicksal der beiden Söhne Kain und Abel. Es bleibt unklar und die Frage nach dem Warum in der Regel ungelöst. Warum wird aus Kain der Mörder, warum aus Abel das Opfer, die erste Märtyrergestalt? Gott allein weiß es.

Die erste Familie Adam, Eva, Kain und Abel und deren Nachkommen müssen nach längeren Zeitabschnitten untergehen. In einem Mann, Noah, erwählt sich Gott einen ersten Durchbruch aus dieser Katastrophe, aber auch diese Hoffnung trügt: Es folgen zwei weitere Gerichtskatastrophen, die Flut und der Turmbau, nachdem Gott erkennt und bereut, den Menschen geschaffen zu haben.

Doch diese Trauer Gottes führt zu neuem Erbarmen, zu neuen Wegen aus der Herrschaft der Finsternis.

Familienschuld in den Familien Abrahams, Isaaks und Jakobs: Familiäre Zerreißproben zwischen Verheißung, Schuld und Sühne (1. Mose 12 bis 50); Schuld als Schicksal: Jakobs Fluch und Segen für seine Söhne und ihre Nachkommen (1. Mose 49)

Wir dürfen annehmen, dass Abraham von den früheren Zeitabschnitten seiner Vorfahren gewusst hat. Er kannte sicher die Geschichte von Adam, Eva, Kain und Abel, von den schlimmen Ereignissen der früheren Zeitabschnitte, von der Flutkatastrophe und dem Turmbau zu Babel, von der Zerstreuung der Völker in verschiedene Nationen mit verschiedenen Sprachen.

Mit Abraham beginnen die *Vätergeschichten*. Es sind jedoch nicht nur Familiengeschichten von Vaterschaft, Mutterschaft und Kindschaft in der Zerreißprobe, sondern Beziehungsgeschichten von besonderer Berufung, Erwählung und auch Heimsuchung. Sie zeigen einerseits ganz besondere Gnadenzuweisungen Gottes an Einzelne, andererseits aber auch besondere Zurechtweisungen in Ungnade und Gericht. Die Unmittelbarkeit eines lebendigen Gottes umweht diese Geschichten.

Bei *Abraham* zeigt sich beides: einmal die ungewöhnlich intime Vaterbeziehung Gottes zu einem Mann, der bei allem menschlichen Versagen eine außergewöhnliche Berufung erhält, zum anderen aber auch eine ungewöhnlich tiefe Gefährdung dieser Beziehung durchstehen muss, die nur durch eine besondere Gnadenzuwendung ausreifen kann. Besondere Merkmale dieser Zuwendung können am besten in zwei Sätzen ausgedrückt werden:»Und Abram glaubte dem Herrn und der Herr erklärte ihn wegen seines Glaubens für gerecht« (1. Mose 15,6) und»Durch dich und deine Nachkommen sollen alle Sippen der Erde gesegnet werden.« (1. Mose 28,14)

Abraham ist ein Mann intensiver Gottesbeziehung: Er hat einen großen Glauben, verbunden mit tiefer Liebe und Treue zu Gott. Das ist gewiss auch ein immer angefochtener Glaube, der warten und warten, aber eigentlich nie verstehen und begreifen konnte, aber bis zum Ende am Glauben festhielt und endlich zuletzt ein Wunder erlebt hat. Meine Erfahrung ist: In schlimmen Schicksalen möchte Gottes Geist auf besondere Weise auf unseren Geist wirken und Leben schenken. Gottes Geist ist Leben für unseren Geist, Geist ist Leben der Seele, Seele ist Leben des Leibes. (vgl. Kapitel 7,1) Dieser tiefe Beziehungszusammenhang verwirklicht sich in glaubenden Menschen. In Seelsorge und Therapie wird das immer wieder deutlich. Oft geht es dem Körper dann gut, wenn es auch der Seele gut geht. Der Seele geht es gut, wenn sie mit diesem Gottes-Geist in Berührung ist.

Die ersten Väter, Abraham, Isaak und Jakob, sind drei unterschiedliche Männer und besondere Beispiele für *Ermächtigung* – ein Begriff, auf den ich später noch ausführlicher eingehen werde. Aus Hinfälligkeit und Bedürftigkeit heraus haben sie göttlichen Segen empfangen; einen Segen, der alle Angefochtenheit ihres Lebens bei Weitem überragt.

Die Familie Abrahams: Abraham–Sara–Hagar–Ismael–Isaak (1. Mose 12,1–20)

Mit den Vätergeschichten beginnt Gott eine neue Geschichte der Erwählung mit Menschen. Er beginnt mit Einzelnen und wirkt mit ihnen, mit ihrem Tun, insbesondere aber auch durch außergewöhnlichen Glauben, der durch schwere Prüfungen hindurch geläutert wird. Erwählung, Schuld und Sühne stehen im Mittelpunkt dieser Fallgeschichten. Störungsbilder dieser *Väterfamilien* unterscheiden sich sehr von den früheren Familien, von denen Gott klagte: »Doch der Herr sah, dass die Bosheit der Menschen groß war und dass alle ihre Gedanken durch und durch böse waren. Da bereute der Herr, dass er sie geschaffen hatte, ja, es bekümmerte ihn sehr.« (1. Mose 6,5-6) Dennoch: Kraftwirkungen der Finsternis und des Lichtes waren auch in diesen verschiedenen Störungsbildern wirksam. Gott, der Schaffende, der Allmächtige, der Ewige, der Herr, ist jetzt anwesend und immer dabei.

Diese Familiengeschichten Abrahams, Isaaks und Jakobs, die *Vätergeschichten*, gehören zusammen. Gott sucht die Sünden der Väter an den Kindern bis ins dritte und vierte Glied heim, aber er vergibt auch, versöhnt und heilt. Diese Heilungswege sind nicht leicht, häufig sehr notvoll, aber Gott möchte sich immer wieder in diesen Kampf einmischen. Der Schöpfer und Liebhaber der Menschen schreibt Geschichte mit denen, die er erwählt und die sich rufen lassen: Schuldigwerden, Gnadenwahl und Gehorsam gehören bei ihnen zusammen.

Diese Zerreißproben beginnen mit der Erwählung Abrams: seiner Berufung, seinem Werdegang, seinen Glaubensprüfungen, seinem Versagen und der immer neuen Hingabe an Gott. Ein Einzelner empfängt eine umfassende, einzigartige Beziehung zu Gott, dem Schöpfer, verbunden mit einem sehr persönlichen Segen, der nicht nur ihn selbst und seine Familie, sondern nachfolgende Generationen, ja alle Geschlechter auf Erden umfassen wird. Sie ist verbunden mit einem *Fluch*: »Wer dich segnet, den werde ich auch segnen. Wer dich verflucht, den werde ich auch verfluchen. Alle Völker der Erde werden durch dich gesegnet werden.« (1. Mose 12,3; vgl. 15,6)

Die Liebesbeziehung Abrams zu seiner Frau Sarai kann am ehesten beschrieben werden durch mächtige Gefühle von Liebe und Hoffnung. Es fließen aber auch eine riesengroße Trauer und enttäuschte Erwartung hinein. Wann endlich kommt der verheißene Sohn?

Sarai bleibt jahrzehntelang unfruchtbar, sie empfängt nicht den erwarteten, so heiß ersehnten Sohn. Abram aber glaubt. Er glaubt, und er glaubt weiter. Von Zeit zu Zeit empfängt er von seinem Gott unglaubliche Verheißungen, die er zunächst vermutlich überhaupt nicht fassen kann. Erst allmählich, mehr und mehr, kann er den wahren Gott spüren und erkennen.

Diese Situation ist für beide kaum auszuhalten. Trotz der Verheißung in 1. Mose 15,1-6 ist für beide ihre Kinderlosigkeit ein tägliches Dilemma. In 1. Mose 16 wird es näher beschrieben. Abram lässt sich von Sarai verführen, um der Kinderlosigkeit ein Ende zu machen: Abram zeugt und Hagar empfängt einen Sohn: Ismael. Dieser Sohn sollte die falsche Mutter aufbauen. Hagar, die Magd wird mächtig und demütigt ihre Herrin. Sarai beklagt sich bei Abram. Sarai beabsichtigt, Hagar zu demütigen. So entwickeln sich spannungsvolle Beziehungen, sodass Hagar flieht. Aber der Engel des Herrn findet sie und spricht zu ihr, sie solle wieder zurückkehren zu ihrer Herrin und sich unter sie demütigen. Hagar gehorcht und empfängt eine Verheißung für ihren Sohn Ismael.

Gott zeigt am Beispiel dieser *Paarbeziehung* und den Folgen, dass auch die von ihm erwählten Männer und Frauen nicht nur Fehler machen, sondern auch schuldig werden. Es ist die Absicht des Schöpfers, in diesen schuldhaften Verstrickungen zu zeigen, wer er wirklich ist: ein Liebhaber der Menschen, der gerade menschliches Versagen in heilende Geschichte für diejenigen verwandelt, die sich ihm zuwenden und anvertrauen.

Der Leser wird sich nach der Bedeutung dieser Geschichten von uns heute fragen. Sie beinhalten menschliches Schicksal im Sinne von Schicksalhaftigkeit in verworrenen, verstrickten Beziehungsabhängigkeiten, die heute, wenn auch anders, doch in ähnlicher Stärke vorkommen. Eigentlich will niemand darüber reden und vor allem nichts davon hören, solange es ihm gut geht. Aber es geht ganz wenigen ein ganzes Leben lang immer gut. Diese Schicksale prägen natürlich auch unsere Gottesbeziehung. Immer wieder stellt sich die Frage: Was will Gott, mein Vater im Himmel, mir damit sagen? Wie kann ich damit umgehen?

Ich spreche und schreibe darüber, weil bei den Familienaufstellungen Ähnliches geschieht. Ich lade den Leser ein, diese Beziehungskonflikte nicht zu bagatellisieren, nicht zu verleugnen, sondern sie anzuschauen, immer verbunden mit der Frage: Was könnte mir das zu sagen haben?

Erfahrungen von *Heil und Heilung* gestalten sich beim Einzelnen nicht ohne *Einbindung* in ein *Familienschicksal*. Ohne Familie kann der Einzelne nicht überleben. Das ist eine der Grundbotschaften der Genesis-Fallgeschichten. Es sind Erwählungsgeschichten und Verlassenheitsgeschichten unterschiedlicher Ausprägung, in denen Gott sich verherrlichen will. Das ist das Erstaunliche, aber auch Ärgerniserregende. Gott liebt und will uns aus diesen Abgründen herausholen und befreien, in die uns eigene und fremde Schuld verstrickt hat. Allein schafft das keiner. Trotzdem sind die Wege sehr verschieden. Krankheiten des Körpers, schwere seelische Krisen und vieles andere kann zum schlimmen Schicksal werden. Aber jeder, der anfängt zu glauben, erlebt Freisetzung auf ganz unterschiedlichen Wegen. Sie geschieht heute anders als bei Abraham, anders als bei Isaak und Ismael, anders als bei Jakob und Esau.

Heutige Zerreißproben gestalten sich anders als die Genesis-Fallgeschichten. Aber sie sind in ihrer emotionalen Verstrickungskraft weitgehend ähnlich und heute oft noch schlimmer als damals. Betroffene wissen das. Das ist auch der Grund, warum mich diese Themen so stark berühren und faszinieren: Gottes Heilkraft fließt durch Wunden.

Offenbar hat es auch bei Abram lange gedauert, bis er bereit war, das Geheimnis seiner Ehe zu bekennen. Sara ist beides: »Übrigens ist sie tatsächlich meine Schwester. Wir haben beide denselben Vater, aber verschiedene Mütter, und ich habe sie geheiratet.« (1. Mose 20,12)

Dieses Ehegeheimnis Abrams ist lange verborgen geblieben, aber Gott wollte es offenbar ans Licht bringen, um ihn weiter und tiefer segnen zu können. Auch in der Freundschaft mit dem Heiden Abimelech und der Heilung seiner Ehe und Familie war diese Ehrlichkeit Abrams bedeutungsvoll. (1. Mose 20,17-18) Abram empfängt einen neuen Namen: Abraham. Gott bestätigt seinen Glaubensgehorsam. (1. Mose 17,1-8)

Doch Abrahams Glauben wird geprüft – eine unheimliche Anfechtung (1. Mose 22). Ein kurzer Auszug aus dem Buch von Sören Kierkegaard »Furcht und Zittern«, eine Lobrede auf Abraham, soll dies verdeutlichen: »Keiner soll vergessen werden, der in der Welt groß geworden ist; aber ein jeder war groß in seiner Weise, und ein jeder im Verhältnis zur Größe dessen, das *er geliebt hat*. Denn wer sich selbst geliebt hat, wurde groß durch sich selbst, und wer andere Menschen geliebt hat wurde groß durch seine Hingabe; aber wer Gott geliebt hat, wurde größer als alle. Ein jeder soll im Gedächtnis fortleben, aber ein jeder wurde groß im Verhältnis zu seiner *Erwartung*. Der eine wurde groß, indem er das Mögliche erwartete; ein anderer, indem er das Ewige erwartete; aber wer das Unmögliche erwartet hat, wurde größer als alle. Ein jeder soll im Gedächtnis fortleben, aber ein jeder wurde groß im Verhältnis zur Größe dessen, womit er *gerungen* hat. Denn wer mit der Welt gerungen hat, wurde groß, indem er die Welt überwand, und wer mit sich selbst gerungen hat, wurde größer, indem er sich selbst überwand, aber wer mit Gott gerungen hat, wurde größer als alle!«[12]

Diese unglaubliche Versuchungsgeschichte Abrahams kann nicht verstanden werden. Sie kann nur erlebt und überwunden werden. Sie kann nur erlebt werden gemeinsam mit dem Gott, der Wunder tut, dem Gott, der über die Maßen liebt. Sie kann vielleicht verstan-

---

[12] Sören Kiergegaard, Furcht und Zittern, Fischer, Frankfurt 1959, Seite 116–117

den werden mit dem Gott, der sich im Neuen Testament in Jesus Christus geoffenbart hat. In Jesus Christus hat Gott selbst dieses Opfer vollbracht, das er Abraham als Glaubensprüfung zugemutet hat. Es mögen uns heutigen Menschen sehr viele Glaubensprüfungen zugemutet werden; sie werden insbesondere jüdischen Menschen zugemutet. Sie können eigentlich nur überwunden werden, wenn sie den Gott Abrahams, Isaaks und Jakobs erkennen können, der sich zuletzt in Jesus Christus geoffenbart hat.

Fazit

Erst die Erwählung eines Mannes Abram führt zu einem neuen, sehr persönlichen Eingreifen Gottes in die Geschichte der Familie. Es beginnen Erwählungsgeschichten von Familien. Sie zeigen einmal die ungewöhnlich intime Vaterbeziehung Gottes zu einem Mann, der bei allem menschlichen Versagen eine außergewöhnliche Berufung erhält, zum anderen aber auch eine ungewöhnlich tiefe Gefährdung dieser Beziehung durchstehen muss, die offenbar nur durch eine besondere Gnadenzuwendung ausreifen kann. Besondere Merkmale dieser Zuwendung sind in diesen beiden zentralen Bibelstellen ausgedrückt: »Und Abram glaubte dem Herrn und der Herr erklärte ihn wegen seines Glaubens für gerecht« (1. Mose 15,6) und »Durch dich und deine Nachkommen sollen alle Sippen der Erde gesegnet werden.« (1. Mose 28,14) Abraham ist ein besonderes Beispiel für *Ermächtigung*, ein Begriff, auf den ich später noch ausführlicher eingehen werde. Aus Hinfälligkeit und Bedürftigkeit heraus hat er göttlichen Segen empfangen; einen Segen, der alle Angefochtenheit seines Lebens bei Weitem überragt. Diese Erfahrung von Ermächtigung wird auch bei den folgenden Geschichten spürbar sein, wobei Segen und Fluch in Personen gleicher Familie oft unbegreiflich und verborgen zusammenwirken.

Ich empfehle dem Leser jetzt, an dieser Stelle nicht weiterzulesen, sondern wieder in die gegenwärtigen Falldarstellungen zurückzukehren. Die Genesis-Fallgeschichten sind von unbegreiflicher Tiefe.

Es dauert eine gewisse Zeit, bis diese vergangenen Beziehungsgeschichten verständlich werden. Oft erst durch eigene Betroffenheit
beim Lesen der Fallgeschichten.

Die Familie Isaaks und das Schicksal seiner Söhne (1. Mose 24,1–4; 25,19–26)

Sie beginnt mit einer romantischen Geschichte: der Brautwahl
Isaaks. (1. Mose 24) Der Knecht reiste mit reichen Geschenken
nach Mesopotamien zu der Stadt Nahors, lagerte an einem Brunnen und erbat sich ein kleines Wunder, um die Zukünftige Isaaks
zu erkennen.

Rebekka reagierte wie erwartet:»›Trink, Herr‹, antwortete
Rebekka. Sie nahm sofort den Krug von ihrer Schulter und gab
ihm zu trinken. Als er getrunken hatte, sagte sie: ›Ich will auch für
deine Kamele Wasser schöpfen, bis sie genug getrunken haben!‹
Und sie leerte den Krug schnell in die Wasserrinne und eilte wieder
zum Brunnen, um Wasser zu schöpfen. Sie schöpfte für alle Kamele. Schweigend beobachtete sie der Verwalter, um zu erkennen,
ob seine Reise erfolgreich sein würde oder nicht. Als die Kamele
getrunken hatten, schenkte er ihr einen goldenen Nasenring und
zwei goldene Armreife.« (1. Mose 24,18-22)

Die Führung Gottes wird von Rebekkas Familie akzeptiert. Und
nachdem Rebekka sich entschieden hatte, ihre Familie zu verlassen
und mit dem Knecht zu ziehen, und von ihrer Familie gesegnet
worden war, folgt eine sehr schöne Begegnungsgeschichte zwischen ihr und Isaak.

»Wir wollen Rebekka rufen‹, antworteten sie, ›und hören, wie
sie darüber denkt.‹ Sie riefen Rebekka und fragten sie: ›Willst du
schon heute mit diesem Mann mitgehen?‹ Und sie antwortete: ›Ja,
ich will.‹ Da nahmen sie Abschied von Rebekka und ihrer Amme
sowie Abrahams Verwalter und dessen Männern. Beim Aufbruch
segneten sie Rebekka mit folgenden Worten: ›Unsere Schwester,

du sollst die Stammmutter von vielen Tausenden werden! Deine Nachkommen sollen alle ihre Feinde besiegen!‹ Rebekka und ihre Dienerinnen bestiegen die Kamele und machten sich gemeinsam mit Abrahams Verwalter auf den Weg. Isaak wohnte im Süden des Landes. Eines Abends machte er einen Spaziergang durch die Felder und hing dabei seinen Gedanken nach. Als er vom Brunnen Beer-Lahai-Roï zurückkam, sah er auf einmal Kamele näherkommen. Auch Rebekka hatte Isaak entdeckt und stieg schnell von ihrem Kamel. ›Wer ist dieser Mann, der uns dort über die Felder entgegenkommt?‹, fragte sie den Verwalter. Er antwortete: ›Es ist mein Herr.‹ Da verhüllte Rebekka ihr Gesicht mit einem Schleier. Der Verwalter erzählte Isaak, wie die Reise verlaufen war. Isaak führte Rebekka in das Zelt seiner Mutter Sara und sie wurde seine Frau. Er liebte sie sehr und wurde so nach dem Tod seiner Mutter getröstet.« (1. Mose 24,57-67)

Die Beziehung zwischen Isaak und Rebekka kann am ehesten durch Liebe, Sehnsucht und Geduld beschrieben werden. Zusammen mit seinem Halbbruder Ismael begräbt er später seinen Vater Abraham.

Isaak ist ein Mann der Stille und der Ruhe. In der Nähe seiner Mutter bis zu ihrem Tod hat er offenbar lange gebraucht, den geheimnisvollen Opferweg zum Berg Morija an der Seite seines Vaters zu überwinden.

Das *Berufungsgeheimnis Isaaks* ist ein anderes als dasjenige seines Vaters Abraham. Über Isaak und seine Lebensgeschichte wird wenig berichtet. Er lebt im Hause seiner Eltern, ganz nah bei seiner Mutter Sara und wächst in aller Ruhe und Geborgenheit heran. Isaaks Glaubensgeschichte beginnt eigentlich erst mit seiner Heirat und der Geburt seiner beiden, sehr unterschiedlichen Zwillingssöhne Esau und Jakob. Ähnlich wie Sara, seine Mutter, ist auch Rebekka zunächst kinderlos. Isaak darf und muss Gott bitten, dass sie Kinder bekommt. Offenbar war ihre Schwangerschaft ziemlich schwierig, denn es heißt: »Die beiden Kinder in ihrem Leib stießen sich jedoch und sie seufzte: ›Warum muss mir so etwas passieren?‹

Sie befragte deshalb den Herrn. Der Herr antwortete ihr: ›Zwei Völker sind in deinem Bauch und zwei Nationen werden sich aus deinem Innern trennen. Das eine Volk wird stärker sein als das andere und der Große wird dem Kleinen dienen.‹ Und als die Zeit da war, brachte Rebekka Zwillinge zur Welt.« (1. Mose 25,22-24)

Dieses Familiengeheimnis, so scheint es, war nur der Mutter bekannt, weniger dem Vater Isaak. Offenbar hat es Isaak erst sehr spät entdeckt und mit Erschütterung wahrgenommen. Es war später sicher auch für Isaak von besonderer Bedeutung und offenbar führte es dazu, dass Gott zu ihm persönlich redet und ihn einführt in seine hohe Berufung, mit der der Bund Gottes mit Abraham Isaak bestätigt wird: »Ich bin der Gott deines Vaters Abraham‹, sprach er. ›Hab keine Angst, denn ich bin bei dir und werde dich segnen. Um meines Dieners Abraham willen werde ich dir viele Nachkommen schenken.‹« (1. Mose 26,24)

Esau und Jakob: Zwei verschiedene Brüder (1. Mose 25,24-34)

»Und als die Zeit da war, brachte Rebekka Zwillinge zur Welt. Der erste war am ganzen Körper mit rötlichen Haaren bedeckt. Deshalb nannten sie ihn Esau. Dann kam sein Bruder zur Welt. Er hielt mit der Hand die Ferse von Esau umklammert. Deshalb nannten sie ihn Jakob. Isaak war bei ihrer Geburt 60 Jahre alt. Die Jungen wuchsen heran. Esau wurde ein Jäger, der gerne über die Felder streifte. Jakob hingegen blieb lieber bei den Zelten. Isaak liebte Esau besonders, weil er gern gebratenes Wild aß, Rebekka bevorzugte Jakob. Eines Tages kochte Jakob einen Eintopf. Da kam Esau erschöpft von der Jagd zurück. Er sagte zu Jakob: ›Ich bin hungrig! Gib mir etwas von dem roten Eintopf, den du gekocht hast.‹ So erhielt Esau den Beinamen Edom – ›rot‹. Jakob entgegnete: ›Gut, aber nur, wenn du mir dafür dein Erstgeburtsrecht verkaufst.‹ ›Ich muss ja sowieso einmal sterben‹, sagte Esau. ›Was nützt mir da mein Erstgeburtsrecht?‹ Jakob beharrte: ›Gut, dann schwöre es mir zuerst.‹ Da schwor Esau es ihm und verkaufte so alle seine Rechte als Erstgeborener an seinen jüngeren Bruder. Dann gab Jakob Esau das Brot und den Linseneintopf. Esau aß und trank. Dann 'stand er auf und ging wieder weg. So gleichgültig war ihm sein Erstgeburtsrecht.« (1. Mose 25,24-34)

Zwischen Jakob und Esau entwickelte sich ein extrem harter Bruderkonflikt, der schon im Mutterleib beginnt. Er beginnt mit der Erwählung des einen und mit der Nichterwählung des anderen. Nichterwählung heißt noch nicht Verwerfung. Nichterwählung heißt zunächst andere Berufung. Ähnlich wie bei Isaak und Ismael.

Flucht Jakobs und seine Familienprobleme im Haus seines Schwiegervaters Laban (1. Mose 28,10–30,43)

Ich empfehle dem Leser, sich in die folgenden dramatischen Beziehungsgeschichten Jakobs mit seinem Schwiegervater Laban und seinen vielen Frauen mit ihren vielen Kindern hineinzuspüren und hierbei zu entdecken, wie Sünde und Schuld einerseits sehr schwere Probleme erzeugen, andererseits aber auch wieder in Segensströme einmünden können, wenn Männer und Frauen die Stimme Gottes hören wollen und sich verändern lassen.

Jakob, der verwöhnte Lieblingssohn seiner Mutter Rebekka, von ihr ermutigt, den Erstgeburtssegen zu ergattern (sie wussten ja beide nicht so ganz genau, wie Gott auf den Betrug reagieren würde), muss fliehen, nachdem er seinen Vater Isaak betrogen hatte, von Esau bedroht war und um sein Leben fürchten musste.

Aber Gott segnet ihn unterwegs, bereitet ihn auf seinen schweren Weg vor und bringt ihn zu seinem Schwiegervater Laban, dem Bruder seiner Mutter Rebekka.

Seine Frauen- und Familiengeschichten sind das eine, die Strategie seines Schwiegervaters Laban, ihn und seine Arbeitskraft auszunützen, sind das andere, schwerwiegende Problem und die Last der 26 Jahre seines Lebens in der Fremde. Jakob wird auch gespürt haben, dass seine betrügerische Tat an Esau und die Lüge seinem Vater gegenüber der Sühne bedarf, auch wenn Gott das zugelassen und bestätigt hat. *Jakob wandelt sich zum Kämpfer.* Mit viel List, Tatkraft, Mut und Schlauheit wird er reich. Mit viel Geduld, Gehorsam und Stehvermögen gehorcht er seinem Schwiegervater, der ihn um seine geliebte *Rahel* betrügt und *Lea*, die ältere, weniger hübsche Schwester, *unterschiebt.* Jakob steht dennoch auch zu *Lea.* Er nimmt sie offenbar auch ohne Liebe als seine erste Frau an und sie darf mehrere Söhne gebären. Allmählich hat er sicher auch erkannt, was für eine wertvolle Frau sie ist. Unglaublich ihre Demut und Liebe und vor allem ihr Gottvertrauen. Die Namen, die sie ihren Söhnen gibt (1. Mose 29,31-35) sprechen Bände. Später treten sie ihrem ausbeuterischen Vater Laban entgegen und stehen zu ihrem Mann Jakob. (1. Mose 31,14)

Rahel, die geliebte Frau Jakobs, bleibt viele Jahre kinderlos. *Lea,* die Ungeliebte, aber Demütige, empfängt Kinder. 1. Mose 29,31-35: »Doch weil Lea weniger geliebt wurde, schenkte der Herr ihr Kinder, während Rahel kinderlos blieb. Lea wurde schwanger und bekam einen Sohn. Sie nannte ihn Ruben, denn sie sagte: ›Der Herr hat meine Not bemerkt, jetzt wird mein Mann mich lieben.‹ Schon bald wurde sie wieder schwanger und bekam einen zweiten Sohn. Sie nannte ihn Simeon, denn sie sagte: ›Der Herr hat gehört, dass ich nicht geliebt werde, und hat mir auch noch diesen Sohn geschenkt.‹ Wieder wurde Lea schwanger und bekam einen weiteren Sohn, und sie sagte: ›Ganz sicher wird mein Mann mir jetzt seine Zuneigung schenken, denn ich habe ihm drei Söhne geboren!‹ Daher nannte sie ihn Levi. Danach wurde sie ein weiteres Mal schwanger und bekam einen Sohn. Sie sagte: ›Nun will ich den Herrn preisen!‹ Daher nannte sie ihn Juda. Danach bekam sie eine Zeit lang keine Kinder mehr.«

Rahel, die Stolze, muss lange Demütigungswege gehen, bis sie endlich Josef, den Lieblingssohn seines Vaters Jakob, gebären darf

(1. Mose 30,1-24). Aus Neid und Missgunst überlässt sie Jakob einige ihrer Mägde, die Kinder gebären. Jakobs Familie entwickelt sich zu einer Großfamilie.

Jakobs Kampf: das »Pnuël«-Ereignis, Versöhnung mit Esau (1. Mose 32,2-33,16)

Ich empfehle dem Leser, diese Geschichte mit dem Herzen zu lesen. Sie beginnt mit einer großen Angst, die in einen entscheidenden Sieg einmündet. Mich beeindruckt Jakob immer wieder. Nach langen Jahren schwerer Auseinandersetzungen mit seinem Schwiegervater und seinen Frauen, zu denen auch deren Mägde gehören, wird er Stammvater einer Großfamilie und empfängt am »Pnuël« von Gott einen neuen Namen. (1. Mose 32,29) Dieser neue Name wird die Zukunft einer ganzen Nation bestimmen. »Israel« wird nicht nur der Name eines Mannes, sondern der Name eines Landes und einer Nation sein. Diese Wege Gottes mit einzelnen Menschen sind unglaublich.

Nachdem sich Jakob endlich mit seiner großen Familie von seinem Schwiegervater Laban losreißen konnte, überfällt ihn Panik. Die Angst, seinem Bruder Esau begegnen zu müssen, scheint ihn zu verschlingen. Nur sein Gottvertrauen, seine Kämpfernatur, halten ihn aufrecht. In seiner Angst ringt er um sein Leben. Seine Angst ist es sicher auch, die ihn veranlasst, für seinen Bruder Esau kostbare Geschenke vorzubereiten, um ihn zu besänftigen.

»Und Jakob zog weiter. Und es begegneten ihm Engel Gottes. Als Jakob sie sah, rief er: ›Das ist Gottes Lager!‹ Und er nannte den Ort Mahanajim. Dann schickte Jakob Boten vor sich her zu seinem Bruder Esau nach Edom, ins Land Seïr. Er trug ihnen auf: ›Richtet meinem Herrn Esau folgende Botschaft aus:»Ich, dein Diener Jakob, habe bis vor Kurzem bei unserem Onkel Laban gelebt und besitze mittlerweile Rinder, Esel, Schafe, Ziegen und viele Sklaven und Sklavinnen. Ich sende dir diese Boten in der

Hoffnung, dass du uns freundlich aufnimmst.‹ Die Boten kehrten mit dieser Nachricht zurück: ›Wir sind zu deinem Bruder Esau gekommen. Er zieht dir jetzt mit 400 Mann entgegen!‹ Darüber erschrak Jakob sehr und er bekam Angst. Er teilte seine Leute sowie seine Schafe, Rinder und Kamele in zwei Lager, weil er dachte: ›Wenn Esau das eine Lager angreift und es niedermacht, kann wenigstens das andere entkommen.‹ Dann betete Jakob: ›O Gott meines Großvaters Abraham und meines Vaters Isaak – Herr, du hast mir geboten: »Kehre zurück in deine Heimat und zu deinen Verwandten. Ich will dir Gutes tun.« Ich bin es nicht wert, dass du mir, deinem Diener, mit so großer Treue und grenzenloser Liebe begegnest. Nur mit einem Wanderstock überquerte ich einmal den Jordan und nun füllt mein Besitz zwei Lager! O Herr, rette mich vor meinem Bruder Esau. Ich habe Angst, dass er kommt, um mich, meine Frauen und meine Kinder zu töten. Doch du hast versprochen: ›Ich will dir Gutes tun und deine Nachkommen so zahlreich machen wie den Sand am Meer, den man nicht zählen kann.‹« Jakob schlug dort sein Nachtlager auf und stellte von seinem Besitz ein Geschenk für seinen Bruder Esau zusammen: 200 Ziegen, 20 Ziegenböcke, 200 Mutterschafe, 20 Widder, 30 säugende Kamele mit ihren Jungen, 40 Kühe, zehn Stiere, 20 Eselinnen und zehn Eselfohlen. Er teilte die Tiere in einzelne Herden auf, gab sie seinen Hirten und befahl ihnen: ›Zieht vor mir her und lasst jeweils einen Abstand zwischen den einzelnen Herden.‹ Dem Mann, der die erste Gruppe anführte, gab er folgende Anweisung: ›Wenn du meinem Bruder Esau begegnest, wird er fragen: »Wohin gehst du? Wessen Sklave bist du? Wem gehören die Tiere, die du vor dir her treibst?« Dann sollst du antworten: »Sie gehören deinem Diener Jakob und sind ein Geschenk für seinen Herrn Esau! Er kommt hinter uns her.«‹ Den anderen Hirten gab er dieselbe Anweisung und befahl ihnen: ›Genau so sollt ihr zu Esau sprechen, wenn ihr ihn trefft. Und sagt ihm auch: »Dein Diener Jakob kommt hinter uns her.«‹ Jakob dachte sich nämlich: ›Ich will Esau mit den Geschenken freundlich stimmen. Wenn ich ihm dann persönlich gegenübertrete, wird er mich vielleicht friedlich empfangen.‹ Also gingen die Tiere als Geschenk voraus, Jakob aber verbrachte die Nacht im Lager. In der Nacht stand Jakob auf. Er nahm seine beiden Frauen, die beiden Sklavinnen und seine elf Söhne mit sich und überquerte den Jabbokfluss an einer Furt. Auch seinen gesamten Besitz brachte er über den Jabbok. Dann blieb er allein zurück. Da kam ein Mann und kämpfte mit ihm bis zum Morgengrauen. Als der Mann merkte, dass er Jakob nicht besiegen konnte, gab er ihm einen Schlag auf sein Hüftgelenk, sodass es ausrenkte. Dann sagte er: ›Lass mich los, denn der Morgen dämmert schon.‹ Doch Jakob erwiderte: ›Ich lasse dich nicht los, bevor du mich gesegnet hast!‹ ›Wie heißt du?‹, fragte der Mann. Er antwortete: ›Jakob.‹ ›Du sollst nicht länger Jakob heißen‹, sagte der Mann. ›Von jetzt an heißt du Israel. Denn du hast sowohl mit Gott als auch mit Menschen gekämpft und gesiegt.‹ ›Nenn mir deinen Namen!‹, forderte Jakob ihn auf. ›Warum erkundigst du dich nach meinem Namen?‹, fragte der Mann. Dann segnete er Jakob. Jakob nannte die Stätte Pnuël – ›Angesicht Gottes‹ –, denn er sagte: ›Ich habe Gott von Angesicht zu Angesicht gesehen und trotzdem bin ich noch am Leben!‹ Die Sonne ging gerade auf, als er Pnuël verließ. Wegen seiner Hüfte hinkte er. Bis heute essen die Israeliten nicht den Muskel über dem Hüftgelenk, weil Jakob auf diese Stelle geschlagen wurde.« (1. Mose 32,2-33)

Nachdem sich Jakob endlich mit seiner großen Familie von seinem Schwiegervater Laban losreißen konnte, überfällt ihn Panik. Endlich schließen Jakob und Esau Frieden. Als Jakob seinem Bruder Esau begegnet, demütigt er sich vor ihm: »Er selbst ging vor ihnen her. Bis er zu seinem Bruder kam, verneigte er sich siebenmal tief. Esau rannte ihm entgegen, fiel ihm um den Hals und küsste ihn. Beide weinten.« (1. Mose 33,3-4)

Jakobs Rückkehr in seine Heimat

»Gott sprach zu Jakob: ›Zieh nach Bethel und lass dich dort nieder. Bau mir einen Altar, denn ich bin dir dort erschienen, als du vor deinem Bruder Esau geflohen bist.‹ Also befahl Jakob seiner Familie und allen, die bei ihm waren: ›Werft alle Götterfiguren fort, die ihr noch bei euch habt, reinigt euch und zieht euch saubere Kleider an. Wir gehen jetzt nach Bethel. Dort will ich dem Gott, der meine Gebete erhörte, als ich in Not war, einen Altar bauen. Er war auf meiner ganzen Reise bei mir.‹ … Und er fuhr fort: ›Ich bin Gott, der Allmächtige. Vermehre dich und werde zu einem großen Volk! Von dir werden viele Völker abstammen. Unter deinen Nachkommen werden sogar Könige sein! Dir und deinen Nachkommen will ich das Land geben, das ich Abraham und Isaak versprochen habe.‹ Danach verließ Gott den Ort, an dem er zu Jakob gesprochen hatte.« (1. Mose 35,1-3;11-13)

»So kam Jakob zu seinem Vater Isaak nach Mamre nahe bei Kirjat-Arba, dem heutigen Hebron, wo auch schon Abraham gelebt hatte. Isaak wurde 180 Jahre alt. Dann starb er nach einem langen und erfüllten Leben und wurde im Tod mit seinen Vorfahren vereint. Seine Söhne Esau und Jakob begruben ihn.« (1. Mose 35,27-29)

Fazit

Esau und Jakob, zwei unterschiedliche Brüder. Die Ähnlichkeit zum früheren Geschwisterpaar Ismael und Isaak ist auffallend. Jakob überragt seinen älteren Bruder, er ist der von Gott Erwählte. *Jakob* wurde zum Kämpfer. Er musste um seine Berufung kämpfen. Nachdem er Esau um den Erstgeburtssegen betrogen hatte und Esau ihn deshalb töten wollte, musste er fliehen und seine geliebte Mutter verlassen. Auf der Flucht erschien ihm Gott in einem Traum und segnete ihn. In langen, sehr schwierigen Jahren der Bewährung im Hause seines Schwiegervaters Laban musste er weiter um seine Erwählung kämpfen und durfte am »Pnuël« den neuen Namen »Israel« empfangen: »Ich habe Gott von Angesicht zu Angesicht gesehen und trotzdem bin ich noch am Leben.« (1. Mose 32,31)

Gott möchte, das ist mein Eindruck, in den *Väterfamilien Abrahams, Isaaks und Jakobs* drei unterschiedliche *Familienmuster* vorstellen. Er möchte zeigen, dass Mannsein, Frausein und Kindsein sehr verschieden sein können, weil die göttlichen *Berufungsgeheimnisse* verschieden sind. Mann und Mann ist nicht derselbe, Frau und Frau ist nicht dieselbe. Entsprechend dieser Unterschiedlichkeit von Vätern und Müttern in der Familie entwickeln sich Kinder sehr verschieden.

Josef und seine Brüder: Prüfungen, Läuterung, Josefs Erhöhung (1. Mose 37,1 – 41,44)

Mit der Geburt Josefs und seiner Brüder sind die Vätergeschichten zu Ende. Jakob, der letzte der Väter, hatte einen neuen Namen von Gott erhalten: »Israel«. Damit beginnt etwas Neues. Es entsteht ein Volk, eine Nation, die sich durch viele Krisen hindurch entwickeln wird. Mit Josef und seinen Brüdern fängt es an. Josef, der von Rahel, seiner geliebten Frau, sehr spät geborene, geliebte Sohn Jakobs, steht im Mittelpunkt dieser neuen Entwicklung. Er empfängt von Gott eine einzigartige Berufung, die sich in seinen prophetischen Träumen ausdrückt. Diese versteht aber zunächst niemand, auch nicht sein leiblicher Vater. Aber der göttliche, himmlische Vater hatte mit dieser neuen *Israel-Familie* einen besonderen Plan. Dieser Plan offenbart sich zunächst in der Person des kleinen Josef, in der Beziehung zu seinem Vater und zu seinen Brüdern.

Beziehungsneid der Brüder und kindliche Naivität Josefs kennzeichnen einen schwerwiegenden Konflikt: »Jakob liebte Josef mehr als seine anderen Söhne, weil er ihm erst im Alter geboren worden war. Deshalb ließ er Josef eines Tages ein prächtiges Gewand machen. Seine Brüder hassten Josef, weil sie merkten, dass ihr Vater ihn lieber hatte als sie, und redeten kein freundliches Wort mehr mit ihm.« (1. Mose 37,3-5)

Josef, der bevorzugte Kleine, wird aber nicht nur von seinem leiblichen Vater bevorzugt, sondern auch von seinem himmlischen Vater, der ihm prophetische Träume schenkt. Josef genießt diese

Bevorzugung. Bitterer Hass und Neid vergiften die Beziehung zu seinen Brüdern, doch Josef scheint nichts zu bemerken.

Es scheint, dass auch Vater Jakob von diesem Beziehungsneid seiner älteren Söhne nichts auffiel. Dieser Grundkonflikt bleibt verborgen. Es wird nicht erkennbar, warum Jakob seinen kleinen Sohn in die Wüste schickt: »Eines Tages, als Josefs Brüder fort waren, um die Herden ihres Vaters in der Nähe von Sichem zu weiden, sagte Jakob zu Josef: ›Deine Brüder sind mit den Herden in der Nähe von Sichem. Ich werde dich zu ihnen schicken.‹ ›In Ordnung‹, antwortete Josef. ›Geh und sieh nach, wie es deinen Brüdern und den Tieren geht‹, sagte Jakob. ›Dann komm zurück und berichte es mir.‹ So schickte Jakob ihn aus dem Hebrontal nach Sichem.« (1. Mose 37,12-14)

Josef verirrt sich in der Wüste und fragt nach seinen Brüdern. Endlich findet er sie. Und sie nehmen Rache an dem kleinen, bevorzugten, hochnäsigen Buben. Josef darf zwar am Leben bleiben. Doch er wird in eine Grube geworfen und als sich eine günstige Gelegenheit ergibt, ihn loszuwerden, verkaufen sie ihn in ein fremdes Land: nach Ägypten. (1. Mose 37,20-36)

Der geheime Plan eines göttlichen Vaters (1. Mose 50,19–21)

Der bevorzugte, kleine Josef wird einem unglaublich bitteren Schicksal ausgeliefert. Doch Gottes unsichtbare Hand leuchtet über ihm, begleitet ihn und beschützt ihn auf allen seinen Wegen. Nach vielen Jahren gehen alle seine Träume in Erfüllung. Am Ende wird Josef seinen Brüdern sagen können: »Aber Josef sagte zu ihnen: ›Habt keine Angst vor mir. Bin ich etwa an Gottes Stelle? Was mich betrifft, hat Gott alles Böse, das ihr geplant habt, zum Guten gewendet. Auf diese Weise wollte er das Leben vieler Menschen retten. Habt also keine Angst. Ich selbst will für euch und eure Familien sorgen.‹ So beruhigte er sie und sprach freundlich mit ihnen.« (1. Mose 50,19-21)

Josef in Ägypten im Hause Potifars (1. Mose 39)

Ich empfehle dem Leser an dieser Stelle, vor dem Weiterlesen, wieder Kontakt aufzunehmen mit den *Falldarstellungen*. Sie offenbaren immer wieder bittere Schicksale in familiären Zerreißproben, sehr häufig gerade auch bei engagierten Christen. Immer wieder frage ich mich, warum das so ist. Die folgenden Josef-Geschichten offenbaren die eigentlichen Gründe. *Es scheint, dass Gott gerade in diesen Zerreißproben seine Herrlichkeit offenbaren möchte.*

Der kleine Josef wird zunächst einem sehr gefährlichen Grundkonflikt ausgeliefert. Man erfährt nicht, wie alt er inzwischen geworden ist. Vermutlich ist er ein sehr hübscher, junger Mann geworden, sonst hätte diese verführerische, attraktive Frau, die Frau seines Arbeitgebers, nicht so mächtig nach ihm begehrt. Wie lange dieser Konflikt gedauert hat, wird nicht genau mitgeteilt. Der Konflikt endet mit einer gewaltigen Lüge dieser verführerischen, ehebrecherischen Frau seines Herrn, sodass dieser ihn ins Gefängnis werfen lässt, obwohl er sehr wahrscheinlich diese Lüge durchschaut hat.

Josef im Gefängnis (1. Mose 40–41,13)

Josef wird weiteren *Zerreißproben* ausgeliefert. Einerseits erlebt er die barmherzige Nähe seines göttlichen Vaters: »Doch der Herr war auch dort mit Josef …« (1. Mose 39,21) Auch im Gefängnis ist er bevorzugt. Der Gefängnisvorsteher übergibt ihm viele Aufgaben, eigentlich die volle Verantwortung über das Gefängnis. Josef ist einerseits schon erhöht, andererseits aber doch im Gefängnis. Viele Jahre lang. Jedoch entdeckt Josef unter dem Segen Gottes mehr und mehr seine Berufung, die Gabe der Traumdeutung.

Die Geschichte hat nur mehrere Haken: Es vergeht eine ganze Reihe von Jahren, bis der kleine Josef zu seiner Reife gelangt. Es bestätigt sich einer der wichtigen therapeutischen Lehrsätze: *Wenn ich mich ändere, ändert sich die Umwelt.* Einer der Schlüssel ist sicher die Reinheit seiner Jugend, die ihn bewahrt. Josef lernt mehr und mehr, dem Gott seiner Väter zu vertrauen. Gott schenkt ihm überall Glück, besonders auch im Gefängnis. Nachdem er zwei wichtigen Männern am Hofe des Pharao ihre Träume wahrheitsgemäß deuten konnte, einer von ihnen sterben musste, der andere errettet wird, kommt seine Gabe ans Licht: Der mächtige Pharao lässt ihn rufen, um seinen Traum deuten zu lassen, da es seine eigenen »Wahrsager und Gelehrten« nicht konnten.

Pharaos prophetischer Traum und seine Deutung: Josef wird erhöht und erhält eine Braut (1. Mose 41)

Josef wird von jetzt auf gleich aus dem Gefängnis heraus entlassen und zu einem der mächtigsten Männer im Land Ägypten erhöht. Seine Aufgabe ist, das Land in den sieben Jahren der Hungersnot zu bewahren. Während der sieben fetten Jahre sammelt er Getreide in ganz Ägypten, damit in den nachfolgenden sieben mageren Jahren das Volk überleben kann.

Ich erlaube mir, dem Leser eine therapeutisch-seelsorgerliche *Deutung* dieser Geschichte vorzulegen. Ich glaube, dass sich der Vater im Himmel sehr viel mit dieser Genesisgeschichte gedacht hat und sie bis heute relevant ist. Gottes Wege sind immer Heilungs- und Rettungswege. Sie können sich aber nur ereignen, wenn Menschen sich berufen und erwählen lassen, Wege zu gehen, die der himmlische Vater allein kennt und seinen Menschen zumuten darf. Offenbar können das immer nur Einzelne sein, aber alle sollen dadurch gesegnet werden. Dies zeigen die folgenden Ereignisse.

Der mächtige Josef und seine Brüder: Die Spätzeit (1. Mose 42–45)

Während der Hungersnot in Kanaan ist auch die Familie Jakobs betroffen. Sie hören von der wunderbaren Brotverteilung und

Jakob ermutigt seine Söhne, nach Ägypten zu ziehen, um überleben können. Dort begegnen sie ihrem Bruder Josef, ohne es zu ahnen. Sie erkennen ihn nicht, er sie aber sehr wohl. Die folgenden Szenen bitte ich den Leser nachzulesen. Ich überspringe diese Kapitel und schildere zusammenfassend die entscheidende letzte Begegnung Josefs mit seinen Brüdern, bereits nach dem Tod ihres Vaters Jakob:

»Deshalb schickten sie Josef folgende Nachricht: ›Bevor dein Vater starb, wies er uns an, dir zu sagen:»Deine Brüder haben dir übel mitgespielt. Vergib ihnen doch das große Unrecht von damals.« Deshalb bitten wir dich uns zu vergeben. Wir dienen doch demselben Gott wie unser Vater.‹ Als Josef die Nachricht erhielt, musste er weinen. Dann kamen seine Brüder und fielen vor ihm nieder. ›Wir sind deine Diener‹, sagten sie. Aber Josef sagte zu ihnen: ›Habt keine Angst vor mir. Bin ich etwa an Gottes Stelle? Was mich betrifft, hat Gott alles Böse, das ihr geplant habt, zum Guten gewendet. Auf diese Weise wollte er das Leben vieler Menschen retten. Habt also keine Angst. Ich selbst will für euch und eure Familien sorgen.‹ So beruhigte er sie und sprach freundlich mit ihnen.« (1. Mose 50,16-21)

Schuld als Schicksal:
Jakobs Fluch und prophetischer Segen für seine Söhne und ihre Nachkommen:
Beginn der Geschichte Israels (1. Mose 49)

»Dann rief Jakob alle seine Söhne und sagte: ›Kommt her! Ich will euch sagen, was euch die Zukunft bringen wird. Kommt zusammen und hört, ihr Söhne Jakobs; hört auf Israel, euren Vater.‹« (1. Mose 49,1 f.)

Einerseits sind es sehr persönliche, bildhafte Worte und Eindrücke des Vaters über seine Söhne – er kennt sie ja am besten –, andererseits sind es aber auch prophetische Aussagen, die weit über das Schicksal seiner Söhne hinausgehen und in deren Nachkommenschaft hineinreichen. Schuld der Einzelnen und deren Schicksal verbindet sich mit dem Schicksal der vielen, nachfolgenden Geschlechter zu einem Ganzen, zu einem Volk. Es ist das Volk Israel, das gegründet ist auf dem Bund, den Gott mit seinen Vätern Abraham, Isaak und Jakob geschlossen hat! Und Jakob seufzt, während er segnet: »Ich vertraue auf deine Hilfe, o Herr!« (1. Mose 49,18)

Der ewige Gott ist es, der in den zerrissenen Familien Abrahams, Isaaks und Jakobs begonnen hat, seine Herrlichkeit zu offenbaren, indem er selbst durch Gericht und Gnade hindurch sich als lebendigen Gott offenbart. Damals wie heute.

Fazit: Gestörte Familienbeziehungen im Buch Genesis: Abbild familiärer Zerreißproben auch für uns heute?

Welchen Sinn könnten die Familiengeschichten für uns Menschen der Gegenwart haben? Der Leser gestatte mir einen kurzen geschichtlichen Rückblick. Nach biblischer Lehre beginnt Menschsein mit der Schöpfung des ersten Menschen Adam, nachdem vorher von diesem Schöpfer Himmel und Erde geschaffen worden sind. Menschsein heißt *Geschaffensein* von einem Schöpfer. Mit diesem Geschaffensein beginnt die Geschichte des Menschen, der Menschheit.

Von Anfang an, nach dem Ereignis des *Sündenfalls,* gab es *Beziehungskatastrophen* in allen nachfolgenden Generationen, Völkern und Nationen, die über Jahrtausende hinweg bis heute andauern. Nach der ersten *Flutkatastrophe* (1. Mose 6-7) kam die zweite, vermutlich noch größere Katastrophe der *Sprachverwirrung* (1. Mose 11,1-9), die dazu geführt hat, dass sich die Menschen weltweit in unterschiedliche Völker mit verschiedenen Sprachen verbreitet haben und sich untereinander nicht mehr verstehen.

Nach der Erwählung *Abrahams* beginnen die Vätergeschichten. Sie sind der Beginn der Geschichte des Volkes Israel. Dies war ein entscheidender Einschnitt insofern, als der Schöpfer des Anfangs eine *Neuschöpfung* des Menschen begonnen hat. Zuerst in der sehr persönlichen Beziehung zu einzelnen Personen und Familien; danach in einer sehr vertrauten Beziehung zu einer Nation, dem Volk Israel. Zuletzt in der Gestalt des Gottessohnes Jesus Christus. Er hat durch sein Leben, Leiden, Sterben und in der Kraft seiner Auferstehung von den Toten diese Neuschöpfung des Menschen vollendet und ins Leben gerufen. Sie begann in Israel. Sie hat sich aber, ausgehend von Israel, auf alle Völker und Nationen ausgebreitet. Diese Neuschöpfung schafft eine Einheit von Erlösung, Heil und immer wieder auch von Heilung über den Tod hinaus für alle Menschen auf der Erde, die sich diesem *Erlösungsangebot* öffnen. Jesu Missionsbefehl an seine Jünger am Ende der drei Evangelien lautete: »Mir ist alle Macht im Himmel und auf der Erde gegeben. Darum geht zu allen Völkern und macht sie zu Jüngern. Tauft sie im Namen des Vaters und des Sohnes und des Heiligen Geistes und lehrt sie, alle Gebote zu halten, die ich euch gegeben habe.« (Matthäus 28,18-20; vgl. Markus 16,5-18; Lukas 24,46-48) Der entscheidende Unterschied dieser zweiten Schöpfung zur ersten besteht jedoch darin, dass sie nicht mehr nur eine einmalige Tat Gottes, des Schöpfers, ist, sondern zu der Tat Jesu eine Antwort, eine Zustimmung, eine Bejahung des einzelnen Menschen hinzukommen muss.

Denn diese Neuschöpfung kennt keine Nachkommen. Sie beginnt beim Einzelnen: im Geist des Menschen und hat dann Folgen auf Seele und Leib. Die Bibel benennt diese Zustimmung mit dem geheimnisvollen Wort Glaube. Diese zweite Neuschöpfung hat daher eine sehr lange, umfassende gemeinsame Geschichte. Es muss eingestanden werden: In dieser Neuschöpfung »nach dem Bilde Gottes« ist auch die Möglichkeit der Ablehnung, der Abwehr, der Verneinung dieser Wahrheit enthalten. Wir stellen fest: Auf dieser Erde gibt es einen Kampf um diese Wahrheit mit der Frage: »Wer ist der wahre Gott?« Und dieser Kampf kann nicht verleugnet werden. Wir bezeugen: Diese Neuschöpfung kann nur im Glauben empfangen werden, in einem Akt des Vertrauens an den Schöpfer und seinen Sohn, den Erlöser Jesus Christus.

Ich spreche zusammenfassend von einer *ersten* und einer *zweiten* Schöpfung, die aus biblischer Sicht aufeinander bezogen sind und zusammengehören. Das heißt auch: Es besteht eine Beziehungseinheit zwischen Vergangenheit, Gegenwart und Zukunft sowohl der Menschheit als auch des Einzelnen. Die Einzelnen von heute sind von den Früheren nicht wesentlich verschieden. Es sind alles Menschen von Fleisch und Blut, Geschöpfe Gottes.

Diese Beziehungseinheit ist nach meinem Verständnis auch in dem *Geheimnis des wissenden Feldes* ausgedrückt. *Familienstellen* verdeutlicht es immer wieder, nahezu ausnahmslos. Die Fallgeschichten der Gegenwart, die in Kapitel 4 beschrieben worden sind, sind mit den Genesis-Fallgeschichten durchaus vergleichbar. Es sind damals wie heute konflikthafte Beziehungsgeschichten. Es gibt keine prinzipiellen Unterschiede. Es ist immer die *gestörte Beziehung*, die am besten mit den zwei Worten *gut* und *böse* auf den Punkt gebracht werden kann. Jede Beziehungswahrheit der Menschen untereinander ist durch dieses *Begriffspaar* zu benennen. Kein Mensch ist ganz gut, kein Mensch ist ganz böse. Nur Gott allein, in diesem Buch unter dem Stichwort Trinität Gottes in Kapitel 7 beschrieben, ist ganz gut. Dieser Trinität steht gegenüber die Trinität des Bösen, in Kapitel 7.2 beschrieben: Sie ist ganz böse. Menschen des Glaubens, die, um ein biblisches Wort zu gebrauchen, in einem *Jüngerschaftsverhältnis* zu Jesus Christus leben, stehen und leben in einer *kämpferischen Auseinandersetzung* zwischen Gut und Böse, zwischen alter und neuer Schöpfung.

Gott, der Schöpfer, der Ewige, der Allmächtige und Unendliche, der Herr über Leben und Tod, ist auch Vater und Sohn: ein Gott der Liebe, der Beziehung will zwischen sich und dem Geschöpf, eine Beziehung der Liebe. (Johannes 5,19-24; 1. Johannes 4,16)

Familienstellen auf biblischer Basis steht und fällt mit dieser Wahrheit. Jeder Mensch steht unter dem Einfluss dieser beiden *Machtbereiche* und hat die Möglichkeit einer Entscheidung, zu einem

Neuanfang. Auf diese Zusammenhänge ist im Einzelnen in den verschiedenen Kapiteln dieses Buches hingewiesen worden.

Die *Falldarstellungen* haben uns vor Augen geführt, dass immer beides im einzelnen Menschen und in seiner Beziehung zu anderen, besonders auch zu seinen Familienangehörigen, vorhanden ist: Gutes und weniger Gutes, Böses und häufig auch sehr Böses. Eltern, die Kinder missbrauchen, abtreiben, verhungern lassen, handeln böse. Dennoch kann aus diesem Handeln nicht ohne weiteres abgeleitet werden, dass sie, die Menschen selbst, durchgängig böse sind. Es gibt zwar Einzelne, die in blindem Hass Raubüberfälle begehen; Männer, die in Kinderpornografie verstrickt sind oder systematisch Terroranschläge begehen. Hier ist das Böse sehr schlimm. Dennoch: Bei diesen und ähnlichen Schilderungen, und sie könnten beliebig fortgesetzt werden, stellt sich immer wieder die Frage nach den Motiven einer bösen Tat: Ist die Person, die Böses tut, durchgängig eine böse Person oder sind es nur bestimmte Verhaltensweisen, die als böse einzustufen sind. Immer wieder stellt sich besonders auch bei den Aufstellungen die Frage nach dem Warum einer *bösen Tat*, nach dem Hintergrund, den Motiven, der eigentlichen Wurzel einer *bösen Gesinnung*, die dann irgendwann zu einer *schlimmen Tat* führt, geführt hat.

Die erste Genesis-Fallgeschichte bringt Licht in diese verborgenen, dunklen Unklarheiten. Denn sie zeigt auf und verbirgt zugleich die eigentliche Ursache des Bösen: Es ist die ausstrahlende Macht einer *geheimnisvollen Schlange*, hinter der sich der eigentlich Böse verbirgt. Erst die spätere biblische Offenbarung benennt diese Macht. Es ist Satan, der Urheber und Anfänger alles Bösen. Jesus nennt ihn den *Fürsten dieser Welt*. In Abbildung 2 (Seite 164), den vier aufeinander bezogenen Dreiecken, habe ich diesen Zusammenhang erläutert.

Die Genesis-Fallgeschichten schildern familiäre Zerreißproben im Spannungsfeld von Erwählung, Berufung, Schuld und Sühne einerseits, andererseits aber auch das Geheimnis von Fluch, Verwerfung, Verstockung. Die beiden Beziehungsebenen, die horizontale und die vertikale mit den vier symbolischen Dreiecken, sind immer akut oder mehr chronisch wirksam. Vergangenes ist immer gegenwärtig, Gegenwärtiges wird nie ganz vergehen. In der Seele wird es zukünftig sein und Folgen haben. *Familienstellen* macht in besonderer Weise diese unsichtbare, jedoch unglaublich wirksame Wahrheit deutlich. Vergangenes ist nie vergangen, sondern bleibt im Unbewussten unserer Seele anwesend, wenn nicht Versöhnung geschieht. Damals wie heute zeigen sich Erscheinungsformen der Seele, die aus gestörten Beziehungen folgen, ich nenne nur einige: Neid, Eifersucht, Stolz, Hochmut, Scham, Schuld, Angst, Mord.

Das *sichtbare* menschliche Leben ereignet sich im Kontext von Vergangenheit, Gegenwart und Zukunft, das eigentlich *unsichtbare* Leben der Seele und des Geistes ist aber auch immer in Vergangenheit, Gegenwart und Zukunft gegenwärtig und anwesend. Es ist sozusagen zeitlos. Biblisch gesprochen: Es hat Ewigkeitscharakter. Diese *Beziehungseinheit* ist der eigentlich tiefe Sinn der Beschäftigung mit diesen vergangenen Geschichten gestörter Beziehungen.

Der Mensch ist geschaffen nach dem Ebenbild Gottes. Er hat eine ewige Zukunft. Der Mensch ist aber immer auch in Gefahr, diese ewige Zukunft zu verlieren. Der Machtbereich des Bösen umschleicht die Seele des Menschen und sucht sie zu verschlingen. Diese erschütternde Wahrheit offenbart die erste Fallgeschichte.

Fazit

In den Genesis-Geschichten erkennen wir nicht nur wie im Spiegel unsere eigenen Zerreißproben, sondern deren eigentliche Ursache, nämlich eine geheimnisvoll verborgene Macht des Bösen. In jeder Beziehungsnot gibt Gott entscheidende Hinweise auf Lösungen aus diesen Nöten. Er antwortet direkt hinein in Lebensprobleme.

In dem früheren, weiterführenden Kapitel 5 über das *wissende Feld* ist ausführlich über die Erschaffung des ersten Menschenpaares und über den Fall in die Sünde gesprochen worden. Es ging und geht hierbei nicht um die Frage, ob dieser Schöpfungsbericht wahr ist. Die biblische Lehre vom Menschen setzt diese Wahrheit voraus, denn sie weiß, dass Gott der Schöpfer und der Mensch Geschöpf ist. Die Ausführungen über das *wissende Feld* im Zusammenhang mit den früheren, aktuellen und den folgenden Genesis-Fallgeschichten sind aus meiner Sicht ein unglaublich überzeugender Hinweis auf die Wahrheit der biblischen Aussagen: Ohne Beziehung zu Gott ist der Mensch geistlich tot.

Aus diesem Grund schreibt Bonhoeffer am Anfang seiner Einleitung in seinem Buch »Schöpfung und Fall«: »Die Kirche legt Zeugnis ab vom Ende aller Dinge. Sie lebt vom Ende her, sie denkt vom Ende her, sie handelt vom Ende her, sie verkündigt vom Ende her ... Das Neue ist das wirkliche Ende des Alten; das Neue aber ist Christus. Christus ist das Ende des Alten.«[13] Auf dieses Ende des Alten wird in späteren Kapiteln noch näher hingewiesen.

6.2 Das biblische Heimsuchungsgesetz

(2. Mose 20,4-6; 34,7; 4. Mose 14,7-9; 5. Mose 5,9-10)

Väterschuld

2. Mose 20,4-6
»Du sollst dir kein Götzenbild anfertigen von etwas, das im Himmel, auf der Erde oder im Wasser unter der Erde ist. Du sollst sie weder verehren noch dich vor ihnen zu Boden werfen, denn ich, der Herr, dein Gott, bin ein eifersüchtiger Gott! Ich lasse die Sünden derer, die mich hassen, nicht ungestraft, sondern ich strafe die Kinder für die Sünden ihrer Eltern bis in die dritte und vierte

---

[13] Dietrich Bonhoeffer, Schöpfung und Fall, Seite 6.

Generation. Denen aber, die mich lieben und meine Gebote befolgen, werde ich bis in die tausendste Generation gnädig sein.«

2. Mose 34,7
»Diese Gnade erweise ich Tausenden, indem ich Schuld, Unrecht und Sünde vergebe. Und trotzdem lasse ich die Sünde nicht ungestraft, sondern strafe die Kinder für die Sünden ihrer Eltern bis in die dritte und vierte Generation.«

4. Mose 14,18
»Ich bin der Herr. Meine Geduld, meine Liebe und Treue sind groß. Ich vergebe Sünde und Unrecht. Und trotzdem lasse ich die Sünde nicht ungestraft, sondern bestrafe die Kinder für die Sünden ihrer Eltern bis in die dritte und vierte Generation.«

5. Mose 5,8-10
Du sollst dir kein Götzenbild anfertigen von etwas, das im Himmel, auf der Erde oder im Wasser unter der Erde ist. Du sollst sie weder verehren noch dich vor ihnen zu Boden werfen, denn ich, der Herr, dein Gott, bin ein eifersüchtiger Gott! Ich lasse die Sünden derer, die mich hassen, nicht ungestraft, sondern ich strafe die Kinder für die Sünden ihrer Eltern bis in die dritte und vierte Generation. Denen aber, die mich lieben und meine Gebote befolgen, werde ich bis in die tausendste Generation gnädig sein.

Josua 24,19.20
Daraufhin sagte Josua zum Volk: »Ihr könnt dem Herrn nicht dienen, denn er ist ein heiliger und eifersüchtiger Gott. Er wird eure Auflehnung und Sünde nicht vergeben. Wenn ihr den Herrn verlasst und fremden Göttern dient, wird er sich gegen euch wenden und euch vernichten, nachdem er so gut zu euch gewesen ist.«

Einzelschuld

Hesekiel 39,25
So spricht Gott, der Herr: Ich werde das Schicksal meines Volkes

wenden; ich will Erbarmen mit dem ganzen Volk der Israeliten haben und mich leidenschaftlich für meinen heiligen Namen einsetzen! (vgl. Hesekiel 18,1-32)

Sacharja 1,4-5
»Seid nicht wie eure Vorfahren! Die früheren Propheten sagten zu ihnen: ›So spricht der Herr, der Allmächtige: Kehrt von euren bösen Wegen um und hört auf, Böses zu tun.‹ Aber sie gehorchten nicht und hörten nicht auf mich, spricht der Herr. Wo sind nun eure Vorfahren?«

Die folgenden Bibelstellen lauten sinngemäß:
Er bezahlt jeden, nach seinem Tun (Jeremia 17,10; Hiob 34,11), wie er es verdient (Psalm 62,13). Er wird jedem vergelten nach seinen Werken (Matthäus 16,27). Jeder wird empfangen, wie er gehandelt hat. (1. Könige 8,39; 2. Korinther 5,10)

Das biblische *Heimsuchungsgesetz* bezeugt diese Dimension einer verborgenen biblischen Wahrheit. Die beiden Begriffe *Schuld* und *Schicksal* versuchen, die Zusammengehörigkeit dieser Dimension zu benennen. Für den Therapeuten und Seelsorger ist in diesem Kontext insbesondere die *Realität der Vergangenheit* des Menschen über mehrere Generationen hinweg von großer Bedeutung. *Familienstellen* bringt immer wieder auch diese Wirklichkeit im Sinne verborgener Beziehungswahrheiten ans Licht. Schuld und Schicksal haben immer auch mit *Geist des Menschen* zu tun, nicht nur mit seiner Seele. Sie hängen immer auch mit der *unsichtbaren* Welt zusammen, besonders auch mit der *Vergangenheitswelt*. Es ist ein wunderbares Geheimnis, dass Gottes Geist mit unserem Geist in Verbindung sein möchte, mit dem Ziel, gebundene und belastete Menschen in den Freiheitsraum des Geistes Gottes hineinzuführen. Es ist leider auch wahr, dass der andere Geist, der *böse Geist*, unablässig bemüht ist, uns in der Macht des Todes verstrickt zu halten. Es ist die Macht der *verborgenen Schlange*, die immer neu das sicut-deus-Dasein, das gleichzeitige Erkennenmüssen von Gut und Böse, erzeugt, das uns verstrickt.

»Du sollst dir kein Götzenbild anfertigen von etwas, das im Himmel, auf der Erde oder im Wasser unter der Erde ist. Du sollst sie weder verehren noch dich vor ihnen zu Boden werfen, denn ich, der Herr, dein Gott, bin ein eifersüchtiger Gott! Ich lasse die Sünden derer, die mich hassen, nicht ungestraft, sondern ich strafe die Kinder für die Sünden ihrer Eltern bis in die dritte und vierte Generation. Denen aber, die mich lieben und meine Gebote befolgen, werde ich bis in die tausendste Generation gnädig sein.« (2. Mose 20,4-6)

Im Folgenden werden weitere Gebote mitgeteilt, die als die Zehn Gebote bekannt geworden sind und auch heute noch in den christlichen Kirchen gelten.

In 4. Mose 14,18 wird dieses *Heimsuchungsgesetz* etwas anders formuliert: »Ich bin der Herr. Meine Geduld, meine Liebe und Treue sind groß. Ich vergebe Sünde und Unrecht. Und trotzdem lasse ich die Sünde nicht ungestraft, sondern bestrafe die Kinder für die Sünden ihrer Eltern bis in die dritte und vierte Generation. Denen aber, die mich lieben und meine Gebote befolgen, werde ich bis in die tausendste Generation gnädig sein.« (vgl. 5. Mose 5,8-10)

Die erste Familie hat dem Leser eine Ahnung vermittelt, dass die Schuld Adams Folgen hatte für seine Söhne. Abel erlitt den Märtyrertod, Kain und seine Nachkommen waren für Gott nicht mehr erreichbar. Wesentlich für uns heute ist die Erkenntnis, dass an dem Schuldigwerden kein Weg vorbeigeht. Schuldig werden wir alle. Aber die Frage ist immer, wie der Mensch auf seine Schuld reagiert.

Bei der Betrachtung der *Vätergeschichten* wurde deutlich, dass Gott gemeinsam mit den betroffenen Menschen nach Wegen sucht, aus dem *Dilemma von Schuldverstrickung* herauszukommen. Das ist aber nie ein Weg *vorbei* an der Schuld, sondern immer *hindurch* zu einer Erfahrung, in der Heilung und Versöhnung geschehen kann. Dieser Weg ist nicht leicht, aber er befreit und löst und heilt.

Streitereien in Familien sind kein Problem. Eine gute Streitkultur kann sehr hilfreich sein. »Streiten verbindet«, sagt ein Sprichwort. Aber unvergebene Schuld der Eltern hat Folgen für Kinder. Ohne die Macht der Vergebung bleibt sie bestehen. Sie vergeht nicht von selbst. Die Genesis-Fallgeschichten und die Zerreißproben bei den Aufstellungen zeigen das in besonderer Weise.

In Jesaja 42,7 steht eine prophetische Verheißung, durch die Gott heute noch redet, wenn es um *Väterschuld* geht: »Dadurch sollst du den Blinden die Augen öffnen, die Häftlinge aus dem Gefängnis befreien und die in der Dunkelheit Gefangenen ans Licht führen.«

Dieses Prophetenwort führt uns hinein in den *Beziehungsraum von Therapie und Seelsorge*. Es spricht aber nicht nur den Bereich menschlicher Hilfe an, sondern besonders auch den sehr entscheidenden *Machtbereich der Finsternis*, der nur durch die im Menschen wirkende Kraft des Heiligen Geistes gebrochen werden kann.

Die Familiengeschichten im Buch Genesis stehen am Anfang der Geschichte Israels.
Familienschicksale verbinden die Geschichte Israels mit der Geschichte der Nationen. In den Familienaufstellungen ist das bereits zum Ausdruck gekommen. Familienschicksale unterscheiden sich nicht wesentlich, sie sind überall nahezu identisch. Das *wissende Feld* macht es sichtbar. Das Schuldigwerden des Menschen und das damit verbundene schlimme Schicksal ist immer auch verbunden mit besonderen Gnadenerweisen, die der heilige Gott an einzelnen Menschen und Familien wirkt. Unter der Voraussetzung, dass sich der Einzelne diesem Angebot des trinitarischen Gottes öffnet.

Fazit

Bei der Betrachtung der *Vätergeschichten* wurde deutlich, dass Gott gemeinsam mit den betroffenen Menschen nach Wegen sucht, aus dem *Dilemma von Schuldverstrickung* herauszukommen. Das ist aber nie ein Weg *vorbei* an der Schuld, sondern immer *hindurch* zu einer Erfahrung, in der Heilung und Versöhnung geschehen kann. Dieser Weg ist nicht leicht, aber er befreit und löst und heilt. Streitereien in Familien sind kein Problem. Eine gute Streitkultur kann sehr hilfreich sein. »Streiten verbindet«, sagt ein Sprichwort. Aber unvergebene Schuld der Eltern hat Folgen für ihre Kinder. Ohne die Macht der Vergebung bleibt sie bestehen. Sie vergeht nicht von selbst. Die Genesis-Fallgeschichten zeigen das in besonderer Weise, die Zerreißproben bei den Aufstellungen ebenfalls.

6.3 Die Bedeutung der Familie für das Reich Gottes

Unvergebene Familienschuld bremst und blockiert das Reich Gottes in Gemeinschaft und Gemeinde. Reich Gottes gibt es in der Regel nicht ohne Familie. In Familien erwählt sich Gott Männer, Frauen und Kinder in sein Reich – Männer und Frauen in einem imago-dei-Verhältnis gestalten Reich Gottes auf Erden. In den Genesis-Fallgeschichten, den Vätergeschichten fing dieses Reich Gottes auf Erden an. In den Familien des Volkes Israel fand es eine entscheidende Fortsetzung. Dieses Reich Gottes auf Erden ist einerseits ein verborgenes Reich. Man sieht es nicht äußerlich, es ist vielmehr inwendig in uns: »Ihr werdet nicht sagen können: ›Hier ist es!‹, oder: ›Es ist dort drüben!‹ Denn das Reich Gottes ist mitten unter euch.« (Lukas 17,21) Reich Gottes ist aber andererseits auch ein sichtbares Reich, es steht in Bezug zur *Welt* und möchte sie für Gott gewinnen. Jesus predigte das Evangelium vom Reich Gottes (Markus 1,15) und sprach: »Jetzt ist die Zeit gekommen‹, verkündete er. ›Das Reich Gottes ist nahe! Kehrt euch ab von euren Sünden und glaubt an diese gute Botschaft!‹« Insofern lebt Reich Gottes immer in einem Spannungsfeld von Ablehnung und Annahme, denn: »Was ich damit sagen will, liebe Brüder, ist, dass Fleisch und Blut das Reich Gottes nicht erben können. Der vergängliche Körper, den wir jetzt haben, kann nicht ewig leben.« (1. Korinther 15,50)

»Denn das Reich Gottes besteht nicht durch die Worte, mit denen man davon erzählt, es lebt durch die Kraft Gottes.« (1. Korinther 4,20) Reich Gottes ist auch wieder viel stärker als aller menschlicher, *fleischlicher* Widerstand. In diesem Spannungsfeld von Annahme und Ablehnung lebt besonders auch die Familie. Jesus Christus selbst wurde in eine Familie hineingeboren. Er hat die Bedeutung von Vaterschaft, Mutterschaft und Kindschaft sehr intensiv erlebt, sicher auch spannungsvoll und vielleicht auch zeitweise notvoll. Als Zwölfjähriger wagt er einen ersten Versuch *auszubrechen* aus seiner Familie. »Ihr hättet doch wissen müssen, dass ich im Haus meines Vaters bin.« (Lukas 2,49) So benannte Jesus Reich Gottes. Aber er gehorchte seinen Eltern bis zu seiner Berufung.

Danach erwählte er sich in seinen Jüngern einen Kreis von Gleichgesinnten, mit denen er anfing, Reich Gottes zu leben. Es war und blieb ein Anfang. Über die Familienverhältnisse seiner Jünger wird wenig berichtet. Gelegentlich erfährt man etwas von *Familienangehörigen.* Es ist anzunehmen, dass zumindest die Herkunftsfamilie, bei einigen sicher auch eine Gegenwartsfamilie, bedeutungsvoll waren. In Matthäus 8,14 wird von der Schwiegermutter des Petrus berichtet. Also muss Petrus auch eine Frau gehabt haben.

Nach Jesu Tod und Auferstehung und insbesondere nach der Ausgießung des Heiligen Geistes bekommt die Familie eine neue, starke Bedeutung für einen größeren Jüngerkreis bestehend aus verheirateten Männern und Frauen, zum Teil sicher auch mit Kindern. Die erste Gemeinde nach dem Pfingstereignis, in der Apostelgeschichte wird davon berichtet: »Sie schlossen sich den anderen Gläubigen an, unterstellten sich der Lehre der Apostel und der Gemeinschaft und nahmen teil am Abendmahl und am Gebet.« (Apostelgeschichte 2,42)

Jahrzehnte später, zur Zeit der Apostel und auch noch danach, lebte Reich Gottes in überschaubaren Ortsgemeinden, von denen das 2. Kapitel der Offenbarung berichtet. Reich Gottes in diesen Gemeinden war nicht mehr wie am Anfang eine Gemeinschaft von Gleichgesinnten, nicht mehr nur ein Herz und eine Seele, sondern, um in der Genesis-Sprache zu bleiben, ein mehr oder weniger »gemischtes Reich« aus imago-dei- (vor dem Fall) und sicut-deus-Menschen (nach dem Fall), in denen Gutes und Böses vermischt war.

Erst in einer noch sehr viel späteren Zeit, in der Reich Gottes im Raum einer etablierten Kirche integriert war, entstand und entwickelte sich mehr und mehr eine Macht der Verweltlichung innerhalb der Kirche. Die staatliche Ordnung gewann Einfluss auf die Kirche. Kirche und Gesellschaft wuchsen zu einer Einheit zusammen. Die Entscheidung der offiziellen Kirche für das *Zölibat,* die Ehelosigkeit der Priester, hatte einerseits Einfluss auf *Reich Gottes* innerhalb der Kirche, andererseits aber auch durch eine zu große *Machtfülle* der Priester die Gefahr des Machtmissbrauchs zur Folge. Der Reformator Martin Luther hat diese Entscheidung rückgängig gemacht.

Fazit

Machtmissbrauch einerseits und Ohnmacht andrerseits sind Hauptgefährdungen für das Reich Gottes in Kirche und Familie. Welche Bedeutung hat also Reich Gottes für die Familie, welche Bedeutung hat die Familie für das Reich Gottes? Familie ist definiert durch Vaterschaft, Mutterschaft und Kindschaft. (siehe Kapitel 7.4) Ohne Familie stirbt menschliches Leben, ohne Familie stirbt also auch Reich Gottes. Wir haben gesehen: Der erste Angriff der Schlange galt einem Ehepaar. Die Verführung des ersten Paares bewirkte die erste Katastrophe ihrer Kinder: den Mord des erstgeborenen Kain an seinem jüngeren Bruder Abel. Die Angriffe der *verborgenen Schlange* führen immer primär zu *familiären Beziehungskatastrophen* und ereignen sich bis heute in zunehmendem Ausmaß auf verschiedenen, unterschiedlich großen *Schlachtfeldern* mit dem Ziel, Reich Gottes auf Erden zu verhindern. Und es beginnt in aller Regel in Familien.

Familie beginnt mit der Paarbeziehung, einer Beziehung von Mann und Frau. Paarbeziehung ist noch nicht Familie. Familie ereignet sich erst, wenn Mann und Frau ein Paar werden, Kinder gezeugt und geboren werden. Der Mann wird zum Vater, die Frau wird zur Mutter. So ist Familie definiert. Die Bedeutung der Familie für das Reich Gottes besteht darin, dass Vater und Mutter in Beziehungseinheit Reich Gottes leben, in Beziehungseinheit ihren Kindern vorleben. In aller Regel geschieht dies in kleineren überschaubaren Gruppen in Gemeinschaft und Gemeinde, weniger in der großen Kirche. Erst später suchen sich Jugendliche ihre altersspezifischen Kreise, in denen sie lernen und einüben, wie man Reich Gottes lebt.

6.4 Die Bedeutung des Reiches Gottes für die Familie

Hier sind Kirchen und Gemeinden in ihren Formen aufgerufen, angefragt und herausgefordert. Die Bedeutung des Reiches Gottes für die Familie besteht darin, dass Kirche in ihrer vielfachen, vielfarbigen Gestalt die Botschaft dieses Reiches in Familien hineinträgt und nicht nur in Kirchen und anderen Räumen der Kirche, sondern mehr noch in familienartigen Orten, in Wohnungen, Häusern, kleineren und größeren Gemeinschaften Reich Gottes verkündigt, leben und wohnen darf. Reich Gottes kann nicht wachsen ohne mehr oder weniger gesunde Familien, die sich immer wieder neu Heilungsprozessen aussetzen. Diese Heilungsprozesse beginnen nicht immer bei den Eltern, häufig auch bei älteren, herangewachsenen Kindern. *Familienstellen auf biblischer Basis* ist ein entscheidender Beitrag, da aus meiner Sicht Prozesse der Vergebung, der Versöhnung, der *inneren Heilung* auf ganz unterschiedlichen Wegen möglich werden, insbesondere auch durch die Kraft der Aufdeckung nicht nur aktueller, besonders auch vergangener, verborgener Konflikte. Diese haben in aller Regel mit gestörten Beziehungen zu tun. Ich beende diesen Abschnitt mit zwei Fragen: Inwieweit gelingt es der Kirche, heute in modernen Familien aus sicut-deus-Menschen imago-dei-Menschen zu gestalten? Wie gelingt es Familien, in denen Reich Gottes, also imago-dei-Menschen leben, die Kirche neu zu gestalten?

Dietrich Bonhoeffer schreibt: »Die letzte verantwortliche Frage ist nicht, wie ich mich heroisch aus der Affäre ziehe, sondern wie eine kommende Generation weiterleben soll.«[14]

---

[14] Dietich Bonhoeffer, Schöpfung und Fall.

7. Perspektiven nach den Aufstellungen und den Genesis-Fallgeschichten

Was ist das eigentliche Anliegen dieses Buchs? Die Aufstellungen, die Übungen der unterbrochenen Hinbewegung und die Stuhlübung mit dem inneren Kind haben gezeigt, wie unterschiedlich Männer und Frauen aufeinander bezogen sind, aneinander schuldig werden, häufig unglaublich verstrickt sind. Sie zeigen uns, wie sehr der Mensch als ein dreidimensionales Wesen mit Leib, Seele und Geist in Liebe und Hass, in vielfältigen, unterschiedlichen Gefühlsqualitäten ein *Gebundener* ist. Er ist meist nicht frei in seinen Entscheidungen, er ist kein *unabhängiger, souverän-selbstständiger Mensch*, sondern immer auch angebunden und eingebunden mit anderen und an andere Menschen. Er ist vor allem auch in Familienbeziehungen verstrickt. Diese Bezogenheit kann in einer vierfachen Perspektive dargestellt werden: Einerseits ist der Mensch ein *Einzelwesen* nach Leib, Seele und Geist. Gleichzeitig ist er ein *Familienwesen* als Vater, Mutter und Kind. Diese Bezogenheit in der Metapher einer horizontalen Ebene ist gleichzeitig immer auch verknüpft mit der Metapher einer vertikalen Beziehungsebene, die in der *Trinität Gottes: Vater, Sohn und Heiliger Geist* und in der Metapher einer Dreieinheit des Bösen: *Satan, Macht zur Sünde und Stachel des Todes* veranschaulicht werden kann.

Diese vierfache Bezogenheit in den Falldarstellungen und in den Genesis-Fallgeschichten aufzuzeigen, ist das eigentliche Anliegen dieses Buches. In Therapie und Seelsorge kann es nur darum gehen, diese komplexen Verstrickungsgeschichten Lösungswegen zuzuführen. Besonders auch das *Familienstellen auf biblischer Basis* bezeugt Wege der Heilung und des Heils durch eine besondere Kraft der Aufdeckung von Konflikten mit dem Ziel, diese Konflikte Lösungen zuzuführen, die mit Versöhnung und Vergebung verbunden sind.

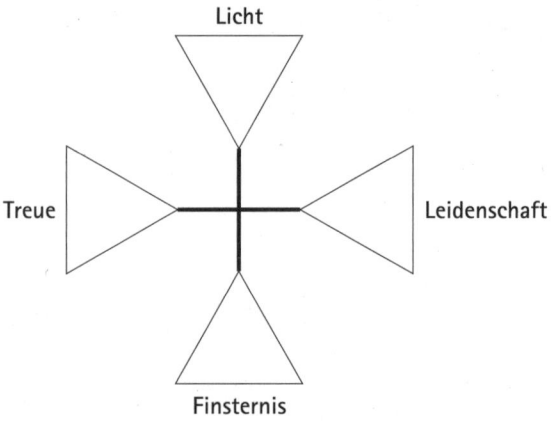

Abbildung 2, s. auch Seite 272 (dort nähere Erklärung)

Die hier genannten Begriffe sind dem Leser, vielleicht mit einer Ausnahme des Begriffes *Geist,* gut bekannt. Die Genesiskapitel haben es verdeutlicht. *Geist* im Kontext dieses Buches wird nicht philosophisch als eine besondere Form hervorragender menschlicher Ausstattung bezeichnet, als eine besondere Form *geistiger* oder auch *religiöser* Begabung, sondern *Geist* wird als *biblischer Beziehungsbegriff* verstanden. Geist im biblischen Sinn meint die Gabe oder besser noch das Geschenk einer lebendigen Beziehung des Menschen zu Gott, die Leib und Seele einbezieht. Diese durch den *Fall in die Sünde* verloren gegangene Beziehung soll wiederhergestellt werden. Dies ist der eigentliche Sinn der *Erlösung* durch Jesus Christus. Dieses Geheimnis wird in vielen Bibelstellen erläutert. Im Folgenden wird dies näher erläutert.

Abbildung 2 zeigt die Zerissenheit des Menschen, die durch den Sündenfall in die Welt gekommen ist. Durch das Familienstellen kommen negative Verstrickungen ans Licht und können durch das Kreuz (Mitte) geheilt werden.

Es ist das Schicksal jedes Menschen, schuldig zu werden. Gleichzeitig sehnt sich jeder Mensch nach Heil und Heilung. Theologisch gesprochen: Der *Fall in die Sünde* und die Errettung durch das Kreuz Jesu sind aufeinander bezogen und bewirken vielfache Möglichkeiten und Schritte von Versöhnung, Heil und Heilung. Jedoch ist gleichzeitig immer auch eine unsichtbare Gegenmacht, die *Macht des Bösen*, gegenwärtig.

7.1 Die Trinität Gottes

Die Bibel bezeugt die Dreieinheit Gottes. Dieses Zeugnis hat mit Religion nichts zu tun. Es entstammt nicht religiösem Denken frommer Menschen, welcher Religion sie auch angehören. Die Dreieinheit Gottes ist Offenbarung Gottes selbst an den Menschen. Dieser biblische Gott offenbart sich als *Schöpfer*, als *Erlöser* und als *Heiliger Geist*. Gemäß dieser Offenbarung ist Gott der Schöpfer des Kosmos und der Menschen. Die ersten Kapitel des Buches Genesis (1. Mose) der Bibel bezeugen dieses *Schöpfungsgeheimnis*.

»Am Anfang schuf Gott den Himmel und die Erde.« (1. Mose 1,1) Gott schafft das Licht (1. Mose 1,3). Gott schafft die Erde. Sonne, Mond und Sterne werden sichtbar. (1. Mose 1,9.14) Gott schafft die Tiere. (1. Mose 1,20) Und er schafft den Menschen nach seinem Bilde. (1. Mose 1,26)

Die alttestamentlichen Gottesnamen lauten: Elohim, der Schaffende:»Danach betrachtete Gott alles, was er geschaffen hatte. Und er sah, dass es sehr gut war.« (1. Mose 1,31) El Shaddai, der Allmächtige:»Als Abram 99 Jahre alt war, erschien ihm der Herr und sprach: ›Ich bin Gott, der Allmächtige; diene mir treu und lebe so, wie es mir gefällt.‹« (1. Mose 17,1) El Olam, der Ewige: »Abraham aber pflanzte in Beerscheba eine Tamariske und betete dort den Herrn, den ewigen Gott, an.« (1. Mose 21,33) Er ist Jahwe, der Herr: »Ich bin der Herr; das ist mein Name! Ich werde meine Herrlichkeit keinem anderen überlassen. Ich werde das Lob, das mir zukommt, nicht mit Götzen teilen.« (Jesaja 42,8)

Diese alttestamentlichen Gottesnamen sind gut zusammengefasst in dem Wort: »Der Herr, euer Gott, ist der Gott aller Götter und Herr aller Herren. Er ist der große Gott, mächtig und Ehrfurcht gebietend, unparteisch und unbestechlich.« (5. Mose 10,17) Diesen alttestamentlichen Gottesnamen wird Jesus später noch einen weiteren, besonderen Namen hinzufügen: Er ist Abba, Vater. (Römer 8,15)

Allein die Bibel bezeugt *Gott den Erlöser: Jesus Christus.* Dieses Erlösungsgeheimnis ist in den prophetischen Büchern des Alten Testaments, vor allem im Buch Jesaja, etwa 800 Jahre vor der Geburt Christi, ausführlich bezeugt. In Jesaja, Kapitel 42 und vor allem 53,3-5 wird Jesus Christus als der Gottes-Knecht, der Erlöser, der Heiland in folgenden Worten bezeugt: »Er wurde verachtet und von den Menschen abgelehnt – ein Mann der Schmerzen, mit Krankheit vertraut, jemand, vor dem man sein Gesicht verbirgt. Er war verachtet und bedeutete uns nichts. Dennoch: Er nahm unsere Krankheiten auf sich und trug unsere Schmerzen. Und wir dachten, er wäre von Gott geächtet, geschlagen und erniedrigt. Doch wegen unserer Vergehen wurde er durchbohrt, wegen unserer Übertretungen zerschlagen. Er wurde gestraft, damit wir Frieden haben. Durch seine Wunden wurden wir geheilt.«

Allein die Bibel, vor allem das Neue Testament, bezeugt *Gott: den Heiligen Geist.* Die Kreuzigung Jesu, seine Auferstehung und seine Auffahrt in den Himmel sind die Voraussetzung für die Ausgießung des Heiligen Geistes an Pfingsten, der von nun an in den Jüngern wohnen wird. Jesus Christus selbst bezeugt seinen Jüngern besonders in seinen *Abschiedsreden* die wunderbare Kraft seiner *Innewohnung in den Jüngern* durch den Heiligen Geist. Vor allem in Johannes 15,5: »Ich bin der Weinstock, ihr seid die Reben. Wer in mir bleibt und ich in ihm, wird viel Frucht bringen. Denn getrennt von mir könnt ihr nichts tun«, wird ausdrücklich darauf hingewiesen.

Die verschiedenen, alttestamentlichen Gottesnamen, besonders aber auch der Name Jesus und die Kraft des Heiligen Geistes haben den Sinn, Menschen in ihren verschiedenen Zerreißproben zu dem dreieinigen Gott hinzuführen. Das betrifft auch diejenigen, die Gott noch nicht gut genug kennen. Ich zitiere abschließend ein Wort Jesu in den Abschiedsreden aus Johannes 14,20: »Wenn ich wieder zum Leben auferstanden bin, werdet ihr wissen, dass ich in meinem Vater bin und ihr in mir seid und ich in euch.«

Abschließend ein spätes Jüngerzitat, etwa geschrieben um 95 nach Christus, das ein besonderes Licht auf das Geheimnis der *trinitarischen Gottesbeziehung* wirft. Der Apostel Johannes schreibt in der Verbannung auf der Insel Patmos:

»Dieser Brief stammt von Johannes und richtet sich an die sieben Gemeinden in der Provinz Asien. Ich wünsche euch Gnade und Frieden von dem, der ist, der immer war und der noch kommen wird; von den sieben Geistern vor seinem Thron; und von Jesus Christus, dem treuen Zeugen dieser Dinge, der als Erster von den Toten auferstand und Herr über alle Herrscher der Erde ist! Lob sei ihm, der uns liebt und uns von unseren Sünden befreit hat, indem er sein Blut für uns vergoss. Er hat uns zu seinem Reich und zu seinen Priestern gemacht, um Gott, seinem Vater, zu dienen. Gebt ihm Ehre bis in alle Ewigkeit! Er herrscht für immer und ewig! Amen.« (Offenbarung 1,4-6)

Gott ist Schöpfer der Zeit, ein Gott jenseits aller Zeitrechnung, jenseits aller menschlichen Maßstäbe, jenseits aller menschlichen Schuld und Gebrochenheit. Von ihm allein kommen Gnade und Friede. Gnade und Friede allein sind die Lösung aller menschlichen Zerreißproben. Bei ihm sind Vergangenheit, Gegenwart und Zukunft eine Zeit. Für den Menschen ist die Zeit getrennt in vergangene, gegenwärtige und zukünftige Zeit.

Gnade und Friede auch von den *sieben Geistern vor seinem Thron*. Gemeint ist, dass dieser siebenfache Gottesgeist den Menschen, die zu den sieben Gemeinden gehören, das Geheimnis der zugesprochenen Gnade und dieses Friedens enthüllt und offenbart. Ich verstehe unter diesen sieben Wirkungen folgende, für unser Thema der familiären Zerreißproben wichtige Aspekte:

1. Gottes Geist offenbart und deckt familiäre Verstrickungen in Beziehungsschuld auf. Er offenbart, was tief und verborgen ist. (Daniel 2,2)

2. Gottes Geist tröstet und heilt Wunden. (Psalm 118)

3. Gottes Geist verbindet und verbündet uns zu einer lebendigen Gemeinschaft. (Philipper 2,1)

4. Gottes Geist verwandelt und erneuert unser Denken, Fühlen und Wollen. (2. Korinther 4,16)

5. Gottes Geist offenbart und enthüllt uns die Macht des Bösen. (Psalm 139,24)

6. Gottes Geist verwandelt uns in das Bild Jesu Christi. (1. Korinther 15,51)

7. Gottes Geist schafft Neues: Er ruft dem, was noch nicht ist, dass es sei. (Römer 4,17)

Jesus Christus ist der treue Zeuge (Offenbarung 1,5)

Vergegenwärtigen wir uns eine menschliche Gerichtsverhandlung. Ein Mann ist angeklagt, ein Verbrechen begangen zu haben. Das Gericht verurteilt ihn zum Tode. Plötzlich steht jemand auf aus der Familie des Angeklagten und ruft nach längerem Schweigen in den Raum: Das ist richtig, ich bin sein Bruder und kann diese Tat bezeugen, aber ich nehme stellvertretend das Todesurteil auf mich. Dieses einfache Beispiel möge die umfassende Kraft des Zeugnisses Jesu Christi vor dem Richterstuhl Gottes erläutern.

Jesus Christus ist als Erster von den Toten auferstanden (Kolosser 1,18)
Er ist die Auferstehung und das Leben (Johannes 11,25)

Ich zitiere 1. Korinther 15,21: »So wie der Tod durch einen Menschen – Adam – in die Welt kam, hat nun durch einen anderen Menschen – Christus – die Auferstehung von den Toten begonnen.« Gott, der Schöpfer, ist auch der Herr über den Tod, über das Totenreich. Er hat die Macht, Tote wieder ins Leben zu rufen. Gott, der Schöpfer, hat seinen Sohn als den Ersten aus dem Tod zum Leben erweckt und ihn *zum Herrscher über die Könige der Erde gemacht. Der Tod Jesu Christi am Kreuz ist der Tod unseres Todes.* »Der Tod wurde verschlungen vom Sieg. Tod, wo ist dein Sieg? Tod, wo ist dein Stachel?‹ Denn die Sünde ist der Stachel, der zum Tod führt, und das Gesetz verleiht der Sünde ihre Kraft. Wir danken Gott, der uns durch Jesus Christus, unseren Herrn, den Sieg über die Sünde und den Tod gibt!« (1. Korinther 15,54-57) Dieses Ereignis hat zwar auf der Erde stattgefunden, aber das Geheimnis dieser *Erlösungstat* wurde zuerst in der unsichtbaren Welt erkannt.

Er liebt uns und hat uns von unseren Sünden befreit (Offenbarung 1,5)

Der Mensch hat zunächst auch zu dieser Wahrheit und Wirklichkeit und auch zu der die Auferstehung betreffend keinen Zugang. Die Offenbarungskraft des Heiligen Geistes muss in Kraft treten, um diese Wahrheit zu bezeugen. Auch dieser Satz drückt die ungeheure Wahrheit aus. Rechtfertigung des Sünders aus Gnaden besteht darin, dass Schuld von einem anderen, von Jesus Christus, stellvertretend gesühnt worden ist. *Die Apostelbriefe sind erfüllt von dieser den ganzen Kosmos verändernden Wahrheit und Wirklichkeit.* Paulus, der Heidenapostel, nennt dieses Geheimnis sein

Evangelium. Dieses Geheimnis ist die Grundlage jeder Seelsorge, jeder biblisch orientierten Therapie. Es wirkt besonders auch beim *Familienstellen auf biblischer Basis.*

Und hat uns zu seinem Reich und zu seinen Priestern gemacht (Offenbarung 1,6)

Auch dieses Geheimnis ereignet sich vor allem in der Verborgenheit. Eine königliche und priesterliche Würde und Macht ereignet sich überall dort, wo Menschen in Liebe, in Barmherzigkeit und Hilfsbereitschaft miteinander verbunden sind durch das Ereignis des stellvertretenden Sühnetodes Jesu Christi.

Ihm gehört alle Macht für immer und ewig (1. Petrus 5,11)

Dies ist der Höhepunkt apostolischer Botschaft, die von dem Apostel Johannes den damals schon sehr bedrängten und verfolgten Gemeinden in Kleinasien zugesprochen wird. Sie waren die ersten Christen, die sich auf den Märtyrertod vorbereiten mussten. Die Botschaft von der Herrlichkeit und der Macht des gekreuzigten und auferstandenen Christus ist für sie der einzig tragende Grund zur Freude und auch die entscheidende Kraft zum Widerstand gegen die Mächte und Mächtigen dieser Erde.

7.2 Die Dreieinheit des Bösen

Satan, die Macht zur Sünde, der Stachel des Todes

Der Trinität Gottes steht gegenüber eine dreifache Macht des Bösen, die am besten beschrieben werden kann: als eine *Macht der (oder zur) Sünde,* die unwiderstehlich zwingen kann, als ein »Stachel des Todes«, der unwiderstehlich, lustvoll quälen kann und als eine *personale Macht,* die in der Bibel mit dem Namen Satan bezeichnet wird.

Menschen leben immer, ob gewollt oder ungewollt, bewusst oder unbewusst, auch in einer Beziehung zu diesem Machtbereich. Der Machtbereich des Bösen existiert unabhängig vom Willen des Menschen. Damit spreche ich nicht nur das Schuldigwerden des Menschen an, sondern vor allem auch eine Macht, die zwingend »Böses will und tut« – häufig auch gegen die Absicht des Menschen, gegen seinen Willen. »Wenn ich Gutes tun will, tue ich es nicht. Und wenn ich versuche, das Böse zu vermeiden, tue ich es doch.« (Römer 7,19) Auch diese Wirklichkeit ist immer gegenwärtig.

Wer ist Satan?

Ganz genau weiß niemand, wer Satan ist. Nur Gott, der Schöpfer, weiß es, Jesus Christus weiß es, und die Apostel bezeugen es. Die Bibel redet schon am Anfang von einer »listigen Schlange«, die Eva verführt. Dieser erste Verführungsakt hat weitreichende und tief wirksame Folgen. 1. Mose 3 und die nachfolgenden Kapitel bezeugen das. *Satan,* vor seinem Fall ein Erzengel, der schönste und mächtigste aller geschaffenen Engelwesen (Jesaja 14,12-17), wirkt unsichtbar und verborgen mit einem großen Heer von gefallenen Engeln auf der Erde. Er kann nur aus Offenbarung durch den Geist Gottes erkannt und erfahren werden.[15]

Er war und ist von Anfang an sehr wirksam, mächtig, einflussreich und ist Urheber alles Bösen, der Urheber von Krieg, Terror, Massenvernichtung, Urheber von Lüge, Täuschung, Hass, Neid und Missbrauch aller Art ... Er ist Urheber aller früheren und

---

[15] Auch bedeutende Dichter und Philosophen ahnen seine Existenz (z. B: Goethe im Faust: »Den Teufel spürt das Völkchen nie, auch wenn er sie beim Kragen hätte.«)

modernen atheistischen Philosophien und Ideologien. Er ist der Menschenverächter, »von Anbeginn an ein Mörder« (Johannes 8,44), der nicht nur im Leben des Menschen, sondern überhaupt im *Kosmos Chaos* bewirkt.

Es ist wichtig und sehr bemerkenswert, dass die Bibel dieses *Schlangengeheimnis* erst sehr spät *enthüllt*. Erst Jesus Christus hat sehr offen von dem »Herrscher dieser Welt« (Johannes 12,31; 14,30) gesprochen. Auch die Apostel bezeugen diese Wahrheit (Epheser 2,2 und 6,12 u. a.). Erst am Ende der Bibel in Offenbarung 12,9-10 wird berichtet, dass sein Einfluss im Himmel gebrochen wurde.

Macht der Sünde

Die Bibel redet an sehr vielen Stellen von Sünde. Sünde ist nicht unbedingt identisch mit Schuld. Schuldigwerden ist menschlich, Sünde hingegen meint (aus meiner Sicht) eine bewusste Antihaltung gegen Gott und seine Wahrheit.

Seit dem *Fall des Menschen* in die Sünde kann nur die angenommene Rechtfertigung durch den Sühnetod Jesu eine Lösung bringen. Therapeutisch und seelsorgerlich gesprochen: Erst der Sühnetod Jesu befreit von Sünde als einer Macht, die zwingend wirkt, was oft nicht gewollt ist. Die *Falldarstellungen* und die *Genesis-Fallgeschichten* führen uns diese Macht in gestörten Beziehungen, in Zerreißproben aller Art, vor Augen. Warum erschlägt Kain seinen Bruder Abel? Warum kann er nicht bereuen? Warum leugnet er seine Tat? Warum kommt es in den folgenden Generationen zu einer immer größeren Gottesferne mit all den schlimmen Folgen? Es herrscht eine Macht in den Menschen, die zur Liebe unfähig macht. Diese verführt in der Regel, ob wir es wollen oder nicht, das zu tun, was wir eigentlich nicht wollen.

Mit diesen Sätzen soll das Schuldigwerden des Menschen nicht bagatellisiert werden. Aber es zeigt sich eine Verstrickungskraft in Menschen, der sie oft hilflos ausgeliefert sind. Diese Verletzungen ereignen sich immer in Beziehungen. Das Tragische hierbei ist auch die Wiederholungskraft, die in diesen emotionalen Verstrickungen deutlich in Erscheinung tritt. Es ist eine mehr oder weniger unbewusste Macht in uns, die uns zur Liebe unfähig macht, obgleich jeder sich danach sehnt. Diese Macht der Sünde wandelt sich häufig zu einer *Macht des Bösen*. Sie ist eine der entscheidenden Ursachen für *Zerreißproben bei Einzelnen, in Familien, Gemeinschaften, Gemeinden, Völkern, Religionen*. Ich spreche nicht als Theologe, sondern als Nervenarzt, Psychotherapeut und langjähriger Christ, der seit vielen Jahren die Bibel liest und manche Erfahrungen mit dieser Macht gemacht hat und immer wieder neu macht, nicht nur bei anderen, auch bei sich selbst.

Fazit

Jeder von uns erlebt diese Macht. Es ist ja nicht nur eine Schwäche oder irgendein Versagen, sondern im Grunde immer eine Macht, der wir mehr oder weniger ausgeliefert sind und ihr oft nicht widerstehen können und oft auch nicht wollen. Es ist die Macht einer listigen Schlange, hinter der sich damals wie heute der Gegenspieler Gottes verbirgt. Die Bibel bezeugt, Jesus Christus benennt das deutlich: Hinter dieser Schlange verbirgt sich der »Fürst dieser Welt«, damals wie heute.

Doch es gibt einen Unterschied im Beziehungsverhältnis des Menschen zu dieser Macht. Es gibt Menschen, die sich aus voller Überzeugung dieser Macht des Bösen ergeben, sich ihr ausliefern und zu Tätern dieser Macht werden. Es gibt aber auch sehr viele, vielleicht doch die überwiegende Mehrzahl der Menschen, die unbewusst, mehr oder weniger unerkannt, sich dieser Macht ausgeliefert fühlen. Sie wissen zu wenig davon und wollen es auch nicht wissen. Deshalb sind sie von der Kraft einer Rettung weit entfernt. Wir können in Bezug auf den Menschen von *Tätern* und *Opfern* dieser Macht sprechen. Es ist ja nicht nur eine Macht, der wir rettungslos ausgeliefert sind, sondern oft auch mehr noch wie ein *verführe-*

rischer Sog. Aus Verführung wird Gewohnheit, aus Gewohnheit, Abhängigkeit, aus Abhängigkeit entwickelt sich oft Sucht. Sucht kann von Siechtum abgeleitet werden, einer schweren Körperstörung.

Es ist sozusagen eine Lust zur Bosheit, der ich vielleicht noch widerstehen könnte, wenn ich wollte. Einer Macht der Sünde bin ich rettungslos ausgeliefert, etwa in der Rolle eines *Täters*. Ein Täter kann nicht mehr widerstehen. Er wird beherrscht von einer Macht, etwa als Mitglied in einem satanistischen Kult. Einer Macht zur *Sünde* könnte ich vielleicht widerstehen, wenn ich es wirklich wollte, etwa zu Beginn einer süchtigen Haltung, etwa dem rauschhaften Vergnügen (Sex, Porno, Alkohol, Nikotin usw.). Hier wirkt ein schleichend süchtiger Sog, der zur *Opferhaltung* führt. Sünde ist immer auch eine Macht, niemals nur eine harmlose Tat. Es wirkt eine Art von Wiederholungszwang, der in der Regel nicht mehr unter Kontrolle zu halten ist.

»Stachel des Todes« – was ist damit gemeint? Nicht nur jener Tod, von dem manche als von dem letzten Stündlein sprechen, sondern schon eher jene Macht, die uns gelegentlich das Leben zur Qual macht. Es ist unglaublich, wie und was manche Menschen erleiden und erdulden müssen. Nicht nur in Krankheiten, auch in den vielen Lebensdefiziten, denen Menschen ausgeliefert sind: häufig auch durch Missbrauch schon in sehr früher Kindheit, durch Ungerechtigkeiten, in Kriegen, Vernachlässigungen, Grausamkeiten durch Mitmenschen. Natürlich auch die Verzweiflung häufig vor dem endgültigen Tod für den Menschen, der keine Hoffnung hat auf ein zukünftiges Leben, sondern dem Tod als des Lebens letzter Grausamkeit gegenüberstehen muss und sich ihm ausgeliefert fühlt.

Der »Stachel des Todes« hat bei Familienaufstellungen eine besondere Bedeutung, nicht nur für Betroffene, die aufstellen, auch für den Therapeuten. Immer wieder stellt sich die Frage, ob gewisse Symptombildungen auch mit bereits früh oder spät verstorbenen

Angehörigen oder mit schwer Kranken zusammenhängen könnten, die nicht gewürdigt worden sind, sondern, was häufig vorkommt, in Langzeitkliniken verwahrt worden sind. Damit sind früh oder spät verstorbene Angehörige gemeint, aber auch abgetriebene oder früh verstorbene Kinder.

Zur Aufstellung gehören: *tot geborene, abgetriebene, schwer erkrankte, früh verstorbene Kinder. Angehörige mit schwerem Schicksal, Heimatvertriebene, Täter und Opfer, die in ihren Familien nicht gewürdigt worden sind, sondern vergessen, verachtet, ausgeschlossen waren und ausgeschlossen geblieben sind.*

Werden *Tote* aufgestellt? Immer wieder höre ich diese Frage. Antwort: Nein, es werden keine Toten aufgestellt. Es werden Menschen aufgestellt, die mit Erinnerungen des Aufstellers an verstorbene Bezugspersonen in Berührung gekommen sind und mit diesen Erinnerungen konfrontiert werden, damit Versöhnung stattfinden kann. Ich spreche hier weniger als Theologe, vielmehr als Therapeut und Seelsorger. Der Mensch hat nicht nur einen Körper, nicht nur eine Seele, sondern er ist auch *Geist.* Der Geist des Menschen ist nicht nur in seiner Beziehung zur Seele und zum Körper relevant, nicht nur zu seinem *Unbewussten*, sondern immer auch mit dem unsichtbaren Gott und seinem *Gegenspieler* in Berührung, ob gewollt oder ungewollt. *Der Geist des Menschen ist mit der unsichtbaren Welt des Geistes, auch im Totenreich, in Kontakt.* Aus diesem Grund gibt es Symptombildungen, die erst und vor allem durch Gebet in Verbindung mit *Seelsorge* zu behandeln sind. Dieses Vorgehen trifft auch auf *okkult belastete Menschen* zu. Im sogenannten Befreiungsgebet können in einer Gebetseinheit von zwei oder drei Betern immer wieder erstaunliche Freisetzungen erfolgen. Hier gilt das wunderbare Zeugnis in Offenbarung 1,17-18: »Als ich ihn sah, fiel ich wie tot vor seine Füße. Aber er legte seine rechte Hand auf mich und sagte: ›Fürchte dich nicht! Ich bin der Erste und der Letzte und der Lebendige. Ich war tot und bin lebendig für immer und ewig! Ich habe die Schlüssel des Todes und des Totenreichs.‹«

Auch Jesaja 28,15, Matthäus 4,16 und Römer 8,11 weisen auf diesen Zusammenhang hin.

Die Trinität Gottes und die Dreieinheit des Bösen sind die gewaltigen Gegenpole. Diese Grundmächte der gefallenen Schöpfung liegen in erbittertem Streit. Doch Gott der Herr ist Herr über alle und alles. Er sitzt auf dem Thron der gefallenen Schöpfung. Satan aber ist der »Herrscher dieser Welt«, wie Jesus ihn bezeichnet. Das bezeugen die *Zerreißproben* in verschiedenen Beziehungen. Wir können ihnen nicht ausweichen, wir können nicht entfliehen. Wir sind nicht nur aufgefordert, diese Realität ernst zu nehmen, sondern ihr mit Gottes Hilfe entgegenzutreten, sie zu entmachten in der Autorität, die den Menschen verliehen ist in der Bezogenheit auf die Trinität Gottes.

7.3 Der Mensch als Einzelner: als Mann und Frau, als Leib, Seele und Geist

Geist ist das Leben der Seele, Seele ist das Leben des Leibes. Gottes Geist ist Leben für unseren Geist. Dieser tiefe Beziehungszusammenhang verwirklicht sich in glaubenden Menschen. In Seelsorge und Therapie wird das immer wieder deutlich. In der Regel geht es dem Körper dann gut, wenn es auch der Seele gut geht. Der Seele geht es gut, wenn sie mit dem Geist Gottes in Berührung ist, der des Menschen Geist ermutigt und stärkt und zu dem lebendigen Gott hinzieht. Durch den Fall in die Sünde ist diese ungebrochene Lebens- und Liebesbeziehung zwischen Gott und Mensch verloren gegangen. Am Anfang der *Genesis-Fallgeschichten* wird darauf hingewiesen, zugleich jedoch sehr stark betont, dass Gottes Liebe unermüdlich darauf wartet, dass seine verlorenen Menschen sich ihm wieder zuwenden. Ich empfehle dem Leser an dieser Stelle, in den Fallgeschichten einzelne Abschnitte zu lesen. Aus meiner biblischen Erkenntnis ist in diesen Beziehungsangeboten Gottes das Leben des menschlichen Geistes definiert. Aus diesem Leben fließt

Leben für die Seele und den Leib. Aus Gott dem Schöpfer lebt die Schöpfung und ganz wesentlich das letzte und höchste Geschöpf: der Mensch als Mann und als Frau.

7.4 Der Mensch in der Familie: Vater, Mutter, Kind

Das empfangene Leben der Schöpferkraft Gottes darf der Mensch weitergeben. Er empfängt es als Mann und als Frau in gegenseitiger Abhängigkeit. Von Anbeginn der Schöpfung gilt: Mann-Sein gibt es nicht ohne Frau-Sein. Erst beide zusammen können Kinder gebären, Leben nach dem Schöpferwillen Gottes weitergeben. Kinder sind abhängig von beiden Eltern. Sie empfangen beides von ihnen: Gutes und Böses.

Auch nach dem Fall in die Sünde lebt der Mensch weiter unter dem Segen Gottes. Jedoch unter anderen Bedingungen. Er lebt nicht mehr im paradiesischen Schutzraum, sondern in einer Welt voller Anfechtungen und Gefahren. Die lebendige, paradiesische Beziehung des Geschöpfes zu seinem Schöpfer ist verloren gegangen. Von nun an ist der Mensch in der Familie ständig bedroht von einem unsichtbaren Feind, der sich auch weiter verborgen, kraftvoll und mächtig zeigen wird. Das Verführungsgeheimnis der Schlange bleibt bestehen. Erst sehr viel später wird es Jesus Christus offenbaren, wenn er vom »Fürsten dieser Welt« redet.

Einzelmensch und Familienmensch sind aufeinander bezogen. Die *horizontale* Beziehungsebene symbolisiert die sichtbare Welt des Menschen. Menschliches Leben ist aber immer auch bezogen, ob erkannt oder unerkannt, auf die *vertikale* unsichtbare Dimension des lebendigen Gottes und seines Gegenspielers. Das Symbol des Kreuzes verdeutlicht diesen Zusammenhang: Kreuz meint immer beides: *Beziehungskreuz des Menschen und Erlösungskreuz Jesu Christi. (Siehe Abb. 2, Seite 164)*

Beziehungskreuz umfasst die Gesamtheit menschlichen Leidens in Bezug auf Leib, Seele und Geist: Krankheiten des Leibes und der Seele, sämtliche Beziehungskatastrophen in Vergangenheit, Gegenwart und Zukunft. Sowohl die *Genesis-Fallgeschichten* als auch die *Fallgeschichten* zeigen es.

Erlösungskreuz bedeutet ein umfassendes Erlösungsgeheimnis. Der Tod Jesu Christi am Kreuz hat eine umfassende Erlösung bewirkt. Allein die Bibel bezeugt und offenbart uns, dass Jesus Christus die Macht dieses *Unsichtbar-Bösen* überwunden hat. Durch sein Opfer am Kreuz hat er diese Macht besiegt und uns die Möglichkeit verschafft, in seinem Namen unsere Zerreißproben und Beziehungskatastrophen zu überwinden. *Erlösungskreuz wirkt erlösend und heilend auf unser persönliches Beziehungskreuz in allen Formen menschlicher Zerreißproben. Der Tod Jesu Christi am Kreuz ist der Tod unseres Todes.*

Gottes Wesen ist unsichtbar und dem Menschen verborgen. Auch das Wesen der Schlange verbunden mit der Dreieinheit des Bösen ist dem Menschen verborgen. Beides muss den Menschen geoffenbart werden. Die vertikale Beziehungsebene symbolisiert diese unsichtbare Welt in der Verborgenheit.

Fazit

Beziehungskreuz und Erlösungskreuz verbinden die sichtbare mit der unsichtbaren Wirklichkeit, in der wir leben. Darauf wird unter dem Aspekt von Heil und Heilung noch ausführlicher eingegangen.

7.5 Das menschliche Herz in der Zerreißprobe von Hinfälligkeit, Bedürftigkeit und Ermächtigung

Anthropologie – Lehre vom Menschen					
A Philosophisch	**B Biblische Sichtweise**				
griechisch – abendländisches Denken: dualistisch statisch	hebräisches Denken: (AT und NT) ganzheitlich dynamisch; konkret; der ganze Mensch; die Person		griechische Übersetzung	deutsche Übersetzung	soteriologischer (=erlösungstheologischer) »Dualismus« (im NT)
Psyche/Seele – Geist	Ruah/»Geist« des Menschen/Wind/Lebensodem das Dynamische im Menschen Sinn, Gesinnung, Wehen, (Hintergrund: Geist Gottes)		Pneuma	Geist	geistlich (durch den Geist Gottes) 1. Korinther 2, 15; 3, 1
	Leb/Herz/Inneres/Verstand Mitte und Tiefe des Menschen Erkenntnis, Einsicht; Gewissen Absicht; Entschlossenheit; Denken		Kardia	Herz	ver – antwort – lich (personale Grundhaltung)
	Näfäsch/Leben/»Seele«/Person Person als Ganzes (Leib und Seele) lebendiges Wesen Atem; Hauch; Kehle; Selbst; Verlangen		Psyche	Seele	psychisch (noch unerlöste Stufe) 1. Korinther 2, 14; 15, 44; Judas 19
Soma/Leib	Baser/»Leib«/Verwandter/Fleisch Vergänglichkeit des Menschen bloß Mensch; das Hinfällige des Menschen		Soma Sarx	Leib/ Körper/ Fleisch	sündig (=»fleischlich«) 1. Korinther 3, 1

Abbildung 3

H. W. Wolff schreibt in seinem Buch »Anthropologie des Alten Testaments«: »Das in der Sprachlehre alttestamentlicher Anthropologie wichtigste Wort wird in der Regel mit Herz (hebr. leb) übersetzt.«[16] Sein Begriff *Hinfälligkeit* bezieht sich vor allen Dingen auf den Leib, *Bedürftigkeit* vor allem auf die seelische Beschaffenheit des Menschen, während *Ermächtigung* eine von Gottes Geist gewirkte, geschenkte Ausstattung mit Kraft bedeutet. Die Abbildung ist eine Zusammenfassung seiner nur im Text dargestellten Beschreibungen, die ich während eines Seminarvortrags von Professor SJ N. Baumert mitgeschrieben habe.

Das *Herz*, im Inneren des Menschen, ist die *Öffnung* für die Anrede Gottes an den Menschen. Wenn Gott *redet*, dann redet er zunächst und zuerst zum Herzen. Ein Wort aus den Sprüchen 3,5 kann das verdeutlichen: »Vertraue von ganzem Herzen auf den Herrn und verlass dich nicht auf deinen Verstand.« Aber nicht nur Nichtchristen, auch viele Christen fragen: »Wie ist das, wenn Gott redet, ich habe ihn noch nie gehört?« Die Frage lautet: »Wie höre ich Gott? Warum höre ich ihn nicht?« Offenbar hat Abel Gott gehört und Kain hat ihn nicht gehört. Abraham hat Gott gehört, auch Isaak und Jakob, jeder in der Sprache seines Herzens. Häufig haben sie nicht gut genug gehört, dann gab es Schwierigkeiten, bis sie wieder genauer hingehört haben, hören und dann auch gehorchen konnten. *Horchen* drückt noch genauer aus, was mit Hören gemeint ist. Hören auf Gottes Stimme ereignet sich im Herzen und auch Nichthören ereignet sich im Herzen. Jesus sagt in Johannes 14,15 (in einer Übersetzung von O. S. von Bibra): »Wenn ihr mich liebt, werdet ihr meine ›Weisungen‹ beachten.« Das ist mehr als »Gebote halten« (Lutherübersetzung). Weisungen muss man hören, Gebote kann man halten. Das Herz des Menschen ist herausgefordert zum Hören und Gehorchen. Das Herz des Menschen ist aber auch immer gefährdet zum Nichthören, die Bibel spricht dann von dem verstockten Herzen, das nicht mehr hören kann. Nehmen Sie ein-

---

[16] Hans Walter Wolff, Anthropolgie des Alten Testaments, Gütersloher Verlagshaus, Gütersloh 2002.

mal eine Kondordanz zur Hand, dort sind eine Fülle von Bibelstellen über das Hören genannt.

Gott möchte zu den Menschen eine *Beziehung* aufbauen, damit Leben gelingen kann. In der Beziehung geht es immer zuerst um das hörende und gehorchende menschliche Herz. Wenn des Menschen Herz Gottes Anrede hört und aufnimmt, gibt es *Lösungswege* aus den verschiedenen Zerreißproben. Sie erreichen immer zuerst das menschliche Herz, erst danach den Willen und den Verstand.

Abbildung 3 (Seite 179) zeigt, dass es mehrere Sichtweisen gibt, die Begriffe *Körper* (hebr. Basar) und *Psyche/Seele* (hebr. näfäsch) verständlich zu machen. Ich beziehe mich auf die ganzheitliche Sicht hebräisch-biblischen Denkens, die sich von dem griechisch-abendländischen, dualistischen Denken unterscheidet. Der Begriff Geist in Bezug auf den Menschen (hebr. Ruach) ist in dualistischem Sinn mehr der Seele zugeordnet. Im biblischen Denken sind diese Scheidungen durch *Bildworte* ersetzt, die ganzheitlich zusammenschauen, was im Menschen als Schöpfungswesen zusammengehört, zu einer Einheit verbunden ist. Diese Sicht nenne ich eine *beziehungsorientierte Schau*.

7.6 Schuld des Einzelnen und der Familie

Die Aufstellungen zeigen: *Der Einzelne wird in der Familie schuldig, die Familie wird am Einzelnen schuldig.* Die Falldarstellungen zeigen in besonderer Weise dieses *Gemeinsame*. Auch die Genesis-Fallgeschichten verbindet diese Gemeinsamkeit. Sie kann am folgenschwersten mit dem Ausdruck *Familienschuld* umschrieben werden. Familienschuld steht mit den Begriffen von *Bedürftigkeit* und *Hinfälligkeit* in enger Beziehung. Oder anders ausgedrückt: Bedürftigkeit und Hinfälligkeit sind sehr häufig Folge von Familienschuld. Außer dem verwundeten, menschlichen Herzen sind Körper und Seele unterschiedlich schwer betroffen. Bedürftigkeit bezieht sich mehr auf seelische Symptome: Menschen sind bedürftig nach Liebe, nach Anerkennung, nach Zuwendung, nach Bestätigung, ganz umfassend nach Wertschätzung, nach Bestätigtwerden. Väter und Mütter werden vor allem in der Familie an ihren Kindern schuldig, wenn sie die Bedürftigkeit ihrer Kinder nicht genügend wahrnehmen und bestätigen. *Hinfälligkeit* bezieht sich mehr auf körperliche Gebrechen. Vor allem bei alten Menschen, aber auch bei schweren Körperkrankheiten ist der Ausdruck Hinfälligkeit eine sehr treffende Beschreibung für die Erfahrung einer schweren Notsituation in einer Zerreißprobe.

Die stärkste Waffe gegen auszehrende Hinfälligkeit, Vergänglichkeit, schwere Krankheiten und Bedürftigkeit sind außer einer *guten Therapie Vergebung und Versöhnung mit den wichtigen Bezugspersonen, oft in Verbindung mit Heilungs- und Befreiungsgebeten in einem geschützten Raum unter der Leitung des Heiligen Geistes.*

7.7 Hilfen zur vertieften Selbsterfahrung

Ein Beispiel: Als Motivation zur Teilnahme am Seminar wird von einer Teilnehmerin die *Klärung der Elternbeziehung* angegeben. »Ich möchte einen Weg finden, um aus meinen körperlichen und seelischen Zusammenbrüchen herauszukommen.« Diese Zusammenbrüche bestehen im Wesentlichen aus Schwächezuständen im Sinne körperlicher und depressiver Erschöpfung, die nach Tagen oder oft erst auch nach Wochen wieder nachlassen, in der Regel auch ohne längere antidepressive Therapie.

Erst die Aufstellung zeigt als Ursache das *Störungsbild* in der Elternbeziehung, sodass vor allem diese Blockade therapeutisch aufzudecken und zu klären war.

Hier kann, wenn der Dialog mit den Eltern nicht zum Ziel führt, eine Stuhlübung mit dem *inneren Kind* einen Heilungsprozess ermöglichen. Denn häufig ist dem Erwachsenen nicht bewusst, dass immer auch *in uns* noch das Kind lebt, das wir früher waren, und, häufiger als angenommen, Ursache ist für Symptombildungen aller Art. In Kapitel 4 ist bereits darauf hingewiesen worden. Ich fasse noch einmal zusammen:

Bei dieser Übung nimmt der Erwachsene unter begleitender Anleitung des Therapeuten Kontakt auf mit der Vorstellung, dass gegenüber auf dem Stuhl der kleine Bub, das kleine Mädchen sitzt und sehnsüchtig darauf wartet, endlich von dem Großen, dem Starken gesehen und angenommen zu werden. Diese Übung dauert oft längere Zeit, gelegentlich wirkt sie auch sehr schnell. Es fließen Tränen. Starke Empfindungen von Verlassenheit und Angst kommen zum Vorschein, die in früheren Jahren erlebt worden sind, sich aber nie zeigen durften, weil Mama und Papa nicht verfügbar waren. Wenn diese Emotionen ans Licht kommen, werden Heilungserfahrungen möglich. Es wirken starke Heilungskräfte in der Seele, die auch auf den Körper einwirken.

In die gleiche Richtung zielt die *unterbrochene Hinbewegung*, bei der weniger der Kontakt mit dem inneren Kind, sondern der Kontakt mit einer Elternperson gesucht wird, die früher nicht genügend verfügbar war. Bei dieser Übung wird ein schwieriger, schmerzhafter Beziehungskonflikt zu *einer* wichtigen erwachsenen *Person* dadurch aufgedeckt, dass der Betroffene in Einzelschritten aus großem Abstand zu der betreffenden *Angstperson* Schritt um Schritt hingeht. Dadurch erfolgt eine *Hinbewegung Schritt für Schritt*. Es wird eine verborgene, stark emotional besetzte Beziehungsproblematik erkennbar, die mit der wirklichen Bezugsperson nicht wahrgenommen werden durfte. Es lebt nicht nur das *Kind in uns*, das wir früher waren, sondern auch die *bedeutenden Erwachsenen*, Eltern, Lehrer, Pastoren, die uns verletzt haben. Diese Übung macht besonders deutlich, welchen Inhalt, welche Bedeutung, welchen Sinn das Beziehungsproblem eigentlich hatte. Die immer größere Nähe bringt mehr und mehr die verborgenen, verdrängten Gefühle ans Licht und ermöglicht eine erstaunliche Vergewisserung der früheren Beziehungssituation. Eine Wiederholung dieser jeweils neuen *Beziehungssätze* führt vom Verstehen mehr und mehr auch zum *Fühlen* einer Wahrheit, die den eigentlichen Durchbruch zur Lösung bringt.

Diese *Konfrontation* auf emotionaler Ebene, häufig mit den nicht mehr lebenden Beziehungsangehörigen, häufig den *Großeltern,* bringt oft auch noch frühere, tiefer gehende Beziehungsaspekte ans Licht. Außer Körperempfindungen werden nicht nur seelische Bindungen, sondern häufig auch Belastungen deutlich wahrnehmbar, die mit *Geistmächten* dämonischer *Finsternis* verknüpft sind. Diese Zusammenhänge kommen häufig erst dann ans Licht, wenn noch eine *zweite* Person hinter die erste *aufgestellt* wird und plötzlich eine *frühere* Person oder eine andere wichtige Bezugsperson in Beziehung tritt und sich dadurch der entscheidende belastende Konflikt *offenbart.* Dadurch kommt eine Macht zum Vorschein. Ein Beziehungsgefühl wird empfunden, das in einer zweiten aufgestellten Person symbolisiert ist, z. B. *Selbstmord,* schwerster frühkindlicher (ritueller) Missbrauch, Sexsucht, Pornografie, Bindung an Geld, Macht, an Ideologien, z. B. Nationalsozialismus u. a. Diese *Mächte* zeigen sich in Aufstellungen immer wieder. Sie können, wenn sie aufgedeckt werden, erstaunliche freisetzende Wirkungen entfalten. Sie haben für Heilungserfahrungen hohe Bedeutung. Sie können in einer nachfolgenden *Gebetslossage* gebrochen werden.

Bei den *Falldarstellungen* ist häufig von diesen beiden Übungen die Rede gewesen. Der Therapeut muss entscheiden, ob und wann diese Übungen noch zusätzlich erfolgen sollen. Natürlich ist hierbei eine sehr vertrauensvolle Beziehung zwischen Therapeut und Klient unerlässlich, da diese Übungen sehr stark in den Bereich des Unbewussten hineinreichen und immer auch mit der Gefahr von Abhängigkeit gerechnet werden muss. Daher ist die Betonung *Familienstellen auf biblischer Basis*, im *Vertrauen auf die Kraft des Heiligen Geistes* unerlässlich, damit der Hilfsbedürftige nach diesen Therapieprozessen wieder in seine eigene Welt zurückkehren kann. An dieser Stelle ist auch die Betonung einer *Nacharbeit* sehr entscheidend. Aus meiner Sicht jedoch ist für den Therapeuten in besonderer Weise die Vertrautheit in einer lebendigen Gottesbeziehung von entscheidender Bedeutung. Letztlich kann natürlich kein Mensch, auch nicht der beste Therapeut und Seelsorger, die Last eines anderen Menschen auf Dauer übernehmen.

Auch die teilnehmenden *Gruppenmitglieder* sind von hoher Bedeutung für den Heilungsprozess des Einzelnen. Häufig können nach einer Aufstellung Gespräche und auch Gebete stattfinden, die den Heilungsprozess weiterführen und in die aktuelle Gegenwartssituation zurückführen.

7.8 Lebenskrisen in Verbindung mit Konfliktfeldern

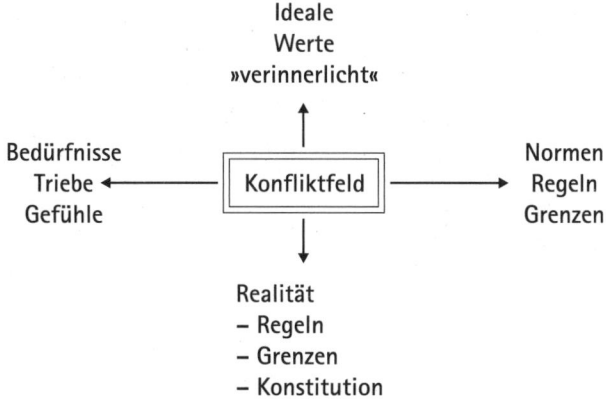

Abbildung 4

Häufige Ursachen religiös-neurotischer Spannungen

- Innere Konflikthaftigkeit im Allgemeinen
- Loyalitätskonflikte

- Konflikte zwischen Ideal und Realität
- Gefühle der Angst
- Schuld- und Versagensgefühle
- Konflikt zwischen Hingabe an Gott und Eigenverantwortlichkeit
- Konflikt zwischen menschlicher Einengung und christlicher Freiheit

Die Fallgeschichten zeigen schwerwiegende Lebenskrisen, die immer in Verbindung mit unserer biografischen Geschichte von speziellen Konfliktfeldern ausgelöst werden. Diese können in vier Grundbefindlichkeiten eingeordnet werden.

1. Jeder Mensch hat von Kindheit an grundlegende Bedürfnisse, Gefühle, Beziehungswünsche und auch verschiedene Lebenstriebe. Es ist die sogenannte *emotionale Ausstattung*.

2. Diese steht gegenüber einer grundsätzlich anderen und gegensätzlichen Ausstattung: Wir sind von *Normen, Regeln und Grenzen* bestimmt. Die emotionale Seite ist von früher Kindheit an sehr lebhaft und stark. Sie wird überwiegend von den Eltern mehr oder weniger einfühlend bestätigt oder abgelehnt. Im Gegensatz dazu wird die Grenze, die an Gebote, Verbote und Normen gebunden ist, verstärkt im späteren Jugendalter und im Erwachsenenalter erfahren.

3. Diesen Grundbefindlichkeiten stehen *Werte, Ideale, Lebensziele* gegenüber, die umso wichtiger werden, je älter der Mensch wird. Er möchte verwirklichen, was ihm an Wünschen und Lebenszielen vorschwebt, muss aber immer wieder erleben, dass diese Wünsche und Lebensziele häufig an Grenzen stoßen, die durch die äußere *Lebenssituation*, durch das unterschiedliche Umfeld, in dem jeder lebt, vorgegeben sind.

4. Diese Realität ist natürlich auch abhängig von der individuellen Persönlichkeitsausstattung, der *individuellen Konstitution* in Verbindung mit der speziellen *Begabung*, die in uns angelegt ist.

Diese unterschiedlichen *Konfliktfelder*, häufig im Vorfeld schwerer *Zerreißproben*, stehen immer in Verbindung mit *Lebenskrisen*. Lebenskrisen kennt jeder. Dabei ist die Frage, wie der Einzelne sie einordnet, damit umgeht. Lebenskrisen gehören zum Alltag. Erst schwerwiegende Lebenskrisen führen zu Entwicklungskrisen, häufig verbunden mit psychischen Störungen, die behandlungsbedürftig sind. Lebenskrisen sind immer eingebettet in unsere verschiedenen Beziehungskontexte: in berufliche und/oder familiäre Situationen, in schwierige Gemeinschaftskonstellationen, die sich krisenhaft zuspitzen können. Abbildung 4 (Seite 185) zeigt häufige Ursachen sogenannter religiös-neurotischer Spannungen im Sinne verstärkter, unbewältigter Konflikthaftigkeit. Lebenskrisen hängen aber auch sehr eng zusammen mit unserer leiblich-seelischen Verfassung.

7.9 Versöhnung mit dem inneren Kind

Die folgenden zwei Beiträge sind von Mitarbeitern geschrieben, die mit mir gemeinsam *Seminare zum Familienstellen auf biblischer Basis* gestalten. Sie berichten zeugnishaft und machen aus eigener Erfahrung deutlich, wie sehr Erwachsene im Guten wie im Bösen mit der vergangenen Lebensgeschichte nicht nur im Kontakt sind. Sie werden, mehr als wir ahnen, als Erwachsene von dem *inneren Kind* beeinflusst, denn:»In dir lebt das Kind, das du früher warst«.

Jesus liebt die Kleinen

Von Ch. Wachtel und E. Ösau

»Etwa zu dieser Zeit kamen die Jünger zu Jesus und fragten ihn: ›Wer ist der Größte im Himmelreich?‹ Da rief Jesus ein kleines Kind zu sich und stellte es vor sie hin. Dann sagte er: ›Ich versichere euch: Wenn ihr nicht umkehrt und werdet wie die Kinder, werdet ihr nie ins Himmelreich kommen. Deshalb: Wer so gering wird wie dieses Kind, der ist der Größte im Himmelreich«« (Matthäus 18,1-4) und »Lasst die Kinder zu mir kommen. Hindert sie nicht daran! Denn das Reich Gottes gehört Menschen wie ihnen.« (Markus 10,13-16)

Wir Erwachsenen sind zu einem Teil unserer Persönlichkeit noch Kind – das Kind, das wir einmal waren. Vielleicht kennen wir es gar nicht, vielleicht lebt es kaum noch, aber es ist da. Von diesem Kind spricht Jesus, wenn er sagt: »Ich versichere euch: Wenn ihr nicht umkehrt und werdet wie die Kinder, werdet ihr nie ins Himmelreich kommen.« (Matthäus 18,3)

Wir haben von frühester Kindheit an gelernt, wer wir sind, wie wir sein sollen, was gut und böse ist, wie wir uns zu verhalten haben und was wir tun müssen. Jedes Kind lernt das sehr schnell auf seine ganz eigene Weise und gemäß seiner speziellen Begabung und Lebensumstände. Was wir gelernt und erfahren haben, prägt heute noch weitgehend unser Verhalten, unsere Gefühle, unser Denken, unser ganzes Sein.

Wir haben heute noch in vielen Situationen die Gefühle von damals. Wir denken so, wie wir schon als Kinder gedacht haben. Wir verhalten uns in bestimmten Situationen noch genauso, wie wir uns als Kinder verhalten haben: klein und ohnmächtig gegenüber unserem allgewaltigen Vater, von dessen Wohlwollen wir abhängig waren. Dann werden wir uns in vielen Situationen heute noch so fühlen wie damals, vor allem gegenüber Autoritätspersonen, von deren Gunst wir abhängen.

Merkmale unseres inneren Kindes

Es zeigt Gefühle, besonders Ängste, Schmerz, Einsamkeit, Ohnmacht, Wut, Trotz, Freude, Begeisterung; unser spielerisches Element, Spontaneität, Neugier, Abenteuerlust, auch intuitive Fähigkeiten, Wünsche und Bedürfnisse. Es lebt aus dem Dasein.

Das Eltern-Ich in uns

Es kann sein, dass dieser ganze Bereich, den ich soeben beschrieben habe, nur noch sehr eingeschränkt in uns existiert. Wir leben vielleicht schon längst nicht mehr aus dem einfachen Dasein, sondern nur noch aus unserem *Tun*. Was zählt, ist das, was wir leisten. Unsere Spontaneität ist nur noch sehr wenig vorhanden. Wir verhalten uns äußerst kontrolliert. Die Gefühle sind unterdrückt, vielleicht kennen wir sie kaum. Wünsche, wo sind sie? »Was die anderen wollen, ja, das weiß ich, aber meine Wünsche? – Ich habe gar keine!« Ich darf keine haben.

Es kann auch sein, dass unser inneres Kind viel zu stark vorhanden ist und unser erwachsenes Dasein dominiert: wenn ich nicht bekomme, was ich will, oder wenn ich nicht in der Lage bin, Verantwortung für mich und andere zu übernehmen, und nur nach meinen Wünschen und Bedürfnissen lebe. Das hängt sehr davon ab, wie unsere Eltern damals mit uns umgegangen sind. So gehe ich heute mit mir um. *Nicht nur das innere Kind, sondern auch die inneren Eltern leben in uns. Wir gehen mit uns so ähnlich um, wie unsere Eltern damals.*

Vernachlässigung

Wenn wir wenig erlebt haben, dass Mama und Papa für uns da waren (warum auch immer), dass wir von ihnen angehört wurden, wenn sie wenig auf unsere Wünsche und Bedürfnisse eingegangen sind, dann haben wir begonnen, unsere Bedürfnisse, unsere Gefühle zu verdrängen. Die Folge ist der innere Satz: »Ich bin nicht wichtig, wie es mir geht, ist nicht gefragt.« Aber das hat wehgetan, auch wenn wir es verdrängt haben. Dann leidet unser inneres Kind heute noch genau so, ohne dass wir es vielleicht bemerken, weil wir ja unsere Gefühle nicht mehr wahrnehmen. Wir nehmen uns selbst nicht mehr wichtig. Dann leiden wir vielleicht unter Depressionen oder werden körperlich krank, aber wir verstehen nicht, was eigentlich los ist.

Übertriebener Zwang

Oft höre ich:
»Ich habe in meiner Kindheit extrem viel Kontrolle und Druck erlebt. Dadurch hatte ich wenig Raum, selber etwas auszuprobieren. Meine natürliche Neugier und Spontaneität wurden weitgehend abgetötet. Ich hatte kaum Lebensmotivation. Und ich hätte mich als Kind gerne umgebracht. Nur das Gebot ›Du sollst nicht töten‹ hat mich damals davon abgehalten. Ich hatte dabei Angst vor Gott. Ich bin auch in die passive Rebellion gegangen und habe das ›mich drücken vor dem, was ich sollte‹ zur hohen Kunst entwickelt. Heute noch habe ich zu kämpfen gegen die Haltung: ›Ich muss, aber ich will nicht.‹ Dabei ist heute das Muss meine eigene von meiner Mutter übernommene Stimme und das ›Ich will nicht‹ mein inneres Kind. Ich merke immer wieder, dass ich am besten arbeiten kann, wenn ich entsprechenden Druck habe, den ich mir heute (weitgehend unbewusst) selber mache (wie damals meine Mutter mir Druck gemacht hat).« (Zitat einer Patientin)

Verlassen werden

Ein traumatisches Erlebnis ist es für ein Kleinkind, in irgendeiner Form verlassen zu werden: für eine längere Zeitspanne oder sogar für dauernd. Das kann durch einen längeren Krankenhausaufenthalt z. B. der Mutter oder des Kindes, durch Scheidung oder Tod einer sehr nahen Bezugsperson geschehen.

Kleine Kinder, die so auf die eine oder andere Weise *verlassen* werden, können das natürlich nicht verstehen und interpretieren das falsch. Sie denken dann: »*Mit mir stimmt etwas nicht, ich bin nicht in Ordnung. Ich bin so schlimm, dass Mama oder Papa mich verlassen.*«

Oft haben sie ein tiefes Gefühl von »*Ich habe keine Daseinsberechtigung*« – auch noch als Erwachsene. Wenn wir einen solchen Mangel an Gefühl von Daseinsberechtigung haben, merken wir das im Allgemeinen kaum, weil wir uns nämlich selber genau so *verlassen*, einmal, weil das viel zu schrecklich ist (verständlich – aber nicht heilsam) und weil wir uns eben auch zu wenig um uns kümmern, wie die Personen, die uns damals *verlassen* haben.

Ich habe z. B. mein erstes halbes Lebensjahr auf der Säuglingsstation verbracht, weil meine Mutter durch meine Geburt schwer krank wurde und so lange zwischen Leben und Tod schwebte. Ich kenne die ständige Angst: »Ich bin nicht richtig« (auch noch verstärkt durch meine spätere Geschichte).

Nachgiebigkeit

Vielleicht haben uns unsere Eltern viel zu wenig Grenzen gesetzt. Vielleicht brauchten wir als Kind nur ein bisschen Terror zu machen, und schon bekamen wir, was wir wollten. Dann setzen wir unserem inneren Kind heute auch wenig oder keine Grenzen. Dann bestimmt unser inneres Kind unser Leben viel zu stark. Dann sind wir nur wenig in der Lage, als Erwachsene mit Erwachsenen zu kommunizieren, und machen uns und unseren Mitmenschen so das Leben schwer.

Wenn wir viel Schlimmes in unserer Kindheit erlebt haben, haben wir wahrscheinlich viele der damaligen Gefühle verdrängt, damit wir es überhaupt aushalten konnten. Dann kennen wir heute unsere Gefühle nur sehr wenig. Das kann bis dahin gehen, dass unser inneres Kind praktisch tot ist. Wir haben diesen Teil unseres Ichs *abgespalten.*

Uns selbst gute Eltern werden

Es gibt Hoffnung auf Veränderung. Wir können heiler werden. Ein Weg dahin ist, besser mit unserem inneren Kind umzugehen. Wir müssen lernen, unser inneres Kind zu lieben: es zu fördern, aufzubauen, zu stärken, auch ihm angemessene Grenzen zu setzen. Anders ausgedrückt: Wir können lernen, uns bessere Eltern zu werden, als unsere Eltern es uns gegenüber waren. Unterscheide:

zwischen kind*lich* und kind*isch*. Kindisch sind wir, wenn unser inneres Kind unser Erwachsenenleben bestimmt und wir uns kaum noch als Erwachsene angemessen verhalten. Sind wir in Kontakt mit unserm inneren Kind, dann werden wir uns so verhalten, dass wir gesehen, beachtet und angenommen werden. Wir selbst sind heute die besten Eltern für uns.

Unserem inneren Kind Grenzen setzen

Dabei ist es durchaus nicht notwendig, dass das innere Kind immer bekommt, was es will. Manche Wünsche lassen sich nicht erfüllen, entweder im Moment nicht oder gar nicht. Manche Wünsche sind sogar schädlich. Wenn mein inneres Kind sich hauptsächlich von Süßigkeiten ernähren will und ich ihm das immer erlaube, bin ich ihm keine gute Mutter. Hinter solchen Bedürfnissen steht ja auch etwas anderes, nämlich im Tiefsten die Sehnsucht nach Liebe, und die kann ich meinem inneren Kind auch auf andere Weise geben (hauptsächlich durch Aufmerksamkeit, Ernstnehmen und Auf-es-Eingehen).

Manchmal müssen wir unserem inneren Kind auch Grenzen setzen. Bedürfnisse können nicht immer befriedigt werden. Kinder akzeptieren Grenzen. Aber sie möchten, dass sie aufgenommen, angenommen und ernst genommen werden. Meist ist es schon gut für das Kind, wenn es einfach sagen kann, was los ist, und Mama oder Papa hören es wirklich an und gehen positiv darauf ein.

Mit unserem inneren Kind zu Jesus gehen

Mir ist bei alledem sehr wichtig, nicht bei diesem Kontakt zu unserem inneren Kind stehen zu bleiben, sondern mit ihm zu Jesus zu gehen. Sonst bleiben wir für uns allein. Nur bei Jesus finden wir wirkliche Heilung. In der Gegenwart Jesu können wir unser inneres Kind annehmen, bejahen, bestätigen. Es gibt dazu gute imaginative Übungen. In einer *Imaginationsübung* habe ich mir als Erwachsener immer wieder vorgestellt, wie ich im Bettchen im Krankenhaus gelegen habe, und Jesus saß an meinem Bett und hat mich gestreichelt. Manchmal hat er mich auch auf den Arm genommen und mich an sich gedrückt. Das war sehr wichtig für mich, da meine Mutter bei meiner Geburt an Wochenbettfieber erkrankt war und mich sechs Monate nicht besuchen konnte.

Missbrauch – persönliches Zeugnis

von H. Gunzelmann

Der folgende Beitrag schildert, wie sehr durch *Missbrauch* das Leben eines Kindes zutiefst erschüttert werden kann. Er zeigt aber auch, dass in einer umkämpften Beziehung in einer späteren kreativen Ehe seelsorgerliche und therapeutische Hilfe in diesem Prozess von hoher Bedeutung sind.

Erste Begegnung mit dem späteren Ehemann

»Vor 31 Jahren lernte ich meinen Mann kennen. Wir waren jung, sehr verliebt und total unerfahren. Wir wussten noch nichts von Prägungen, Beziehungserfahrungen, seelischen Störungen oder gar Zerstörungen. Dennoch mussten wir uns sehr bald mit dem, was vor allem ich an Ballast mit in unsere Beziehung hineinbrachte, auseinandersetzen. Nachdem wir uns vier Jahre kannten, zogen wir in unsere erste gemeinsame Wohnung mit dem Ziel, nach Rüdigers Studienende zu heiraten. Für mich war dieser Entschluss so viel wie der Himmel auf Erden. Ich glaubte endlich, all dem entronnen zu sein, was mich bis dahin bedrückt und gefangen gehalten hatte. Endlich konnte ich mein Elternhaus verlassen.

Frühe Kindheit

Was war in meiner Kindheit? Als Jüngste von sechs Kindern lief ich nur irgendwo am Rande so mit. Ich war halt da, mehr war nicht in meinem Herzen. Seit meinem zehnten Lebensjahr war ich überzeugt, ein Findelkind zu sein. Ich lebte vorher schon mit einem tiefen Gefühl der Verunsicherung; dass mit mir etwas nicht stimmen konnte. Ich hatte permanent ein schlechtes Gewissen und lebte in völliger Anpassung und großer Anstrengung, eine gute Tochter zu sein, und zusätzlich in großer Angst und ständiger Erwartung einer Katastrophe. Das Damoklesschwert hing spürbar über mir. Ich fühlte mich in meinem Elternhaus nicht willkommen, abgelehnt. Mein schlimmster Makel war, dass ich halt nur ein Mädchen geworden bin, wo doch Söhne in unserer Familie so hoch im Kurs standen. Für meine *Mutter* war ich zusätzliche Arbeit und, wie sie immer mal wieder sagte, ›ein Sargnagel‹, diejenige, die sie noch ins Grab bringen würde.

Wenn ich Leistungen erbrachte, mit denen sie sich schmücken konnte, war sie nur selten zufriedenzustellen, weil ich es ja immer noch besser hätte machen können. Wenn mein kindliches Herz bei anderen Menschen Zuwendung suchte, bekam ich ihre Eifersucht zu spüren. Als ich sieben Jahre alt war, verließ eine meiner Schwestern für eine Ausbildung unsere Familie. Auf meine Frage, warum sie denn wegginge, antwortete meine Mutter: »Weil du immer mit ihr streitest.« Das nährte ein bereits vorhandenes Schuldgefühl, dass ich an allem schuld sei, was in unserer Familie nicht klappte. In Krankheitszeiten war sie eine sehr liebevolle und besorgte Mutter.

Missbrauch

Meinen *Vater* erlebte ich als wortkargen Mann. Er sprach nur mit mir, um mich zu kritisieren oder um anzügliche Bemerkungen zu machen. Sonst richtete er das Wort nur an mich, wenn er von meiner Mutter als Strafvollzieher eingesetzt wurde. Noch heute sehe ich die Handbewegung vor mir, die ich so oft sah: Ich wurde abgewehrt wie eine lästige Fliege.

Ganz selten ließ er meine Nähe zu. Freiwillig kümmerte er sich nur um mich, wenn ich mich verletzt hatte. Meine Mutter war zu aufgeregt und ungeduldig, um mich dann zu verarzten.

An einem Wochenende erhielt mein damals noch sehr kindliches zwölfjähriges Herz seinen Todesstoß. Mein Vater nutzte die Gelegenheit auf seine Weise, indem er mich missbrauchte. Völlig durcheinander, konnte ich mich von ihm losmachen und floh zu meiner Mutter in die Küche, um ihr zu berichten, was er mit mir getan hatte. Sie nahm mich nicht in den Arm, tröstete mich nicht, erklärte mir völlig unaufgeklärtem Kind gar nichts. Ihre hilflose Antwort war: »Er ist doch dein Vater. Er hat ein Recht, sich an dir zu erfreuen.« Völlig zerstört, verzweifelt, alleingelassen, schutzlos, beschämt und beschmutzt blieb ich zurück.

Folgeerscheinungen

Meine Kindheit war in diesen Augenblicken beendet. Die nächsten fünf Jahre lebte ich wie ein Schlafwandler – nach außen funktionierend und innen betäubt. Was mir geschehen war, ordnete ich selbst als Antwort auf das ein, was mit mir nicht stimmte: Ich war nichts wert. Nur deshalb gingen die Menschen, die ich geliebt hatte, so mit mir um. Es ist eine Schande, ein Mädchen zu sein. Mädchen sind ein Ärgernis, ein Gebrauchsgegenstand. Aber etwas anderes erwachte auch ganz stark in mir: Ich wollte mich wehren. Ab diesem Zeitpunkt ging ich in *Rebellion,* wenn auch meist im Untergrund und nicht offen. Dazu hatte ich noch viel zu viel Angst vor der Macht meiner Eltern. In meinem Herzen wuchs eine bittere Saat heran.

Gleichzeitig wuchs genauso stark die abgrundtiefe Sehnsucht, geliebt zu werden. In diesen Jahren ließ ich mich bei jeder sich bietenden Gelegenheit auf sexuelle Handlungen mit Jungs und Mädchen ein. Ich war programmiert auf die Formel: ›*Willst du geliebt werden, musst du dich hingeben, sonst stirbst du an der verzehrenden Sehnsucht.*‹

Ich begann mich zu hassen, weil ich ohne Liebe nicht leben konnte. Es war ja meine Schuld, dass ich nicht geliebt wurde – ich war es ja nicht wert. Der Satz ›*Ich bin in unserer Familie nicht nur die Letzte, sondern vor allem das Letzte*‹ fraß sich tief in mein Herz ein. Mit dieser, mir kaum noch bewussten Zeitbombe im Herzen ging ich freudig auf Rüdigers Liebe ein und zog in Erwartung des großen Glückes mit ihm in eine Wohnung.

Symptombildungen

Nach einem Vierteljahr trauter Zweisamkeit entwickelten sich rätselhafte und erschreckende Dinge in mir; Mordgedanken gegen Rüdiger – Messer – Hände. Ich lebte wie in einem Labyrinth, gefangen. Ich war ständig über mich selber entsetzt und hatte nicht gedacht, zu so etwas auch nur in Gedanken fähig zu sein. Ich fühlte mich in der Hand einer bedrohlichen Macht. Das alte Damokles-Schwert hing spürbar über meinem Kopf – ich erwartete die verdiente Strafe für meine Schlechtigkeit. Gott hatte ja mein ganzes Leben lang schon darauf gewartet, mich endlich zu bestrafen, zu beseitigen. Wenn ich allein war, kam ich schier um vor Sehnsucht und Einsamkeit. Wenn Rüdiger da war, hatte ich Angst vor mir selbst, dass ich tun würde, wozu meine Gedanken mich zwingen wollten. Schlaflosigkeit, Appetitlosigkeit, Gewichtsverlust stellten sich ein.

Bis zu diesem Zeitpunkt hatte ich Rüdiger noch nicht anvertraut, was mich quälte. Aber er merkte, dass mich etwas belastete, und kümmerte sich sehr liebevoll um mich. Weihnachten schenkte Rüdiger mir eine Schneiderschere. Ich brach verzweifelt in Tränen aus: ›Du schenkst mir die Mordwaffe!‹

Rüdigers Reaktion: liebevolle, stundenlange, nächtelange, tagelange Gespräche – mit auf der Suche nach dem Grund für diese Gedanken. Ruhe und Beruhigung gingen von ihm aus: ›Ich weiß, dass du das nicht tust.‹ Beweis: Wenn wir nicht redeten, schlief er in aller Ruhe, wie ein Murmeltier neben mir. Ich wusste, dass ich in den Augen meiner Eltern jetzt erst recht keine gute Tochter mehr war, weil ich unverheiratet mit einem Mann zusammenlebte.

Nach langen Monaten der *Depression* ging es etwas aufwärts und wir setzten den Hochzeitstermin fest. Heute weiß ich, dass mein *inneres Kind* sich wehrte und denjenigen radikal beseitigen wollte, der mich wieder verletzen könnte. Schon einmal war mein Vertrauen missbraucht, meine Liebe mit Füßen getreten worden. Ich war getäuscht und zerstört worden. Das war durch unser Zusammenleben wieder zum Vorschein gekommen. Eheleben bedeutete für mein Inneres Bedrohung. Das hatte nicht hauptsächlich mit sexueller Beziehung zu tun, denn die hatten wir schon lange Zeit vorher.

Die nächsten Jahre unserer Ehe waren von der Geburt unserer beiden Söhne und vom Existenzaufbau geprägt. Wir hielten uns gemeinsam meine Eltern vom Hals, was bei mir meist von meinem schlechten Gewissen begleitet war.

Falsches Gottesbild

Mit der Zeit kristallisierte sich heraus, welches *Gottesbild* ich hatte. Der Gott meiner Kindheit war strafend, allmächtig, rachsüchtig und hämisch. Er lässt mich nur so lange leben, bis er Gründe genug gefunden hat, mich zu vernichten und in der Hölle schmoren zu lassen. Dass Gott Vater ist, hatte ich nie gehört und Jesus hatte keine Bedeutung. Die Kirche war für mich Stellvertreter Gottes auf Erden und die Pfarrer das Vollzugspersonal seines Willens. Die Frage nach unserem Elternbild enthält natürlich immer auch die Frage nach unserem *Gottesbild*. Des Menschen Gottesbild ist zunächst immer abhängig und geprägt vom Elternbild. Die tiefsten Sehnsüchte eines Kindes können nur von guten Eltern gestillt werden können. Später, für den Erwachsenen, eigentlich nur vom Vater im Himmel.

Ein besonders prägendes Erlebnis aus meiner Kindheit waren die alljährlichen Besuche eines *Onkels (Pfarrer)*. Durch sein Verhalten wurde mein Gottesbild bestätigt. Bei jedem Besuch war es seine Art, uns Kinder mit mindestens einer Ohrfeige zu begrüßen. Wenn wir uns wehrten, hielt er uns fest und schlug wieder zu. Meine Eltern taten nichts. Ich fühlte mich völlig schutzlos ausgeliefert, aber ich hatte Anwesenheitspflicht. Später beobachtete ich ihn im Verwandtschaftskreis bei *sexuellen Belästigungen*. Keiner gebot ihm Einhalt. Hochwürden hatte grenzenlos Macht und Freiheit für seine Willkür. Diese Haltung wurde mir allen Autoritäten gegenüber anerzogen. Ich hasste ihn. Dieses Gottesbild schüchterte mich ein, deshalb hielt ich Abstand von Gott. Aber Gott hielt von mir keinen Abstand. Er suchte mich.

Mein Verstand war in der Lage, mein Herz dazu zu überreden, dass Jesu Liebe auch mir gilt, trotz meiner dunklen und schmutzigen Vergangenheit. Die Aussagen über den himmlischen Vater überhörte ich. Dennoch entschied ich mich zitternd und noch voller Misstrauen zusammen mit meinem Mann für Jesus. Im Umgang mit ihm und anderen Christen spürte ich jedoch deutlich, dass mir etwas fehlte.

In meinem Herz waren die heimlichen Fragen und Anklagen: ›Gott, Jesus, wo warst du in meiner Kindheit? Hast du weggesehen, als ich dich so dringend gebraucht hätte? Liebst du mich wirklich? Warum hast du die Tat meines Vaters nicht verhindert? Bin ich dir weniger lieb und wert als andere, denen das nicht passiert ist? Denkst du auch, dass ich das verdient habe?‹ Mein Misstrauen trieb mich, alles zu hinterfragen – eine schwierige Zeit für meine Mitmenschen. Durch unsere Mitarbeit bei *Eheseminaren* begegneten wir einem Team, das all das ausstrahlte, was mir fehlte: Sie lebten in der Gewissheit der Liebe Gottes im Herzen, trotz aller Unzulänglichkeiten und Fehler.

In den Lobpreiszeiten wurden viele Lieder gesungen, die den himmlischen Vater beschrieben als einen liebenden und barmherzigen Vater mit offenen Armen, ja mit offenem Herzen, der schon lange Ausschau nach seinen Kindern hält und ihnen seine Liebe, seine Geborgenheit und Schutz geben möchte. Das alles ohne Vorbedingung. Ich hörte, dass er sich ganz besonders der zerbrochenen und geschundenen Herzen annimmt.

Neues Gottesbild

In der folgenden Zeit spürte ich, dass in diesen Augenblicken etwas Entscheidendes geschehen war. Die Liebe Gottes hatte mein Herz erreicht. Er hat meine Angst, mein Misstrauen, meine Vorbehalte überwunden. Jesus sprach unablässig weiter zu mir in Predigten, Liedern, in der Stillen Zeit: ›Vertraue mir, lass dich von meiner Liebe durchdringen. Dann weißt du, wie der Vater dich liebt. Der Vater ist so, wie ich bin, wie du mich kennengelernt hast. Er ist in mir und ich in ihm und du bist in mir.‹ Dennoch gab es immer wieder Unruhe in mir. Ich ließ dem Frieden, der Liebe nicht genug Raum. Ich hatte Gott gerade mal die Haustür geöffnet. Ich hatte ihn im Flur stehen lassen.

Tod der Mutter

Mittlerweile war meine Mutter gestorben. Jetzt war mein Vater allein. Gegen seinen Willen verpflanzt in ein Altenheim und erwartete von seinen Kindern, versorgt zu werden. Ich gehorchte, starkes Pflicht- und Verantwortungsgefühl trieb mich. Es war ein Spagat zwischen Familie und seinen Ansprüchen bei Tag und Nacht. Doch Rüdiger zog die Bremse, den Telefonstecker.

Ich funktionierte gut, sah seine Einsamkeit, fühlte mich schuldig; suchte Wege, ihn in unsere unmittelbare Nähe zu holen. Doch Rüdiger legte ein Veto ein: ›Ich sehe nicht zu, wie du kaputtgehst.‹ Er unterstützte mich nach Kräften, sowohl bei uns zu Hause als auch bei meinem Vater. Mein Vater übersah unsere Bemühungen, war nur unzufrieden, wollte, dass wir unsere Kinder zusammenpferchen, damit er bei uns wohnen könnte. Nahezu täglich rief er mich an, wegen irgendwelcher Kleinigkeiten, die unbedingt zu erledigen seien.

Wurzelbindungen kommen ans Licht

Ich hatte ein ständig schlechtes Gewissen, wenn ich Nein sagte. Seine alte Verhaltensweise mir gegenüber, mich zu übersehen, prallte mir wieder völlig ungebremst entgegen. Alte Schmerzen tauchten wieder auf. Er zog seine Söhne vor. In die Enge getrieben wurde ich, als er mich auch als Mutter unserer *Tochter* übersah – sie war ein blondgelocktes, blauäugiges kleines Mädchen mit besonderem Liebreiz. In ihr sah er immer meine Mutter, die auch so aussah. Alles, was ihm an ihr gefiel, hatte sie – laut ihm – von der Oma. Er wollte ständig in ihrer Nähe sein und mit ihr schmusen. Eine unerträgliche Situation für mich. Ich wäre in der Lage gewesen, ihn umzubringen, wenn er auch nur im Ansatz sich ihr genähert hätte. Ich tat alles, um das zu verhindern.

Das war eine schwere Prüfung für mein neu erwachtes Vertrauen zum Vater im Himmel.

Schwere Zweifel trieben mich um. Wieso hatte ich solche Gedanken, als Christ. Wo war meine Nächstenliebe? Ich hasste noch immer mit viel Kraft meines Herzens, war wütend wie eh und je. Ich wagte kaum noch zu beten, hasste mich für meine Unfähigkeit, hielt mich selbst für verlogen und heuchlerisch. Ich weinte viel. Meine alten Wunden schmerzten sehr. Auch zu Jesus wagte ich immer weniger zu sprechen. Ich wollte dennoch versuchen, ihm mein Herz erneut anzuvertrauen. Ich konnte nicht mit ihm darüber reden. Ich schämte mich schrecklich.

Tod des Vaters

Kurze Zeit darauf starb mein Vater mit 87 Jahren. Etwas in mir war mitgestorben. Zu Hause trug ich in meine Geburtsurkunde mein Sterbedatum ein. Ich versank in tiefe Hoffnungslosigkeit und wusste nicht warum. Ich rutschte ab in Depression und hatte Selbstmordgedanken. Ich war unfähig zu kämpfen und war wie gelähmt. Was mich zurückhielt, dieses Mal meinem Leben endlich ein Ende zu setzen, war die Liebe meines Mannes, die unserer Kinder und Gebete einiger weniger Menschen.

Da bat ich Gott, mich doch fallen zu lassen. Ich betete: ›Du hast doch nur Ärger und Last mit mir. Dauernd falle ich wieder um. Ich kann nicht vertrauen. Sieh es doch endlich ein, dass ich nichts wert bin. Beende doch diesen Zustand des Zerrissenseins. Überlass mich dem Bösen. Ich habe es verdient…‹ Ich suchte Informationen, was die Bibel mit Hölle eigentlich meint. Ich bat Gott im Gebet für meinen Vater: ›Herr, ich will nicht, dass er für das, was er mir angetan hat, in die Hölle muss. Ich will ihm noch einmal vergeben.‹

Vor *einigen* Jahren habe ich *meine Familie aufgestellt* und konnte den Stellvertretern meiner Eltern vieles sagen, was schon seit Jahren in mir kochte und brodelte. Ich erhielt bestätigende Antworten auf mein innerstes Empfinden und Denken, nämlich eine für mich lebenswichtige Aussage einer Seelsorgerin, *dass ich nicht selbst schuld an aller Last meiner Kindheit* war. Ich lernte auch mehr und mehr Gottes ganze Liebe zu erfahren, indem er mir ein neues ungeteiltes Herz gab, das inzwischen ganz fest mit ihm verbunden ist.«

8. Therapeutisches und seelsorgerliches Vorgehen in der Praxis

Die Beiträge dieses folgenden Abschnitts stehen in enger Beziehung zu den Fallgeschichten. Er handelt von Einzeltherapien. Diese können mit und ohne *Familienstellen* erfolgen. Vor allem ist zu betonen, dass nach den Aufstellungen zwar nicht immer, aber doch in aller Regel therapeutische und/oder seelsorgerliche Einzelkontakte im Sinne einer Nacharbeit wichtig sein können.

Den folgenden Abschnitt beginne ich mit drei Fallgeschichten persönlicher Therapie und Seelsorge.

8.1 Fallbeispiele

1. Fallbeispiel

Eine Patientin äußert nach mehreren Gesprächen in einem letzten Kontakt heftigen Schmerz, der immer stärker wird. Sie bricht in Tränen aus, weint und weint längere Zeit, bis sie sich allmählich beruhigen kann. Sie schildert, dass ihr Mann sie nach längerer Zeit einer glücklichen Beziehung verlassen hat. Nach mehreren intensiven Gesprächen, in denen sie alles an Schmerz, aber auch an Verzweiflung herauslassen konnte, ist sie als Christin allmählich zu einem *Vergebungsgebet* bereit. Sie spricht es zuerst allein. Danach kann sie ein tiefer gehendes *Versöhnungsgebet*, das ich ihr vorspreche, nachsprechen. Danach ist sie verändert. In einem späteren längeren Gespräch benennt sie noch weitere Einzelheiten einer schwer gestörten Beziehung zu ihrer *Mutter*. Später, nach Wochen, ist sie in der Lage, mit ihrer Mutter darüber zu reden, und ist erstaunt über die Offenheit und Gesprächsbereitschaft ihrer Mutter.

Diese Fallgeschichte bringt uns in Berührung mit dem Problem der *frühkindlichen Entwicklung.* In einem weiteren Gespräch kann die Klientin ausführlicher darüber reden. Frühe Störungen sind nahezu immer auch eine Ursache für spätere Beziehungsstörungen. Bei unserer Klientin wurde beim Nachfragen nach früheren Beziehungserfahrungen deutlich, dass besonders auch zum *Vater* eine schwierige Beziehung bestand. Die Frau sehnte sich sehr nach seiner Liebe, hat sie aber nie wirklich bekommen. Allmählich konnte sie erkennen, dass eine ähnliche Beziehungsproblematik auch zu ihrem *Mann* existierte. Die Schlüsselfrage nach dem aktuellen Konflikt ist immer: »Kennen Sie dieses Problem schon von früher?« Aktuelles hat immer mit Früherem zu tun, im Guten wie im weniger Guten. Die Fallgeschichten haben uns immer wieder mit diesem Problem in Berührung gebracht. Ein tief gehender *Verlustschmerz* war das Hauptproblem dieser Frau.

Diese Geschichte stellt die sehr wesentliche Frage nach unserem *Elternbild.* Das Elternbild unserer Patientin war sehr stark geprägt von einer unstillbaren Sehnsucht nach Geliebtwerden und Annahme von beiden Eltern, vor allem auch vom Vater. Ich habe diese Sehnsucht mit dem Ausdruck *Bedürftigkeit* benannt.

Die Frage nach unserem Elternbild enthält natürlich immer auch die Frage nach unserem *Gottesbild.* Das Gottesbild des Menschen ist zunächst immer abhängig und geprägt vom Elternbild. Der Leser hat gespürt und kann mir sicher zustimmen, dass die tiefsten Sehnsüchte eines Kindes nur von guten Eltern gestillt werden können. Später, für den Erwachsenen, eigentlich nur vom Vater im Himmel. Befreiungsgebet in Verbindung mit Versöhnungsschritten ist häufig die einzige Lösung.

2. Fallbeispiel

Am Ende einer längeren Beratung erzählt eine jüngere Frau Folgendes: Sie sei seit Kurzem befreundet mit einem wesentlich älteren Mann. Beide sind von Kindheit an dem christlichen Glauben zugetan. Der Freund verehrt sie sehr, möchte sie gerne heiraten und gibt ihr zu verstehen, dass er besser für sie sorgen wird, als es ihr Vater getan hat. Die Kindheit dieser Klientin in einem sehr frommen Elternhaus war geprägt von einem sehr *strengen Vater* und einer sehr *schwachen Mutter*. Die Klientin war beruflich nicht sehr erfolgreich, hatte aber immerhin eine gute Stelle in einem Büro. Sie kommt zu einem ambulanten Gespräch. Im Verlauf dessen wurden Einzelheiten ihrer Geschichte bei längerem Nachfragen und Zuhören ziemlich deutlich. Das Anliegen der Klientin ist, ob sie ihn heiraten solle. Sie befürchtet von ihren Eltern starken Widerspruch, da seine Beziehung zu ihren Eltern jetzt schon ziemlich schwierig sei. Der Freund war behütet aufgewachsen.

Es ist jetzt nicht meine Absicht, auf Einzelheiten weiterer Gespräche einzugehen. Ich versuchte, der Klientin in verständlicher Sprache die Zusammenhänge dieser vier Dreiecke zu verdeutlichen: Ihre persönliche Geschichte, ihre Verbindung zu beiden Eltern, ihre *Glaubensgeschichte*. Sie bejaht zwar ihren Glauben, kann aber wenig persönliche Erfahrungen damit machen. Mit ihrem jetzigen Freund möchte sie zusammen sein, muss aber befürchten, dass sie dann in erhebliche Konflikte zu ihren Eltern gerät.

Fazit

Die Klientin befindet sich derzeit in einer ziemlichen *Zerreißprobe*. Hin- und hergerissen zwischen zwei unterschiedlichen Wünschen, mehr noch: Sehnsüchten. Einmal, dem starken Bedürfnis, es ihren Eltern recht zu machen, zum anderen dem Wunsch, doch endlich herauszukommen aus der Abhängigkeit zu den Eltern und eine eigene Entscheidung zu treffen, mit allen Konsequenzen, die das bedeutet. Ich habe lange mit ihr über dieses Dilemma gesprochen und zum Schluss auch die Frage nach der *Macht des Bösen* erwähnt, die in diesem Beispiel eher verdeckt in einer starken Angst vor einer weitreichend künftigen Entscheidung zum Ausdruck kam. Die Lösung kam durch eine spätere Aufstellung ihrer Herkunftsfamilie: Sie fand den Mut, sich von der Dominanz ihres Vaters abzugrenzen, der trotz starker Frömmigkeit dem *Führerkult* ergeben war und bis heute noch ist.

3. Fallbeispiel

Ein Ehepaar mittleren Alters kommt zu einem Gespräch. Sie seien beide schon lange verheiratet und haben Kinder. Beide sind körperlich nicht allzu sehr gesund und kommen aus *kränklichen Familien.* Sie sind beide dem christlichen Glauben sehr verbunden. Seit einigen Wochen haben sie ein stärkeres Problem. Der Ehemann berichtet, dass in der Familie seiner Frau nach schwereren Krankheiten in einem bestimmten Lebensalter in der Elternfamilie und in der Großelternfamilie ziemlich zur gleichen Zeit, sie nennen das Alter, der jeweilige *Ehemann verstorben* sei. Jetzt seien sie beide ca. in dem gleichen Alter und sie hätten *Angst,* dass es auch in ihrer Ehe, also bei dem Ehemann, zu einem ähnlich frühen Tod kommen könne. Die Lösung von der Angst geschah nach einem *Absagegebet an die Macht der Angst* und der Absage an eine bestimmte *Familienschuld.*

8.2 Paarbeziehung, Vaterschaft, Mutterschaft und Kindschaft sind aufeinander bezogen

Nicht nur Abtreibungsprobleme, Kindesmissbrauch, Ehebruch in der Familie sind häufig und gefährden den Zusammenhalt in der Familie, es ist vor allem auch die Sprachlosigkeit der Paare; die Unfähigkeit, gemeinsam Konflikte zu besprechen, sie beim Namen zu nennen, vorhandene Beziehungswirklichkeiten einander zuzumuten im gegenseitigen Vertrauen, dass der andere nicht ausweicht, sondern zuhört.

»Die Sprachlosigkeit der Paare gilt unter PsychotherapeutInnen und Familientherapeuten/innen als die größte Bedrohung, sozusagen als die Ursache des weltweiten Beziehungssterbens. Unter denen, die heiraten, wird sich heute in Europa jede dritte Frau und jeder dritte Mann scheiden lassen. Das ist aber nur die Spitze des Eisbergs: Das Getrenntsein bei bestehenden Ehen ist noch viel umfassender und gravierender, wahrscheinlich schon der Normalfall«.[17]

»Es kommt darauf an, dass wir lernen miteinander wesentlich zu reden … die Ehe ist vor allem ein langes Gespräch … sich lieben heißt vor allem: sich verstehen, das ist: verstanden werden und sich verständlich machen.«[18]

»Die Abhängigkeit der Partner voneinander ist dem Bewusstsein so gut wie entzogen … in dieser Bewusstlosigkeit gegenüber der eigenen Beziehung sehe ich das Haupthindernis einer sinnvollen persönlichen Strategie für das eigene Leben. Nur deswegen werden heute die offenkundigen Symptome des ›Paar-Sterbens‹ – Gesprächsschwund, Scheidungsquoten, Kindermangel – selten im Zusammenhang gesehen.«[19]

»Eigentlich wollten wir einfach miteinander glücklich sein. Wir liebten uns, aber wir konnten nicht miteinander reden. Diese Sätze verdienten wegen ihrer Allgemeingültigkeit in Gold gefasst zu werden.«[20]

[17] Möller, M. L., Die Wahrheit beginnt zu zweit, Das Paar im Gespräch, Rowohlt, Reinbek bei Hamburg, 28. Auflage 2008, Seite 13.
[18] Möller, M. L., Die Wahrheit beginnt zu zweit, Seite 14.
[19] Möller, M. L., Die Wahrheit beginnt zu zweit, Seite 37 f.
[20] Möller, M. L., Die Wahrheit beginnt zu zweit, Seite 39.

»Sie treffen ins Schwarze: die Sprachlosigkeit der Paare, ihre Kommunikationskluft gilt unter Psychotherapeuten als die größte Bedrohung, ja als Ursache des weltweiten Beziehungssterbens. Die meisten Paare, die zu mir kommen, haben immerhin entdeckt, dass ihre Beziehung brachliegt. Sie wissen nicht mehr, wo sie eigentlich stehen. Sollen sie miteinander reden, zusammenbleiben oder nicht«.[21]

Lohnt sich ihre Beziehung überhaupt noch? ... Obwohl die Antwort auf diese Frage sehr einfach ist, brauchte ich Jahre, bis es mir schließlich wie Schuppen von den Augen fiel: »Erst wenn wir uns aufeinander beziehen können, halten wir unsere Beziehung lebendig.«[22]

Zusammen kann gelernt werden mit Scham und Schuldgefühlen umzugehen, eine gute Streitkultur zu entwickeln: »Streiten verbindet«, sagt ein Sprichwort. Das bedeutet: Wer zu Ende streiten gelernt hat, kann sich versöhnen. Sich in der Ehe lieben heißt vor allem, sich zu verstehen: Wir sind in Beziehung gezeugt, in Beziehung geboren und entwickeln uns in Beziehung. Ohne Beziehung ist menschliches Leben zum Scheitern verurteilt.

Fazit

Für eine gelungene Paarbeziehung, die Grundlage für eine gesunde Familie, sind folgende Aspekte zu betonen: initiativ werden, belastende Situationen können durch Aktivität gemildert und kontrolliert werden, sich kleine Ziele setzen, Zeit zu zweit reservieren, die gelungene Beziehung von Mann und Frau fördert auch die Selbstbeziehung, über Wesentliches sprechen, sich austauschen, um Leben und Welt gemeinsam zu erleben.

---

[21] Möller, M.L., Die Wahrheit beginnt zu zweit, Seite 13.
[22] Möller, M.L., Die Wahrheit beginnt zu zweit, Seite 13.

Dies alles bedeutet, dass gleiche Ereignisse durch verschiedene Lebensentwürfe anders gesehen, unterschiedlich erlebt, aber gemeinsam ausgetragen werden können. Hierbei ist Gleichberechtigung von Mann und Frau wichtig; die Akzeptanz des jeweils anderen setzt voraus, dass beide zielorientiert leben können und hierdurch Konflikte unter Kontrolle halten können. Es ist die Sehnsucht nach erfüllter Abhängigkeit, die uns fehlt, und mehr und mehr auch das Pochen auf immer stärkere Autonomie.

Das verletzte Kind

Es kann nicht genügend betont werden: Kinder brauchen, um sich gesund entwickeln zu können, eine *familiäre Ordnung und liebende Beziehungspersonen*. Das Kind gewinnt dadurch Urvertrauen und die Fähigkeit, sich zu binden. Bindungsverlust ist ein typisches Kennzeichen des modernen Menschen und er fängt immer in der sehr frühen Kindheit an, häufig als Folge eines Auseinanderbrechens der Familie: Was ich empfange, gebe ich weiter im Guten wie im Bösen.

Bindungsverlust ist immer verbunden mit einem Mangel an Geborgenheit. Diese Probleme haben Auswirkungen besonders auch auf die *Sprachentwicklung* der Kinder. Im späteren Leben kommt es zu mehr oder weniger schweren Identitätskrisen. Das bedeutet, dass der heranwachsende Jugendliche nicht mehr genau weiß, wer er selbst ist. Diese krisenhafte Entwicklung hat auch zur Folge, dass Unterschiede zwischen männlich und weiblich verschwimmen: Die *Identität wird unklar*. Das hat Auswirkungen auf die Kommunikationsfähigkeit. Es kommt zu Leistungsstörungen, zunehmender Verunsicherung, zu Minderwertigkeitsgefühlen und zu weiteren *Symptombildungen*: süchtigem, delinquentem Verhalten, depressiven und/oder aggressiven Störungen. Diese tauchen häufig schon bei Schulkindern auf.

Die Bedeutung der Mutter für das Kind
(schon während der Schwangerschaft)

Die verletzte Mutter ist in der Regel immer die ungeliebte Frau. Werner Gross beschreibt in seinem Buch »Was erlebt ein Kind im Mutterleib?« Ergebnisse und Folgerungen der pränatalen Psychologie: »Der Fötus ist als Partner in Interaktion mit der Mutter. Während der Schwangerschaft gibt es so etwas wie einen emotionalen Austausch zwischen Mutter und Kind. Das Kind erlebt sich ›im mütterlichen Ozean des Fruchtwassers‹ schwimmend schon als ein Sozialwesen. Es lebt nicht für sich allein, sondern steht in sozialem Austausch, in Interaktion mit der Mutter.«

Die Bedeutung des Vaters für Kinder

Diese wurde erst durch zahlreiche wissenschaftliche Studien in den letzten zehn bis fünfzehn Jahren genauer untersucht. Die Abwesenheit des Vaters hat schwerwiegende Auswirkungen auf die Entwicklung des Kindes – in erster Linie auf die kognitive Ausstattung:

1. Kinder sind in ihrer Schulleistung schwächer als andere.

2. Der Vater ist wesentlich für die moralische Entwicklung mitverantwortlich.

3. Kinder müssen lernen, sich an Regeln zu halten. Wird dieser Lernvorgang nicht eingeübt, gibt es schwerwiegende Benachteiligungen in Schule und Berufsausbildung.

4. Auch die psycho-soziale Entwicklung ist von der Beziehung zum Vater abhängig. Fehlt sie, sind Kinder nicht nur leistungsgestört, sondern auch ängstlicher, haben geringeres Selbstvertrauen, zeigen häufiger Verhaltens- und andere Persönlichkeitsstörungen. Es fehlt ein gesundes Selbstwertgefühl.

Zu beachten ist, dass die Kraft des Vaters auch sehr von der Mutter abhängt, ob Vater und Mutter aufeinander bezogen sind, zusammenarbeiten oder ob der eine Partner den anderen gegen die Kinder ausspielt.

Verhalten von Vätern

Das Verhalten von Vätern lässt sich in folgende Kategorien oder Stufen einteilen:

1. liebevoll, väterlich weich

2. liebevoll, streng gewährend, die ideale Mischung, der Vater kann zuhören, sich einfühlen und dennoch Normen setzen, Gebote und Verbote angemessen vermitteln.

3. weniger liebevoll, aber streng, ungerecht, auch selbstgerecht. Diese Väter sind meist vom eigenen Vater streng und hart behandelt worden – und geben das den Kindern wieder weiter.

4. streng, gerecht und hart: an der Grenze zum Missbrauch

5. der *missbrauchende* Vater: Er verbreitet beim Kind Verwirrung, zeitweise ist er liebevoll, dann wieder genau das Gegenteil.

6. im Extrem: der *sexuell verführende* Vater.

8.3 Grundannahmen einer tiefenpsychologisch fundierten, beziehungsorientierten Psychotherapie und Seelsorge auf der Basis eines biblischen Menschenbildes: Einige Wesensbestimmungen des Menschseins

Er ist ein *Geschöpf Gottes*, er ist ein *historisches Wesen*. Er hat eine Geschichte in Vergangenheit, Gegenwart und Zukunft, er ist ein *dialogisch-soziales* Wesen, er ist ein *gefallenes* Wesen und darum auch erlösungsbedürftig. Er ist eine *Person* als Dreieinheit von Leib, Seele, Geist. Diese Wesensbestimmungen sind aufeinander bezogen und sind nicht unabhängig voneinander zu denken. Sie bilden eine Wesenseinheit der Person nach Leib, Seele und Geist.

Der Mensch als Geschöpf Gottes, als ein gefallenes und darum erlösungsbedürftiges Wesen, diese Behauptung wird in der säkularen Psychologie nicht anerkannt.[23] Diese Aussage steht jedoch im Zentrum christlich-biblischen Denkens und im Mittelpunkt der Fallgeschichten. Sie verdeutlicht das charakteristisch Wesentliche der Genesisfamilien.

8.4 Heilungsschritte, Verstehensschritte und Versöhnungsschritte in Psychotherapie und Seelsorge

Heil und Heilung ereignen sich auf unterschiedliche Weise, in verschiedenen Erfahrungen. Damit dies gelingen kann, ist die Wahrnehmung der Trinität Gottes wichtig, denn die *trinitarische Gottesbeziehung* ermöglicht viele Schritte zur Hilfe und Heilung.

---

[23] Damit wird nicht behauptet, dass die säkulare Psychologie und Psychiatrie nicht auch über eine Vielfalt von Möglichkeiten der Hilfe und Heilung verfügt. Diese Möglichkeiten werden zunehmend verfeinert. Aber der wesentliche Aspekt der Heilung durch Vergebung und Versöhnung fehlt in aller Regel.

Die Erkenntnis des Bösen als einer unablässig auf den Menschen einwirkenden Macht verhilft zur Wahrnehmung besonderer Schwierigkeiten im Prozess dieser Hilfe.

Im Folgenden nenne ich *vier Versöhnungsschritte*: Heilungsschritte sind in der Regel auch auf Versöhnungsschritte ausgerichtet. Menschliches Leben ist immer schuldig gewordenes Leben und häufig schuldhaft verstrickt. Schuld braucht Sühne. Ohne Versöhnung kann Heilung nicht zum Ziel kommen. Während in den Heilungsschritten die Beziehung des Menschen zu sich selbst, zu seinen Gefühlen und Empfindungen, zu seinen Gedanken, die Beziehung zu sich selbst im Mittelpunkt steht und verändert werden soll, ereignet sich in der Versöhnung eine wesentliche Veränderung der Beziehung zum Nächsten, zu den verschiedenen wichtigen Bezugspersonen. Hierbei geht es im Wesentlichen um Lösung von Schuld in vier größeren Zusammenhängen. Die Schritte 1 und 2 sind auch im *Familienstellen auf biblischer Basis* von besonderer Bedeutung.

1. Schritt: *Versöhnung mit der Vergangenheit,* mit Eltern und Geschwistern.

Es ist Aufgabe jeder Psychotherapie und auch der Seelsorge, die *Vergangenheitswirklichkeit eines Menschen ans Licht zu bringen* und in einen Versöhnungsprozess hineinzuführen. Die früheren Beziehungserfahrungen konzentrieren sich zunächst auf die Personen von Vater, Mutter und Geschwistern, später dann auch auf wichtige Personen in Schule, Beruf und Gemeinde. Beziehungskonflikte wiederholen sich regelhaft, sodass jeder aktuelle Konflikt, der in einem Erstgespräch verdeutlicht werden kann, auf frühere Beziehungserfahrungen verweist.

1. Beispiel: Ein älterer Mann mit einer längeren Vorgeschichte kommt nach mehreren ambulanten Behandlungen in die Klinik. Ich sehe ihn in einer Visite und bestelle ihn zu einem Gespräch. Er klagt über vielerlei Symptome, häufige Ängste im Umgang mit Kollegen am Arbeitsplatz, Schlafstörungen, unruhige Träume, Kon-

taktstörungen zu seinen Kindern. Auf weitere Einzelheiten kann ich hier nicht eingehen. Nach einiger Zeit erkundigte ich mich nach der Beziehung zu seinem Vater und höre von ihm, dass dieser sehr ausgeprägt in den *Nationalsozialismus* verstrickt war. Wir können länger über diese Situation sprechen. Er ist bereit, an einem Seminar *Familienstellen auf biblischer Basis* teilzunehmen, da nicht nur die Beziehung zu seinem Vater, sondern auch noch andere wichtige Bezugspersonen seiner Vergangenheit mitbetroffen waren. Durch Aufdeckung der Beziehungszusammenhänge, Vergebung und Versöhnungsgebet hat er eine erstaunliche Freisetzung erlebt.

2. Beispiel: Eine etwa 60-jährige alleinstehende Frau kommt zur stationären Behandlung. Sie ist Krankenschwester und leidet sehr unter dem Alleinsein. Wegen depressiver Verstimmungen unterschiedlichen Schweregrades ist sie mehrfach in verschiedenen psychiatrischen Krankenhäusern stationär behandelt worden. Zeitweise standen aber auch Körperstörungen, vor allem arthritische Gelenkbeschwerden im Vordergrund. Im Verlauf der Gespräche unterhalten wir uns über ihren christlichen Glauben. Sie ist seit vielen Jahren Christin und gehört einer ziemlich strengen evangelischen Glaubensrichtung an. Bei den Gesprächen wirkt sie gut orientiert, intelligent und auch kritisch gegenüber Vorurteilen und Deutungen ihrer Mitmenschen, auch gegenüber Ärzten. Sie gibt mir deutlich zu verstehen, dass sie bisher noch von niemandem wirklich verstanden worden ist und längerfristige Hilfe erfahren hat. Nach längerem Zuhören und Schweigen frage ich mich in ihre Geschichte hinein und beginne, die vergangenen Lebensjahre bis in ihre Kindheit zurück, so gut es während eines mehrwöchigen Klinikaufenthaltes möglich ist, aufzudecken. Sie ist die Jüngste von mehreren Geschwistern, das einzige Mädchen. Die älteren Brüder wurden wesentlich mehr bevorzugt und höher geachtet. Die Mutter, einerseits ihre wichtigste Bezugsperson, einerseits liebevoll, aber andererseits auch sehr fordernd, hat sie früh auf den christlichen Glauben aufmerksam gemacht. Als es um das Verteilen des elterlichen Erbes ging, wurde sie nicht nur vom Vater benachteiligt, sondern sehr auch von der Mutter.

Fazit

Diese *Beziehungskränkung* habe sie sehr tief verletzt. Ein ganzes Leben lang konnte sie damit nicht fertig werden. In der Folge entwickelten sich vielfältige Beschwerden körperlicher, aber besonders auch seelischer Art.

2. Schritt: Versöhnung mit der belasteten gefallenen Schöpfungstiefe.

Damit sind schuldhafte Verstrickungen häufig von ganzen Familien gemeint, die in tiefere Bereiche der Vergangenheit zurückreichen. Diese sind in machtvollen Ideologien verwurzelt, in chronisch verhärteten, pathologischen Glaubenshaltungen, in religiösem Irrglauben, in destruktiven Kulten und sektiererischen Gruppen. Als Deutsche wissen wir, wovon hier die Rede ist. Über viele Jahrzehnte bestehende Schuld, die nicht gesühnt worden ist, hat schwerwiegende Folgen für Kinder und Kindeskinder. Auch hier sind oft erst (nicht immer) nach einer längeren Aufdeckungsarbeit Versöhnungsschritte angesagt, die auch noch nach Jahrzehnten entscheidende Veränderungen vor allem im seelischen Verhalten bewirken können.[24]

Die über Jahrhunderte dauernden kriegerischen Auseinandersetzungen der Völker, die sich gegenseitig bekämpfen und ausrotten, sind Kennzeichen dieser gefallenen Schöpfungstiefe. Nicht nur der einzelne Mensch im familiären Kontext, auch die gesamte Schöpfung selbst unterliegt einer *Gefallenheitsstruktur* und wartet sehnsüchtig auf Versöhnung und Erlösung. Erdbeben, Naturkatastrophen sind Kennzeichen dieser Gefallenheit. Auch die Schöpfung selbst ist der Vergänglichkeit unterworfen. Der gefallene Mensch bedient sich der Schöpfung nicht mehr in einer bewahrend-dienenden, sondern in einer ausbeuterisch-missbrauchenden Hal-

---

[24] Es darf nicht der Eindruck entstehen, dass Heilung immer möglich ist. In diesem Zusammenhang wäre auch auf viele Fragen im Einzelnen einzugehen.

tung. Die Folge sind wieder vielfache weitere Zerreißproben, die Völker und Einzelne treffen können.

3. Schritt: Versöhnung mit den gegenwärtigen schwierigen Bezugspersonen.

Neben Einzel- und Gruppengesprächen in Therapie und Seelsorge kann eine Beziehungsarbeit im Kontext des *Familienstellens, des Aufstellens der Gegenwartsfamilie* entscheidend sein.

4. Schritt: Versöhnung mit Gott, dem Schöpfer, dem Allmächtigen.

Dieser Versöhnungsschritt bezieht sich vor allem auf Ereignisse im persönlichen Leben, die schicksalhaft und besonders schwerwiegend sind und nicht verstanden werden können. Hier entsteht häufig die Frage: *Warum hat Gott es zugelassen?* Was ist der Sinn dieser schweren Erkrankung oder eines schweren Schicksals? Für uns Deutsche ist der Holocaust, der Terror durch einen *verbrecherischen Krieg* mit allen Ursachen und Folgen immer noch relevant. Wir haben darauf keine letztgültige Antwort und werden sie auch nicht finden. Die einzige Lösung: Gott allein weiß es wirklich und ich vertraue ihm.

Heilungsschritte sind auch Verstehensschritte. Sie ereignen sich zunächst in der Zweierbeziehung, aber auch in der Gruppe. Sie gestalten sich prozesshaft. Sie beginnen mit *Sehen-Hören-Schweigen.* Ich sehe mein Gegenüber, gleichzeitig höre ich und setze Satzpausen. Ich höre nicht nur auf Gesagtes und Mitgeteiltes. Ich höre und achte besonders auch auf nicht Gesagtes, Verborgenes, Verschwiegenes. Indem ich selbst höre und schweige, achte ich auf das Schweigen meines Klienten. Ich achte sehr auf *Blickkontakt* und suche ihn immer wieder. Ich achte auf die äußere Erscheinung, auf Sitzhaltung; insbesondere auf die Atmosphäre, die in unserer Beziehung mehr und mehr Gestalt annimmt, allmählich zu einer Ganzheit ausreift. Wenn ich spüre, dass ich mit meinem Patienten *am Ball bin*, ein Kontakt begonnen hat, frage ich genauer nach Symptomen und konzentriere mich hierbei mehr und mehr auf das aktuelle Konfliktfeld und spüre aus dem Aktuellen in Vergangenes, längst Vergessenes, nicht Wahrgenommenes zurück. Sehen, Hören, Schweigen gestaltet sich so zu einem ersten entscheidenden *Beziehungsakt*. Das Wort *Achtsamkeit* trifft vielleicht am besten das hier Gemeinte.

Wahrnehmen – annehmen – aushalten vertieft diesen ersten Beziehungsakt. Im Wahrnehmen nehme ich Beziehungswahrheit wahr. Ich erkenne und spüre Wahrheit, im Guten wie im Bösen. Verletzungen, Enttäuschungen, tief sitzende Kränkungen kommen nicht nur ins Blickfeld, sondern sie berühren das Herz. So sollte es jedenfalls sein. Aber nicht nur Verletzungen sollen wahrgenommen werden, sondern alles, was in der Tiefe des Gefühls sich in der Seele niedergeschlagen hat an schuldhaften Verstrickungen durch eigenes und fremdes Versagen, insbesondere auch durch alle Formen von Egoismen. Nicht nur Empfangenes gestaltet Beziehungswahrheit, sondern vor allem auch Getanes, an andere weitergegebenes Verhalten in Worten und Taten: die bewussten und die unbewussten, die erinnert werden sollen.

Dieses Wahrgenommene muss dann *angenommen* werden. Zunächst und zuerst muss es der Therapeut annehmen, nicht nur einfach stehen lassen, sondern in sein Herz aufnehmen, und so gut wie möglich seinem Klienten vermitteln, dass er in seiner Beziehungsganzheit angenommen ist. Diese angenommene Beziehungsganzheit muss dann auch *ausgehalten* werden. Der Therapeut ist es, der die Last dieser sehr schlimmen, oft unglaublich schlimmen Beziehungsganzheit aushalten kann und dadurch seinen Klienten entlastet, sozusagen von seiner Last stellvertretend vorübergehend befreit. Der christliche Therapeut kann dann an den *trinitarischen Gott der Liebe* diese Wahrheiten zurückgeben.

Der dritte Beziehungsakt: *Verstehen – deuten – durcharbeiten*.
Ein Beispiel möge diesen Akt verdeutlichen: Eine Mutter kommt mit ihrem fünfjährigen Kind zu einem ambulanten Gespräch. Sie berichtet von zunehmenden Essstörungen ihres

kleinen Buben. Bei einigem Nachfragen ergibt sich, dass diese Essstörungen aufgetaucht sind, seitdem der Ehemann, der Vater des Kindes, aus der Wohnung ausgezogen ist. Diese neue Lebenssituation hat das seelische Gleichgewicht der Mutter erheblich ins Wanken gebracht und bewirkt, dass der Kleine nicht mehr normal essen konnte. Diese *Deutung* eines Symptoms ergibt sich aus dem *Verstehen* einer Beziehungssituation. Sie kann nicht bewiesen werden, aber im Verlauf der Gespräche über die Beziehungssituation zwischen Mutter und Vater wird diese Deutung immer wahrscheinlicher.

Deutung und Durcharbeiten von Symptomen

Krankheitssymptome enthalten regelhaft Botschaften aus aktueller und früherer Beziehungsgestörtheit. Sie müssen gedeutet werden. Auch Körpersymptome sollten nach einer möglichen psychischen Ursache hinterfragt werden. Durcharbeiten meint nicht nur darüber reden, sondern vor allem Zusammenhänge erkennen und verstehen zwischen Hier und Jetzt und dem, was früher war. Wo sitzen die *eigentlichen* Ursachen und Hintergründe von Lebensproblemen, die zu bestimmten Symptombildungen geführt haben? Das Ziel dieser *Beziehungsarbeit* ist, allmählich den *Sinn des Lebens* zu erkennen: Wofür lebe ich? Was will ich im Leben erreichen? Was kann ich? Wo sind meine Grenzen? Ein weiteres Ziel könnte mit *Ganzheit, mit Reife zur Ganzheit* umschrieben werden. *Aus biblischer Sicht hat jeder Mensch eine Berufung, die errungen werden, erkämpft werden kann, aber immer auch durch Widerstände hindurch gehalten werden muss.*

Für mich ist das *Fußballspiel* (ich selbst spiele immer noch gerne Fußball) eine gute Metapher, ein Bild für kämpferisches Leben. Das eigene Tor bewachen und Tore schießen. Beides ist wichtig. Gewinnen kann nur, wer beides gelernt hat und möglichst gut beherrscht, natürlich nicht nur beim Sport, sondern der Einzelne in seinem speziellen Tätigkeits- und Berufsumfeld.

8.5 Psychotherapie und Seelsorge: ein integrativer Prozess

Ein integratives Modell Psycho-Therapie und Seelsorge
E. Scharrer

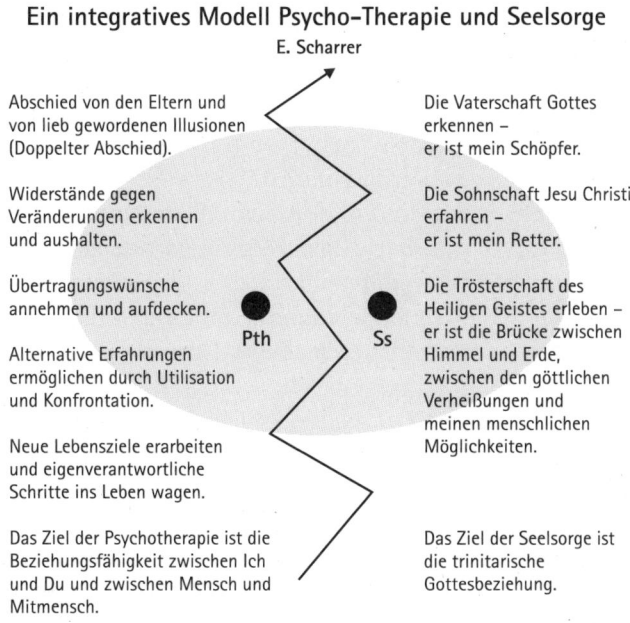

Abschied von den Eltern und von lieb gewordenen Illusionen (Doppelter Abschied).

Die Vaterschaft Gottes erkennen – er ist mein Schöpfer.

Widerstände gegen Veränderungen erkennen und aushalten.

Die Sohnschaft Jesu Christi erfahren – er ist mein Retter.

Übertragungswünsche annehmen und aufdecken.

Pth

Ss

Die Trösterschaft des Heiligen Geistes erleben – er ist die Brücke zwischen Himmel und Erde, zwischen den göttlichen Verheißungen und meinen menschlichen Möglichkeiten.

Alternative Erfahrungen ermöglichen durch Utilisation und Konfrontation.

Neue Lebensziele erarbeiten und eigenverantwortliche Schritte ins Leben wagen.

Das Ziel der Psychotherapie ist die Beziehungsfähigkeit zwischen Ich und Du und zwischen Mensch und Mitmensch.

Das Ziel der Seelsorge ist die trinitarische Gottesbeziehung.

Abbildung 5

Die Abbildung zeigt, wie Psychotherapie und Seelsorge zusammenwirken können. Zugleich versucht diese Abbildung zu zeigen, wie Heil und Heilung integrativ gelingen kann.

Das Symbol der grauen Ellipse[25] veranschaulicht die Gesamtheit unserer menschlichen Beziehungserfahrungen, die zu Zerreiß-

---

[25] Die Idee dieser Ellipse habe ich von Th. Weil, einem Transaktionsanalytiker, übernommen, die Themenverarbeitung der rechten Spalte ist von mir, die von ihm benannten Themen auf der linken Seite der Abbildung sind jedem Therapeuten gut bekannt. Die Seelsorgethemen werden gemeinsam mit den Ratsuchenden benannt. Das Gebet spielt hierbei die entscheidende Rolle.

proben geführt haben. Der linke Brennpunkt verweist auf den Aspekt der Psychotherapie, der rechte Brennpunkt auf den Aspekt der Seelsorge. Die verschiedenen Psychotherapiethemen sind auf der linken Hälfte, die Seelsorgethemen auf der rechten Hälfte der Abbildung benannt. Die Zickzacklinie symbolisiert den Themenwechsel, der sich im Gespräch ergibt.

Die Themen in der Psychotherapie

Abschied von den Eltern und den damit verbundenen kindlichen Sehnsüchten und Wünschen. Zurückweisung unberechtigter Forderungen und Anklagen der Eltern. Beziehungsklärung zu den Eltern auf einer neuen reifen Ebene, zu Geschwistern und anderen wichtigen Bezugspersonen innerhalb der Familie.

Aktuelle *Lebensprobleme* bearbeiten (Widerstände gegen Veränderungen erkennen, aushalten und aktiv loslassen).

Übertragungswünsche annehmen, aufdecken und in verschiedenen Beziehungssituationen klären, z. B. einer Frau mit einer starken *Vaterübertragung* gestatten, dass jetzt vorübergehend der Therapeut *wie ein guter Vater* angenommen werden kann und soll. Diese verschiedenen *Übertragungspositionen* zulassen können, ist häufig sehr entscheidend für die Hilfe.

Neue *Lebenserfahrungen* einüben, neue *Lebensziele* erkennen und eigenverantwortliche *Schritte* in die verschiedenen Lebensbereiche,vor allem in Familie, Beruf und eventuell auch in der Gemeinde wagen. Diese Themen sind zu ergänzen und mit jedem Klienten entsprechend seiner Situation zu gestalten.

Fazit

Das Ziel der Psychotherapie ist Beziehungs- und Bindungsfähigkeit zu sich selbst und zu anderen Mitmenschen.

Die Seelsorge kennt im Wesentlichen drei Ziele

Die *Vaterschaft* Gottes erkennen: Er ist mein Schöpfer. Die *Vaterproblematik* ist eine häufige und sehr entscheidende Krisensituation im Leben vieler Klienten und bedarf einer geduldigen Anleitung, um das *Vaterbild* Gottes zu erspüren und dann annehmen zu können.

Die *Sohnschaft* Jesu Christi erfahren: Er ist mein Retter, mein Erlöser. Leben und Leiden und die sieghafte Kraft der Auferstehung von den Toten sind die entscheidenden Wahrheiten, die in die Betroffenheits- und Verletzungsgeschichte eines Menschen hineinwirken, wenn schuldhaftes Versagen ans Licht kommt, wenn Vergebung und Versöhnung aus eigener und fremder Schuld sich ereignen kann.

Die *Trösterschaft* des Heiligen Geistes erleben: Er ist die Brücke zwischen Himmel und Erde, zwischen den göttlichen Verheißungen und den menschlichen Möglichkeiten. Der Heilige Geist schafft im Betroffenen ein neues Hörvermögen für die entscheidenden unsichtbaren Wahrheiten der Bibel. Glauben können, was nicht zu sehen ist, was nicht zu verstehen ist; annehmen können, was menschlich nicht zu begreifen ist.

Fazit

Das Ziel der Seelsorge ist die *trinitarische Gottesbeziehung*.

Noch einige persönliche Erfahrungshinweise:

1. Leib, Seele und Geist des Menschen dürfen und sollen in einer Einheit gesehen werden. Diese Einheit ereignet sich, wenn Gottes Geist, der Heilige Geist, vom Menschen die Erlaubnis bekommt, Einfluss zu nehmen auf Körper und Seele. Meine Fähigkeit zu bewusster Entscheidung, mein Geist, ist dabei sehr aktiv. Bei Körpersymptomen und seelischen Symptomen bete

ich, dass Gottes heilender Geist meinen Klienten berührt: »Heile du mich, Herr, dann werde ich gesund, hilf du mir, dann ist mir geholfen.« (Jeremia 17,14)

2. Das kann nur gelingen, wenn über die Erfahrung von Christi Sühnetod eine Neuschöpfung geschehen ist und geglaubt wird: »Er nahm unsere Krankheiten auf sich und trug unsere Schmerzen. Und wir dachten, er wäre von Gott geächtet, geschlagen und erniedrigt! Doch wegen unserer Vergehen wurde er durchbohrt, wegen unserer Übertretungen zerschlagen. Er wurde gestraft, damit wir Frieden haben. Durch seine Wunden wurden wir geheilt!« (Jesaja 53,4-5)

3. Das bedeutet: Hinfälligkeit und Bedürftigkeit des Körpers und der Seele bleiben zwar bestehen, sie sind aber immer in Beziehung zu Heil, Heilung und Leben aus dem Glauben an Christi Auferstehung. In der Erfahrung dieses Wunders der Erlösung sind sie entmachtet. Dieser Glaube in und aus der Kraft des Heiligen Geistes hat ungewöhnlich schöpferische Kraft. (Johannes 4,10-14) Auch im Tod, auch im Schmerz, in allen möglichen Lebenskatastrophen leuchtet dieses unvergängliche Geheimnis auf und verwandelt die Schrecken der Angst und Verzweiflung.

4. Die Vaterschaft Gottes hat des Menschen Kindschaft zur Folge: Erkenne ich durch den Geist Gottes auf Grund des Sühneleidens Jesu und des Wunders seiner Auferstehung von den Toten die Macht der Stellvertretung, d. h. die Macht der stellvertretenden Sühne für meine Schuld und Sünde, dann bin ich nach biblischer Auskunft Gottes geliebtes Kind ohne mein eigenes Zutun. Ich bin sein Sohn, seine Tochter und bleibe es ungeachtet aller menschlichen Gegengründe. Alles Menschlich-Irdische ist nicht mehr losgelöst vom himmlisch Ewigen.

5. Das bedeutet: Es gibt kein Ende des Lebens. Da der dreieinige Gott ewig, allmächtig, allein vollkommen ist, bin ich als erlöster Mensch auch zur Ewigkeit erlöst und berufen.

6. Die verschiedenen Formen des Gebets in Verbindung mit den Worten der Bibel vergewissern immer wieder neu diese Erfahrung der trinitarischen Gottesbeziehung.

8.6 Zusammenfassung gesicherter biografischer Schutzfaktoren und Risikofaktoren im Hinblick auf die Entstehung psychischer und psychosomatischer Erkrankungen

Schutzfaktoren

- Dauerhafte, gute Beziehung zu mindestens einer primären Bezugsperson
- Großfamilie/kompensatorische Elternbeziehungen/Entlastung der Mutter
- Gutes Ersatzmilieu nach frühem Verlust der Mutter
- Überdurchschnittliche Intelligenz
- Robustes, aktives und kontaktfreudiges Temperament
- Sicheres Bindungsverhalten
- Soziale Förderung (z. B. Jugendgruppe, Schule, Kirche etc.)
- Verlässlich unterstützende Bezugsperson(en) im Erwachsenenalter
- Lebenszeitlich späteres Eingehen schwerer auflösbarer Bindungen (zum Beispiel in Ehe oder (Ersatz-)Familie), geringere Risikogesamtbelastung
- Mädchen insgesamt weniger verletzlich als Jungen
- Erfüllung im Beruf

Risikofaktoren

- Niedriger sozio-ökonomischer Status
- Mütterliche Berufstätigkeit im ersten Lebensjahr
- Schlechte Schulbildung der Eltern
- Große Familien und sehr wenig Wohnraum
- Kontakte mit Einrichtungen der sozialen Kontrolle
- Kriminalität eines Elternteils
- Chronische Disharmonie/Beziehungspathologie in der Familie
- Unsicheres Bindungsverhalten nach dem 12.–18. Lebensmonat
- Psychische Störungen der Mutter und des Vaters
- Schwere körperliche Erkrankungen der Mutter oder des Vaters
- Alleinerziehende Mutter
- Autoritäres Verhalten des Vaters
- Verlust der Mutter
- Häufig wechselnde frühe Beziehungen
- Sexueller und/oder aggressiver Missbrauch
- Schlechte Kontakte zu Gleichaltrigen
- Altersabstand zum nächsten Geschwister (länger als 18 Monate)
- Uneheliche Geburt

Diese Faktoren geben einen guten Überblick über die Entwicklung des Kindes und beantworten in vieler Hinsicht die Frage, wie in der Familie bei Kindern Zerreißproben entstehen und vermieden werden können. Beziehungsprobleme beginnen häufig schon in der sehr frühen Kindheit, oft schon im Mutterleib. Die frühe Ablehnung eines Kindes hat weitreichende Folgen für das spätere Leben. Es scheint, dass die säkulare Psychologie und Soziologie diesen Grundlagen menschlicher Entwicklung: dass Kindschaft immer bezogen ist auf Vaterschaft und Mutterschaft, nicht mehr zustimmt. *Ablehnungserfahrungen* wiederholen sich in der Regel immer wieder, sie gestalten sich zunehmend unterschiedlich, je mehr Bezugspersonen das spätere Leben des heranwachsenden Kindes beeinflussen, im Guten wie im Bösen.

9. Der »ermächtigte Mensch«

Was meint der Ausdruck Ermächtigung?

Ermächtigung ist Ausdruck einer vertieften Gotteserfahrung. Sie wird bei Abraham deutlich. Sie drückt sich sehr stark in der Lebensgeschichte des kleinen und großen Josef aus. Nach seiner unglaublich schlimmen Erfahrung mit seinen Brüdern, die ihm, dem Kleinen, seine Geborgenheit in der Familie rauben, ihn in ein fremdes Land verkaufen, gibt Gott ihm diese Erfahrung der Ermächtigung. Schon im Hause des Potifar, aber noch mehr im Gefängnis, heißt es: »Potifar bemerkte, dass der Herr mit Josef war und ihm in allem, was er unternahm, Erfolg schenkte.« (1. Mose 39,3) Und das war erst der Anfang von Ermächtigung in seinem Leben.

In diesem Sinne meint der Ausdruck *Ermächtigung* eine neue geschenkte Kraft des Geistes Gottes im zerrissenen, erlösungsbedürftigen Herzen des Menschen. Gottes Geist wirkt auf den Geist des Menschen, der Geist des Menschen bewirkt dann Veränderung von Hinfälligkeit und Bedürftigkeit von Seele, Herz und Leib.

Einige weitere Aspekte des Begriffes *Ermächtigung*: Ermächtigung war schon erkennbar bei Abel, dem Bruder Kains, dem ersten Märtyrer. Das Besondere an Abel war die von Gott geschenkte Erkenntnis: Ich brauche Versöhnung. Und Abel erkannte: Versöhnung mit Gott gelingt nicht über das *fromme Werk*, nicht über eine großartige menschlich-fromme Leistung, sondern über vergossenes Versöhnungsblut. Darum bringt er seinem Schöpfer ein geschlachtetes Lamm; ein Opfer, das der Herr gnädig ansieht. Abel bekennt dadurch seine Bedürftigkeit nach Gnade. Kain hingegen bringt von *seinen Werken*. Dieses Opfer sieht der Herr nicht gnädig an. Das eigentlich Schlimme aber war die *Beschaffenheit seines Her-*

zens, sein Stolz, sein Neid, seine Eifersucht, besonders sein Mangel an Reue nach seinem Brudermord, als Gott ihn zur Rede stellt. Die Erkenntnis Abels wird durch das Opfer Christi verdeutlicht. Der Schlüssel zu *Ermächtigung des Menschen ist geschenkte Gnade* aufgrund von Schuldeinsicht, Schuldbekenntnis im Sinne des biblischen Wortes Buße.

Buße meint immer ein Dreifaches: *Reue, Umkehr, Sinnesänderung.* Wie in den Genesis-Fallgeschichten beschrieben, ist diese *Herzenshaltung der Reue von entscheidender Bedeutung für Ermächtigung.* Bei Abraham, bei Isaak und Jakob und ihren Frauen. Sie werden zwar alle schuldig, aber sie bereuen, sie kehren um und ändern sich.

Reue ist ein Gefühlsakt, Umkehr ein Willensakt, Sinnesänderung ein Verstandesakt. Durch diese *Herzenshaltung* lassen sich Menschen mehr und mehr zu Gott hinziehen, in seine Liebe hineinziehen. Dadurch kommen sie immer mehr mit sich selbst in Kontakt. Gott zieht sie dann an sein Herz und bestätigt ihren Weg, bei jedem auf unterschiedliche Weise und in verschiedenen Beziehungszusammenhängen anders.

Die geschilderten Beispiele aus dem Buch Genesis sind sehr starke Zeugnisse, wie Gott durch *Zerreißproben* hindurch im Spannungsfeld von *Hinfälligkeit* und *Bedürftigkeit* Ermächtigung schenkt. Auch die Fallgeschichten und zeugnishaften Beiträge bestätigen das.

Dieses Geheimnis nimmt Jesus selbst nochmal in einer seiner letzten Botschaften an seine Jünger auf. In den *Abschiedsreden* sagt Jesus zu seinen Jüngern (Johannes 14,15-20): »Wenn ihr mich liebt, werdet ihr meine Gebote halten. Und ich werde den Vater bitten, und er wird euch einen anderen Ratgeber geben, der euch nie verlassen wird. Es ist der Heilige Geist, der in alle Wahrheit führt. Die Welt kann ihn nicht empfangen, denn sie sucht ihn nicht und erkennt ihn nicht. Ihr aber kennt ihn, weil er bei euch bleibt und später in euch sein wird. Nein, ich werde euch nicht verwaist zurücklassen – ich werde zu euch kommen. Die Welt wird mich schon bald nicht mehr sehen, doch ihr werdet es. Denn ich werde leben, und ihr werdet auch leben. Wenn ich wieder zum Leben auferstanden bin, werdet ihr wissen, dass ich in meinem Vater bin und ihr in mir seid und ich in euch.«

Die Abschiedsreden Jesu enthalten *sein* besonderes Vermächtnis an seine Jünger. Er spricht hier von künftigen Ereignissen, die sie erst verstehen können, wenn der Heilige Geist gekommen ist. Jesus redet hier von dem Geheimnis einer dreifachen Innewohnung: Er ist im Vater; sie, die Jünger, sind in ihm und er ist in ihnen. Diese besondere Wahrheit einer dreifachen Beziehungseinheit, der schwache Mensch mit dem trinitarischen Gott verbunden, kennzeichnet *Ermächtigung*.

Es ist das fast unglaubliche Geheimnis: Wir sind in aller Zerrissenheit eins gemacht mit dem Allmächtigen. Gott ist eine Dreieinheit und wir gehören dazu. Der Gläubige ist in ihm beheimatet: Er lebt in ihm, er stirbt in ihm, er handelt in ihm. Wenn er sündigt und vorübergehend herausfällt aus dieser Einheit, kehrt er sofort durch Buße und Umkehr zurück und ist sofort wieder ein geliebtes Kind des Vaters.

9.1 Die neue Gottesfamilie I: Die Vaterschaft Gottes

In Maleachi 3,23-24 redet Gott schon im Alten Testament prophetisch über die neue Gottesfamilie am Ende der Zeit unseres Äons: »Doch bevor der große und schreckliche Tag des Herrn kommt, sende ich euch den Propheten Elia. Er wird die Herzen der Väter ihren Kindern und die Herzen der Kinder ihren Vätern zuwenden, damit ich bei meinem Kommen nicht das Land vernichten muss.«

In der Regel haben prophetische Worte eine dreifache Bedeutung: Sie sind wie ein Licht, das in die *Zukunft* weist, sie erhellen die

Vergangenheit und sie sind wegweisend für die *gegenwärtige Situation.* Wir haben uns ausführlich mit familiären Verstrickungen der Vergangenheit beschäftigt, auf Zerreißproben der gegenwärtigen Situation in Familien aufmerksam gemacht. Jetzt soll noch abschließend auf *Zukünftiges* hingewiesen werden.

Wer ist der Prophet Elia, bevor der große und schreckliche Gerichtstag des Herrn kommen wird?

Aus der Sicht des Neuen Testaments gibt es nur einen Propheten, der die Kraft zu dieser umfassenden Versöhnung hat: Es ist Jesus Christus selbst. In ihm hat alle Prophetie ihren Ursprung und ihr Ziel. Alle Propheten Israels und des neuen Bundes sind in ihm verwurzelt. Er allein kann die Herzen der Söhne den Vätern, die Herzen der Väter den Söhnen zuwenden, die Herzen der Töchter den Müttern, die Herzen der Mütter den Töchtern zuwenden. In ihm ist Versöhnung umfassend und kennt auch keine Geschlechtsunterschiede. Er allein kann schuldhafte Familienverstrickungen über Generationen hinweg lösen und heilen. Er hat sie alle versöhnt durch sein Opfer am Kreuz.

Was ist das Geheimnis dieser umfassenden Versöhnung? Welches Ziel hat sie vor Augen: Das *Ziel ist das Vaterherz Gottes.* Gott selbst sehnt sich danach, als Vater aller Vaterschaft erkannt zu werden. Es ist *ein* Vater, der aber *viele* Kinder in seine ewige Herrlichkeit hineinführen will, der die Katastrophe des Anfangs nicht nur heilen, sondern in Liebe verwandeln will. Diese Katastrophe des Anfangs ist ja noch nicht zu Ende. Sie wird noch einige Zeit dauern, die Zeit kennt der Vater allein. Aber in dieser sich zuspitzenden Krise der Weltzeit, die inzwischen längst begonnen hat, wird er, der Vater, in diesen Weltgeist hinein mehr und mehr seine Herrlichkeit offenbaren und diesen Weltgeist richten. Das letzte Buch der Bibel gibt eine zusammenfassende Schilderung der Ereignisse, die kommen werden. Nicht nur der Weltgeist, nicht nur die Welt, mehr noch die Kirche, der Geist, der in der Gemeinde regiert, wird herausgefordert und geprüft werden. Das übergroße Geheimnis soll geoffenbart werden:

»Gott hat euch in seiner Gnade durch Jesus Christus zu seiner ewigen Herrlichkeit berufen. Nachdem ihr eine Weile gelitten habt, wird er euch aufbauen, stärken und kräftigen; und er wird euch auf festen Grund stellen.« (1. Petrus 5,10) Dieser Gott ist ein Vater der Liebe, ein Vater voller Geheimnisse. Ein Vater voller Herrlichkeit, voller Gnade, der sich sehnt nach Kindern, die ihn allein anbeten. Der 1. Johannesbrief ist eine umfassend – zusammenfassende Darstellung dieser Vaterliebe, die sich anch Gemeinschaft mit den Menschen sehnt.

9.2 Die neue Gottesfamilie II: Die »Braut«

In Jesaja 62,5 wird Israel mit einer Ehefrau verglichen: »Deine Söhne werden dich heiraten, so wie ein junger Mann seine Braut heiratet. Dann wird dein Gott sich an dir freuen wie ein Bräutigam an seiner Braut.«

Und in Vers 12: »Man nennt es ›heiliges Volk‹ und ›vom Herrn erlöstes Volk‹ und dich werden sie ›Stätte der Sehnsucht‹ und ›nicht mehr verlassene Stadt‹ nennen.«

In Johannes 3,29 sagt Johannes der Täufer über Jesus Christus: »Wo die Braut hingeht, da ist der Bräutigam. Und der Freund des Bräutigams, der dasteht und ihm zuhört, freut sich an der Stimme des Bräutigams. Darüber freue auch ich mich – und meine Freude ist nun vollkommen.«

Das Bildwort *Braut* in diesen beiden Schriftstellen bezieht sich einmal auf die alttestamentliche und neutestamentliche Gemeinde. Es sind nicht zwei *Bräute*, sondern nur eine *geistliche Braut,* wenn auch aus verschiedenen Zeitabschnitten und verschiedenen Nationen, aber von dem einen Bräutigam herkommend und zu ihm gehörend: Jesus Christus.

9.3 Die Vollendung: neuer Himmel, neue Erde

»Dann sah ich einen neuen Himmel und eine neue Erde, denn der alte Himmel und die alte Erde waren verschwunden. Und auch das Meer war nicht mehr da. Und ich sah die heilige Stadt, das neue Jerusalem, von Gott aus dem Himmel herabkommen wie eine schöne Braut, die sich für ihren Bräutigam geschmückt hat. Ich hörte eine laute Stimme vom Thron her rufen: ›Siehe, die Wohnung Gottes ist nun bei den Menschen! Er wird bei ihnen wohnen und sie werden sein Volk sein und Gott selbst wird bei ihnen sein. Er wird alle ihre Tränen abwischen, und es wird keinen Tod und keine Trauer und kein Weinen und keinen Schmerz mehr geben. Denn die erste Welt mit ihrem ganzen Unheil ist für immer vergangen.‹ Und der, der auf dem Thron saß, sagte: ›Ja, ich mache alles neu!‹ Und dann sagte er zu mir: ›Schreib es auf, denn was ich dir sage, ist zuverlässig und wahr!‹ Und er sagte auch: ›Es ist vollendet! Ich bin das Alpha und das Omega – der Anfang und das Ende. Jedem, der durstig ist, werde ich aus der Quelle, die das Wasser des Lebens enthält, umsonst zu trinken geben!‹« (Offenbarung 21,1-6)

Ist diese neue Einladung nicht die Antwort auf den Ruf Gottes am Anfang, nach dem Fall: »Adam, wo bist du?« Hier ist die Antwort des neuen Menschen, der Braut, die jetzt in Verbindung mit dem Geist ruft: »›Komm!‹ Und wer sie hört, soll sagen: ›Komm!‹ Wer durstig ist, der komme. Wer will, soll kommen und umsonst vom Wasser des Lebens trinken!« (Offenbarung 22,17)

Diese prophetischen Schriftstellen fassen Zukünftiges zusammen. Sie beginnen am Ende des Alten Testaments. Sie werden durch den Propheten Maleachi ausgesprochen, der von einer mächtigen Kraft der Versöhnung spricht. Ziel dieser Versöhnung ist die neue Gottesfamilie: Es ist eine Familie, in der Gott allein Vater ist und nur Kinder kennt, die sich durch Jesus Christus mit ihm haben versöhnen lassen. Es ist die Braut Christi, die aus allen Völkern und Nationen, insbesondere auch aus dem Volk Israel, wieder zusammengekommen ist. Sie wird dieser neuen Vollendung entgegengeführt.

Es ist das Ende aller familiären Zerreißproben, das Ende aller Zerreißproben in Gemeinden und Konfessionen und auch das Ende aller Zerreißproben in Völkern und Nationen.

10. Professor Dr. Manfred Seitz: »Das wissende Feld« und das vorenthaltene Wissen: Woher es kommt

I.`

Der Verfasser schildert aus seiner lebenslangen ärztlichen und psychotherapeutischen Erfahrung familiäre Zerreißproben. Er versteht darunter Beziehungen zwischen Eltern und Kindern, »die zerrissen und einer Probe, einer Prüfung ausgesetzt sind«; auch das Schicksal von Menschen, die in sich selbst zerrissen sind. Die Berichte darüber lassen in verborgene Abgründe unseres Menschseins blicken. Eindrucksvoll und im Grunde neuartig belegt er diese Einsichten und Erkenntnisse mit den archaischen, d. h. aus kulturellen Frühstufen stammenden Erzählungen des ersten Buches Mose in der Bibel. Immer tiefer eindringend und auslegend erschließt er die überlieferten Urereignisse als Beispiele von gestörten (oder auch geglückten) Beziehungen der Menschen untereinander. Gleichsam spiegelbildlich kann man in ihnen aktuelle, heutige familiäre Zerreißproben, Not- und Konfliktsituationen erkennen. Sein therapeutisches Ziel und das Hauptanliegen dieses Buches ist es, aus ihnen herauszuführen und Wege zur Heilung aufzuzeigen.

Er verwendet dazu das Verfahren des Familienstellens. Es verläuft so: In einer Gruppe von Menschen, die bereit sind, sich auf diesen Weg führen zu lassen, wird ein Mitglied »aufgestellt«, das den persönlichen Beziehungskonflikt darstellt, den es erlitten hat und aus seiner Herkunftsfamilie mitbringt. Im Anschluss daran werden Teilnehmer der Gruppe gebeten, sich für die Personen, die im Störungsbild als Vater, Mutter, Geschwister etc. ursächlich benannt wurden, als Repräsentanten oder Stellvertreter aufstellen zu lassen. Sie stehen nun für die wirklichen Familienmitglieder, vertreten sie und übernehmen ihre Rolle. Wenn Sie es getan, ihre Rolle stellvertretend dargestellt und wieder Platz genommen haben, befragt sie der Therapeut, wie sie damit zurechtgekommen sind, wie es ihnen dabei ergangen ist und was sie dabei empfunden haben. Aus dem, was sie sagen, versucht er zu erkennen, »wo im Familiensystem die eigentliche Beziehungsstörung verwurzelt ist und wie sie sich auf die einzelnen Familienmitglieder ausgewirkt hat«.

Hierbei ereignet sich immer wieder etwas Überraschendes. Obwohl die Repräsentanten oder Stellvertreter mit den wirklichen Beziehungspersonen des Aufstellers nie etwas zu tun hatten beziehungsweise nie mit ihnen in Berührung kamen, äußerten sie Beobachtungen und Einsichten, die vom Therapeuten als ungemein erhellende Beiträge zu den Ursachen der Beziehungsstörungen wahrgenommen und zu einem Lösungsbild zusammengefügt werden konnten. In der Regel bestätigte der Aufsteller die Aussagen der Repräsentanten. Und das war das Überraschende: Fremde Personen, die mit der wirklichen Familie nichts zu tun haben, wissen aufgrund der aufgestellten Beziehungsdynamik, die durch Platz, Abstand und Blickrichtungen der Repräsentanten vorgegeben ist, welche Beziehungsdynamik in der wirklichen Familie abgelaufen ist.

Dieses außerordentliche Phänomen wird mit dem Ausdruck »wissendes Feld« bezeichnet. Die professionellen Familienaufsteller betonen in aller Regel: »Es bestätigt sich immer wieder, aber wir wissen nicht, woher es kommt.« Der Autor: »Meines Wissens war es Bert Hellinger, der als Erster dieses Phänomen in seinem Buch ›Ordnungen der Liebe‹ beschrieben hat.«

Das ruft folglich die Frage hervor: Woher wissen die Stellvertreter dasjenige, was eigentlich nur der Aufsteller selbst wissen dürfte oder hätte wissen können?

Wir wissen es auch nicht, wie das Erscheinen des wissenden Feldes, sein Entstehen und sein Inhalt zu erklären ist. Der Verfasser spricht von einem Geheimnis. Rätsel kann man lösen, mit

Geheimnissen muss man umgehen. Wir versuchen es auf dem Wege noch einmal – viele haben es schon getan – die Anfänge der Urgeschichte 1. Mose 1-3 zu durchschreiten. Vielleicht fällt ein Licht auf das vorenthaltene Wissen, das womöglich doch zu einer Antwort führt?

II.

Wir haben zwei Schöpfungsberichte: Der ältere, Genesis 2,4b-25, ist zwischen 1000 und 700 vor Christus, der jüngere, Genesis 1,1-2,4a, ist im 6. Jahrhundert v. Chr. entstanden. Die ältere Erzählung spricht von der Erschaffung der Welt nur andeutend in einem Nebensatz am Anfang, um dann gleich bei der Erschaffung des Menschen einzusetzen. Hinter ihr steht die Frage: »Woher komme ich, so wie ich bin?« Die jüngere Darstellung spricht von der Erschaffung der Welt in umfassender Systematik. Hinter ihr steht die Frage: »Woher ist alles, was ist, gekommen?« Und beide antworteten: »Er ist unser Helfer und unser Herr, der uns und alles ins Sein rief.«[26]

Ich beginne mit dem jüngeren und beschränke mich auf die Erschaffung des Menschen: 1. Mose 1,26 bis 28: »Lasset uns Menschen machen!« In einem einmaligen Selbstentschluss schafft Gott den Menschen. Nach der Ermächtigung zur Mehrung und zur Herrschaft über die Erde, die hier fürsorglich zu verstehen ist, folgt der ungeheure Doppelsatz, dass die Menschheit sofort zweigeschlechtlich geschaffen wird: Er »schuf sie als Mann und als Frau«. Dieser Satz ist so lapidar einfach, dass es einem kaum bewusst wird, dass mit ihm eine ganze Welt von Spekulation, von Zynismus, von Sexualitätsvergottung und Sexualangst ... verschwindet.[27]

---

[26] Claus Westermann, Tausend Jahre und ein Tag. Unsere Zeit im Alten Testament. Stuttgart 1961, 3. Auflage, Seite 12.

[27] Gerhard von Rad, Das erste Buch Mose. Kapitel 1–12. Göttingen 1950, 2. Auflage, 47 (ATD 2.)

Der zweite, ältere Schöpfungsbericht (1. Mose 2,4b-25) ist ganz und gar auf Beziehungen eingestellt und könnte »Menschsein in Beziehung« überschrieben werden. »An erster Stelle ist die Beziehung zu Gott zu nennen«, der den Menschen aus Erde gestaltet und ihm seinen »Odem« (altes Wort für Atem) einhaucht. An zweiter Stelle steht die Beziehung zu den Tieren. Aber »diese entspricht ihm nicht wirklich«.[28] An dritter Stelle steht die Beziehung zum Mitmenschen durch die Erschaffung der Frau. Dass sie in altertümlicher Redeweise aus der Rippe des Mannes gebaut sei, hat nichts mit Unterordnung zu tun, sondern »bringt die einzigartige Zusammengehörigkeit und ursprüngliche Verbundenheit der beiden zum Ausdruck, die füreinander geschaffen sind«.[29] An vierter Stelle steht die Beziehung zwischen dem Menschen und der Ackererde. Auch sie ist von Gott eingesetzt und zwar dreifach: »Der Mensch ist aus der Ackererde erschaffen, er hat die Ackererde zu bearbeiten und er kehrt in seinem Tode zur Ackererde zurück.«[30] Das Leben des Menschen ist in diesen vier Beziehungen in ein Grundverhältnis zu seinem Schöpfer gestellt, der aller Wesen Schöpfer ist. Es ist ihm kein Ort gegeben, von dem aus er sich legitimerweise diesem Grundverhältnis entziehen könnte.

Die Störungen, die kommen. Bisher hätte der Eindruck entstehen können, die Schöpfung sei heil und wir würden die bedrohliche Seite der Welt, in der wir leben, nicht beachten. Die Bibel ist weit davon entfernt. Sie lässt unmittelbar auf die Welt- und Menschenschöpfung die heillose Seite des Gewordenen folgen. Die sogenannte »Sündenfallgeschichte« 1. Mose 3,1-24 müsste eigentlich und viel eindrücklicher »Geschichte vom Beziehungszerfall« heißen. Denn nacheinander zerfällt das von Gott gewollte »Menschsein in Beziehung«: die Beziehung zu Gott, zum mitmenschlichen Du und Wir,

---

[28] Hans Walter Wolff, Anthropologie des Alten Testaments. München 1973, Seite 142 f.
[29] Stuttgarter Erklärungsbibel. Die Heilige Schrift nach der Übersetzung Martin Luthers; mit Einführungen und Erklärungen. Stuttgart 1992, Seite 11.
[30] H. W. Wolff, aaO., Seite 144.

zur tierischen und zur sachlichen Welt. Die zu den meisterhaften Kunstwerken des Erzählens gehörende Geschichte berichtet über die theologische, persönliche, soziale und dingliche Begrenztheit des Menschen. Der Mensch verfehlt sich auch fernerhin, geht kommentarlos weg und wird ausgeschlossen aus dem göttlichen Bereich. In allem, was er fortan zu seiner Rettung und zur Rettung der Welt unternimmt, steckt immer dieser Aufbruch, dieses Ausgeschlossensein, dieses Weggehen drin. Nun wird er – was die »Vätergeschichte« 1. Mose 12,10-36,43 enthält und was der Verfasser dieses Buches überzeugend herausarbeitet – von »familiären Zerreißproben«, von Unglück, Krankheit, Katastrophen und Tod heimgesucht. Die zur Schöpfung gehörende »Flutgeschichte« 1. Mose 7-8 lässt die Chaosmächte wieder aufbrechen und schärft ein: Der Mensch ist das gefährdete, bedrohte und ausgesetzte Geschöpf. Und doch wird ihm gerade in diesem Zusammenhang zugesprochen: »Solange die Erde steht, soll nicht aufhören Saat und Ernte, Frost und Hitze, Sommer und Winter, Tag und Nacht« (1. Mose 8,22). Oder mit den weniger bekannten Worten des 119. Psalms: »Gott hat die Erde fest gegründet und sie bleibt bestehen. Sie steht noch heute nach deinen Ordnungen; denn es muss dir alles dienen.« (Vers 90 f.)

»So schließt diese Geschichte überraschenderweise mit einem Wort von der Gnade und tragenden Geduld Gottes. Erfahren wird diese Gnade in dem unbegreiflichen Bestand der natürlichen Ordnungen trotz andauernder menschlicher Sünde.«[31]

Die Erhaltungstreue Gottes durchdringt und bestimmt die Schöpfung. Sie setzt sich durch in Maßnahmen, die das Böse strafen und das Gute retten, und im Wirken von Menschen, die den Ordnungen des Schöpfers dienen. Dazu gehört vieles, wofür wir zu danken haben, und nicht zuletzt der Fortschritt der Medizin und ihre »Wege zur Heilung«. Bevor wir darauf eingehen und uns mit der aufgebrochenen Frage befassen, die das wissende Feld betrifft, führen wir die Schöpfungslehre weiter. Wir betreten, von ihr her-

---

[31] Gerhard von Rad, aaO., Seite 101.

kommend, das Gebiet der christlichen Seelsorge. Ihr Vermögen, persönliche und zwischenmenschliche Konflikte zu erkennen, bringt unsere Erschließungsarbeit der Sache näher.[32]

III.

In der christlichen Seelsorge geht es um den ganzen Menschen und nicht nur um seine Seele. Vom »ganzen« Menschen reden alle; gesehen wird er nur von wenigen. Das lernen wir vom Alten Testament: Seele ist nach biblischem Verständnis nicht etwas schwer Fassbares, rein Innerliches, etwas, was nach Abzug des Körpers übrig bleibt. Seele ist viel konkreter, ist die »näfäsch«(Hebräisch): der bedürftige Mensch, das an einen Körper gebundene Leben, die durch einen Leib individualisierte Person. Nur in dieser Hinsicht ist der Mensch Adressat der Seelsorge.

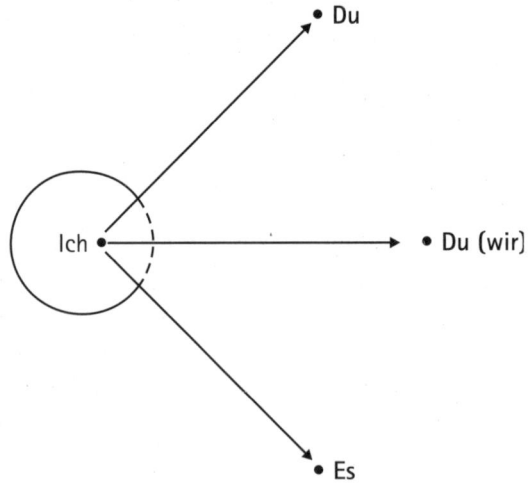

Der Mensch in »jeder Beziehung«

---

[32] Wir nennen dieses Vermögen »poimenische Diagnostik«. »Poimenik«, Lehre vom Hirtendienst, ist die wissenschaftliche Bezeichnung für die christliche Seelsorge. »Diagnostik« verwenden wir, wie die Medizin, für die Lehre vom Erkennen menschlicher Krankheiten; in unserem Fall vom Erkennen der auftretenden menschlichen Störungen und Konflikte.

Er ist es in einer vierfachen Bezogenheit (vgl. das nebenstehende Bild.): Der Mensch »in jeder Beziehung«. 1. Er ist berufen, Gott, seinem Schöpfer, zu begegnen, um ihm Partner im antwortenden Sprechen zu sein. 2. Er ist dem menschlichen »du« und »wir« zugesellt, in welcher Gestalt auch immer es zu ihm kommt. 3. Er ist über die belebte und unbelebte Kreatur gesetzt und beauftragt, die Welt der Mitgeschöpfe und der Dinge zu ordnen. 4. Durch dies alles, Gegenüber Gottes, Mitmensch und besorgter Beherrscher der Kreatur zu sein, ist er zugleich – wie uns erst die moderne Psychologie in voller Deutlichkeit zeigte – in ein Verhältnis zu sich selbst gestellt, dass er finden oder verfehlen kann. Nur so gesehen, ist es berechtigt, vom »ganzen« Menschen zu reden.

Aber so kennen wir den Menschen nicht. Sonst wäre er heil und bedürfte weder Seelsorge, Psychotherapie noch Medizin. Wir kennen ihn nur als in dieser vierfachen Beziehung verfinstert, beschädigt, zerbrochen, versehrt. Es ist die dramatische Geschichte von 1. Mose 3, die wir nun ganz neu sehen. Nicht »Sündenfall« – wir sagten es schon – müsste sie heißen, sondern »Beziehungszerfall«. Sie erzählt, wie eine Beziehung nach der anderen zerfällt. Und zwar so: Wenn eine Linie über- oder unterbewertet, überfrachtet oder gering geachtet wird, gerät das ganze Gefüge in Unordnung und der Mensch verfehlt sich selbst. Das umgangssprachliche »in jeder Beziehung« beginnt hintergründig zu werden. Es wird durchsichtig für Theologie: Dieser Mensch in seiner Bezogenheit und Gebrochenheit ist der »ganze« Mensch und in der Seelsorge gemeint.

Nun wird die theologische Anthropologie (Lehre vom Menschen) zum Mittel der Menschenkenntnis und der seelsorgerlichen Diagnostik. Alle menschlichen Konflikte, auch wenn ein Mensch mit sich selber nicht zurechtkommt, sind »Beziehungsstörungen« und Vergehen an den geschöpflichen Realitäten.

Im Einzelnen:

1. Die Ich–Du-Relation wird überbewertet.

Hier haben wir das Problem einer engen und überhitzten Frömmigkeit ohne Welt bzw. das einer religiös bedingten Missachtung geschöpflicher Ordnungen. Jesus stellte sie in der Erzählung vom »barmherzigen Samariter« am Verhalten des Priesters und des Leviten in den Mittelpunkt (Lukas 10,25 bis 37). Die Beziehung Ich-Gott wird überzogen; der Verletzte bleibt liegen. Ich sagte zu einem Kirchgänger, er möge sein Auto doch so hinstellen, dass für andere noch Platz bleibt. Er entgegnete: »Das sollen die anderen tun!«, und strebte mit dem Gesangbuch in die Kirche.

2. Die Ich–du-(wir) Relation wird überbewertet.

Hier haben wir das schwer entwirrbare Problem der Menschenliebe oder des Menschenhasses in Form von unbewusster und überzogener Selbstliebe. In den biblischen Erzählungen wird oft darüber gesprochen; zum Beispiel bei Pilatus, der das Recht beugt, um die Gunst der Massen nicht zu verlieren (Markus 15,15). Eine 35-jährige Frau verliebt sich während eines Urlaubs in einen älteren Herrn. Sie hat den Eindruck, dass er sie versteht. Am Ende der gemeinsamen Zeit gesteht er ihr, dass er verheiratet ist. Seitdem versucht sie, von ihm loszukommen, aber es gelingt ihr nicht, weil »etwas in mir auch nicht will«, sagt sie.

3. Die Ich–Es-Relation wird überbewertet.

Hier haben wir das Problem »Haben und Sein«, Welt zu haben unter Vernachlässigung der Gottes- und der Nächstenbeziehung.[33]

---

[33] Das Verfallensein an das »Haben« ist eine so große Not des Menschengeschlechts, dass profilierte Denker es sich zur Lebensaufgabe gemacht haben, die Dialektik »Haben und/oder Sein« zu ergründen: Erich Fromm, Haben oder Sein. Die seelischen Grundlagen einer neuen Gesellschaft. Stuttgart

Jesus stellte es in der Gestalt des »reichen Kornbauerns« vor (Lukas 12,13 bis 21). Das »habe nun Ruhe, iss und trink«, lass dich weder von Gott noch durch Menschen stören, verwandelt das natürliche Haben in Habsucht, der die übrigen Beziehungen geopfert werden. Mein Zahnarzt erzählte: Eine Arzthelferin mit Blechschmuck an Augen und Nase bewarb sich um eine Anstellung. Als er sagte, so könne sie keine Patienten bedienen, lehnte sie ab. Lieber arbeitslos als auf diese Form der Es-Welt zu verzichten.

4. Die Ich-selbst-Beziehung wird beschädigt.

Hier haben wir das nur den Menschen betreffende Problem, dass er sich durch Vergehen an den geschöpflichen Realitäten selbst verfehlen, nicht mehr zurechtfinden und sich verlieren kann. Die Bibel ist voll von diesem Wissen. Der Verfasser entfaltet es in seiner Darstellung der »Vätergeschichten« und zeigt, wie diese Vergessenheit zu familiären Zerreißproben führt. »Gesetz« bedeutet in diesem Zusammenhang die von Gott in seinen Geboten geschenkte, das ganze Leben umfassende Lebensordnung und die Gabe, mit diesem Wissen umsichtig umzugehen, mit Güte und Erkenntnis der eigenen Grenzen verbunden. Sie zu vergessen und aus irgendwelchen Gründen auch immer zu missachten, entwickelt eine Art Rückstoß; ihr Subjekt kommt nicht mehr nur mit seinesgleichen, sondern auch mit sich selber nicht mehr zurecht. Thomas von Kempen (1379-1471): »Wann immer der Mensch etwas außer der Ordnung begehrt, wird er uneins mit sich.«[34] Er wird beschattet, unglücklich, aggressiv,

---

1976. Gabriel Marcel, Sein und Haben, 2. Auflage, Paderborn 1968. Balthasar Staehelin, Haben und Sein, 5. Auflage, Zürich 1971. Vgl. die Monografie über diese Werke: Jan Martin Depner, Der Mensch zwischen Haben und Sein. Untersuchungen über ein anthropologisches Grundproblem für die Seelsorge, Frankfurt 1998.

[34] Thomas von Kempen, Vier Bücher von der Nachfolge Christi. Übersetzt und herausgegeben von Johann Arnd (1617) Stuttgart o. J, 14 – Thomas a Kempis, De imitatione Christi, Frankfurt 1923, Liber I Caput VI: Quandocumque homo aliquid inordinate appetit, statim in se inquietus fit, Seite 15.

krank und trauert. Matthias Claudius: »Man kann ihn nicht ohne Herzeleid ansehen!«

Zusammenfassung: 1. Nur in dieser vierfachen Beziehung können wir vom »ganzen« Menschen sprechen. 2. Aber so kennen wir den Menschen nicht, sondern vierfach gebrochen, verfinstert, beschädigt, versehrt. 3. Als solcher ist er Adressat der christlichen Seelsorge. 4. Wird eine dieser Relationen überbewertet, überfrachtet, werden die anderen vernachlässigt, unterbewertet. 5. Es kommt zu einer Störung des ganzen Systems. 6. Aus diesen Grundsätzen ergibt sich die Möglichkeit einer seelsorgerlichen Diagnostik. 7. Alle menschlichen Konflikte sind Beziehungsstörungen und Vergehen an den geschöpflichen Realitäten.

Vermutlich können auch die familiären Zerreißproben unter diesem Gesichtspunkt gesehen und heilendem Handeln zugeführt werden.

IV.

Bevor wir auf das wissende Feld direkt zu sprechen kommen, sind noch einige Vorfragen zu klären. Es sind drei: Wie ist der Schriftsinn der biblischen Urgeschichte (1. Mose 1-11) hermeneutisch (auslegungsmethodisch) zu verstehen? Welche Botschaft überbringt uns der »Baum der Erkenntnis des Guten und Bösen«? Wie ist das Verhältnis der Genesis-Fallgeschichten zu den »Aufstellungsbildern« bei den Familienaufstellungen zu bestimmen?

Zu 1: **Wie ist der Schriftsinn der biblischen Urgeschichte hermeneutisch zu verstehen?**

Das erste Buch der Bibel beginnt mit den Worten »Am Anfang schuf Gott Himmel und Erde«. Von daher hat es auch seinen Namen »Genesis«, Entstehung, Ursprung, Werden. »Am Anfang«, das darf man nicht »historisch« im Sinn von »der Vergangenheit angehörend« verstehen, sondern sofort in seiner tiefen Doppelbedeutung:

1. als das Staunen darüber, dass es überhaupt einen Anfang aller Anfänge gibt, als die keineswegs selbstverständliche und dem Menschen nicht gegebene Fähigkeit, einen Uranfang zu machen, die ausschließlich in Gottes Gottheit begründet ist,

2. als die zwar aus dem Erfahrungshorizont und zeitlich bedingtem Wissensstand damaligen Vermögens stammenden, aber daran nicht gebundenen und zeitübergreifenden Grundaussagen über den Menschen und sein Verhältnis zu Gott. Oder mit anderen Worten: Die Urgeschichte weist auf die Ordnungen hin, »die Gott durch sein Befehlswort in seine Schöpfung hineingelegt hat – eine Ordnung, ohne die kein Leben möglich ist«.[35] Sie weist zugleich in einer Kette von Erzählungen auf das Wesen des Menschen hin; auf etwas, was dem Menschen immer neu und auf vielfältige Weise widerfährt, auf seine Grenzen und ihre schuldhafte Überschreitung. Ihre Sprache dient »nicht primär dem menschlichen Mitteilungsbedürfnis, sondern der Erkenntnis und Artikulation der Dinge«.[36] Sie berichtet nicht nur »von einmaligen Ereignissen der Vorzeit…, sondern zugleich von Versuchungen, welche die Menschheit ständig begleiten«.[37]

Zu 2: Welche Botschaft überbringt uns der »Baum der Erkenntnis des Guten und Bösen«?

Da diese Frage zum Thema und im Zusammenhang dieses Buches eine entscheidende Bedeutung hat, müssen wir sie behandeln. Der »Garten«, von dem in 1. Mose 2,8 f. erzählt wird, ist nicht die »Schöpfung«, die wir angeblich bewahren wollen oder sollen. Zu ihr gehört auch die Milchstraße, ein millionenfacher Sternenhaufen, den zu bewahren uns sicher etwas überfordern würde. Der »Garten« ist der uns als fürsorgliche Gabe zugewiesene Bereich, das »Gehege«, die Natur, die wir bauen und bewahren sollen (Vers 15). In ihm kann

[35] Stuttgarter Erklärungsbibel, aaO., Seite 7.
[36] Gerhard von Rad, aaO., Seite 172.
[37] Stuttgarter Erklärungsbibel, aaO., Seite 8.

sich der Mensch frei bewegen, es steht ihm alles zur Verfügung; in ihm, der nicht sein Eigentum ist, kann er sich bewähren.

Nur *ein* Baum ist von den vielen ausgenommen, der »Baum der Erkenntnis des Guten und Bösen«. Es war ein wohlmeinendes, keineswegs drückendes Gebot, das ihn, den Menschen, vor die Gehorsamspflicht gegenüber dem göttlichen Geber alles Guten stellte; »Denn das Vorenthaltene war für den Menschen kein Gut, sondern es musste – von ihm in Ungehorsam ergriffen – zerstörerisch auf ihn wirken.« Die mit diesem Gehorsamsgebot verbundene Erkenntnisfrage von »Gut und Böse« bedeutet im Hebräischen alles, »Allwissenheit im weitesten Sinn des Wortes«, d. h. schlechthin alles.[38] Später, in der Diskussion darüber, wird die Schlange (das nur mühsam aus dem Menschen herausverlagerte Böse) sagen: »An dem Tage, da ihr davon esst, werden eure Augen aufgetan, und ihr werdet sein wie Gott und wissen, was gut und böse ist« (3,5). Vom Grenzenlosen dieser Aussage verlockt, fand der Mensch kein Genüge an dem, was ihm gegeben war, sondern er setzte sich an dieser Stelle gegen Gott durch. Er beanspruchte das Recht, alles zu wissen, das Recht auf Universalwissen.

Damit stellt uns die Bibel im Medium der Urgeschichte vor unsere Gegenwartsgeschichte. Sie stellt uns vor »die Möglichkeit einer Ausweitung des menschlichen Wesens über die von Gott in seiner Schöpfung gesetzten Schranken hinaus; einer Lebenssteigerung, nicht nur im Sinne einer rein erkenntnismäßigen Bereicherung, sondern auch eines Vertrautwerdens, eines Mächtigwerdens über Geheimnisse, die jenseits des Menschen liegen«.[39]

Mit dieser Möglichkeit muss der Mensch nun leben. Heute z. B. mit der Tatsache, dass man schon jetzt für etwa 150 Krankheiten die tragenden Gene – »Gen«, griechisch das Ursprüngliche, das Gewordene – so gut kennt, dass sie mithilfe einer DNA-Analyse im Rahmen

---

[38] Gerhard von Rad, aaO., Seite 65.
[39] Gerhard von Rad, aaO., Seite 72.

pränataler Diagnostik festgestellt werden können. Was geschieht, wenn ein Mensch sein eigenes gesundheitliches Schicksal bzw. eine zu erwartende, spätere Krankheit mehr oder weniger sicher voraussehen kann oder erfährt? Welche schwerwiegenden, vor allem seelische Folgen werden dadurch freigesetzt und heraufbeschworen? Die »Schere zwischen vorauseilender Diagnostik und nachhinkenden Therapiemöglichkeiten« könnte sich immer weiter öffnen.[40] Das ertrotzte Recht, alles zu wissen, und die uns niederdrückende Last – auch im Einzelleben – immer mehr wissen zu müssen, rief in unseren Tagen ein Problem hervor, vor dem Gott die Menschheit mit dem »Baum von der Erkenntnis des Guten und Bösen« bewahren wollte. Gibt es ein Recht auf Nichtwissen?

Wenn ich recht sehe, war es Hans Jonas, der diese Frage erstmals formulierte: »Anerkennung der Unwissenheit wird ... die Kehrseite der Pflicht des Wissens und damit ein Teil der Ethik, welche die immer nötiger werdende Selbstbeaufsichtigung unserer übermäßigen Macht unterrichten muss.«[41] Und als Beleg für die »übermäßige Macht« zitiert er Ernst Bloch: »den Umbau der Natur oder des ›Sterns Erde‹, der die bisherige Kargheit irdischer Natur zur Hergabe ihrer Schätze zwingt oder ihre unzureichenden durch künstliche ergänzt«.[42] Das ist der ohne den biblischen Bezug auftauchende Gedanke eines Rechts auf Nichtwissen. Blicken wir zurück: Die »Anerkennung der Unwissenheit« als »Kehrseite der Pflicht des Wissens« und als »Selbst-Beaufsichtigung« der Macht des Wissens wollte Gott als Gehorsamsakt vom Menschen verlangen, um ihn vor zerstörerischen Entwicklungen zu schützen. Da das Geschöpf »Mensch« diesen ihm vorauseilenden Schutz ausgeschlagen, verweigert und nicht anerkannt hat, setzte sich 1. Mose 4-10, eine Lawine der »Sünde«, der Entfremdung von Gott und

---

[40] Eberhard Schockenhoff, Ethik des Lebens. Ein theologischer Grundriss, Mainz 1993, Seite 237.

[41] Hans Jonas, Das Prinzip Verantwortung. Versuch einer Ethik für die technologsiche Zivilisation. 8. Auflage, Frankfurt 1979, Seite 28.

[42] Hans Jonas, aaO., Seite 28, 327.

Selbstschädigung des Menschen in Gang. Sie führte dazu, dass Gott der nur noch in sich selbst verbundenen und zu aller Maßlosigkeit fähigen Menschheit die Sprache verwirren musste, um Schlimmeres zu verhüten und den Zugriff zum Universalwissen zu erschweren (1. Mose 11,1-9). Die Unmäßigkeit des mächtig gewordenen Menschen, ob im Einzelfall verschuldet oder unverschuldet, ist es folglich auch, die zu den in den Vätergeschichten überlieferten familiären Zerreißproben geführt hat.

Zu 3: **Wie ist das Verhältnis der Genesis-Fallgeschichten zu den Aufstellungsbildern bei den Familienaufstellungen zu bestimmen?**

Um diese Frage zu beantworten, wähle ich den Weg der »typologischen« Erklärung. Man versteht darunter den Versuch, einer neuen Sache – in unserem Fall den »Aufstellungsbildern« – eine längst bekannte – in unserem Fall die »Genesis-Fallgeschichten« – gegenüberzustellen.

Es handelt sich dabei um ein allgemein menschliches und in der Bibel häufig angewandtes Bemühen, das die Erscheinungen von bestimmten Entsprechungen her zu begreifen sucht. Oder mit anderen Worten: In welchem Sinne enthalten die »Genesis-Fallgeschichten« zugleich Aussagen über die »Aufstellungsbilder«? Die Antwort kann nur lauten – »Typos« heißt Urbild, Grundmuster, Bauart, Modell: Die vom Verfasser in seiner eingehenden Interpretation der Vätergeschichten herausgearbeiteten Grundmuster, die »Zerreißproben« des mit Gott, mit seinesgleichen, mit den Dingen und mit sich selbst zerfallenen Menschen entsprechen bis in die Einzelheiten den Befunden der »Aufstellungsbilder« und umgekehrt. Sie sind durch Rückbezüge auf alttestamentlich Geweissagtes zu verstehen.

Einer Frage, die sich an dieser Stelle aufdrängt, müssen wir noch nachgehen: Wie kommt es zu diesen »Analogien«, Entsprechungen und vergleichbaren Verhältnissen? Gibt es eine Verbindung oder stehen sie sich nur gegenüber? Besteht eine Beziehung, eine Brücke, die möglicherweise nur für den Glauben fassbar und nicht Besitz der Geschöpfe ist? Ich halte es für möglich, möchte aber nicht vorschnell, sondern vorsichtig von »Erbsünde« sprechen. »Vorsichtig« bedeutet hier, dass wir uns diesem so missverständlichen und fast immer missverstandenen Begriff behutsam nähern. Schon Luther meinte, dass dieser Begriff unglücklich sei; denn er darf weder kausal-erbbiologisch noch moralisch-sexuell aufgefasst werden. Das in diesem Sinn so verkannte Psalmwort: »Siehe, ich bin als Sünder geboren und meine Mutter hat mich in Sünden empfangen« (Psalm 51,7) behauptet nicht, »dass Geschlechtsverkehr als solcher etwas Sündhaftes sei oder dass durch Zeugung und Geburt Sünde übertragen würde«.[43] Es spricht vielmehr von der Realität unserer Entfremdung von Gott und leuchtet »die letzten Tiefen und Ur-Gründe der menschlichen Existenz« aus.[44] Durch unsere Geburt sind wir als vom »Paradies« Ausgewiesene in den von Gott fernen Bereich hineingeboren und haben wie ein »Hoferbe«, der von Kindheit an Erbe ist, dieses »Erbe«, die Gesamtheit dessen, was vor uns angerichtet und auf uns gekommen ist, angetreten.

Der geschichtlich so beladene Begriff »Erbsünde« wird nun besser verständlich. Einfach gesagt erklärt er unser Leben als von Mächten, Medien und Maßnahmen umringt, die geeignet sind, uns von Gott, unserem Schöpfer, zu sondern.[45] Sie beabsichtigen es unter Umständen auch direkt und errichten eine Welt der Absonderung von Gott, ein System der Empörung und laufender Verstöße gegen ihn und seine lebenfördernden Ordnungen. So könnten die »Analogien«, die Entsprechungen, die Beziehungen zwischen den Genesis-Fallgeschichten und den Aufstellungsbildern zu erklären sein: in der Kontinuität der gottfernen Verhältnisse, ihrer geschichtsübergreifenden Mächtigkeit, Kraft und Gewalt und

---

[43] Stuttgarter Erklärungsbibel, aaO., Seite 703.
[44] Hans-Joachim Kraus, Psalmen, 1. Teilband, 3. Auflage, Neukirchen-Vluyn 1966 (Biblischer Kommentar Altes Testament Band XV/1).
[45] »Sünde« kommt, auch wenn es nicht sicher ist, von »Sund«; gemeint ist die Stelle im Meer, wo ein Zusammenhang getrennt, unterbrochen ist.

unserer schuldhaften Übernahme der umweltlich vorhandenen und uns abwerbenden Verführungen.[46]

V.

Den »Vorfragen« schließt sich nun die Hauptfrage an: Wie ist das vom Verfasser so genannte »Geheimnis des wissenden Feldes« zu erklären? Welches sind die Wurzeln dessen, was die Repräsentanten überraschenderweise über die Beziehungsdynamik im Leben des Aufstellers wissen? Wissen wir jetzt, woher es kommt? Ich wage es nicht, mich eindeutig festzulegen, sondern versuche mehrere Wurzeln freizulegen – und verhehle es nicht – in theologisch vermintem Gelände.

1. Die erste Vorfrage ergab, dass die biblische Urgeschichte Grundaussagen über geschöpfliche Ordnungen enthält, in die der Mensch eingewiesen ist und ohne die er nicht leben kann; dass diese Ordnungen aber zugleich in die Hände des Menschen gelegt sind, der sie in seiner »Autonomie«, das heißt von Gott unabhängig und eigengesetzlich, missachten und verletzen kann. Ich gehe nicht auf die theologische Differenz ein, ob man von »Schöpfungsordnungen« sprechen dürfe, weil sie als geschichtlich unveränderbare Wesenheiten verstanden werden könnten oder ob sie besser als »Erhaltungsordnungen« bezeichnet würden, die den von schöpfungsfeindlichen Mächten umstellten Menschen erhalten und bewahren. Tatsache ist, dass Gott bestimmte Ordnungen wie Ehe, Familie, Volk, Staat, Beruf und Arbeit schuf, in denen das Geschöpf »vor und unabhängig von seinem Christsein« existieren soll.[47] Sie sind vorfindlich, haben einen Bezug zu Umwelt und Zeit, können an der Lebenswirklichkeit abgelesen und vernünftig erfasst werden. Was in ihnen gelebt wird und geschieht, kann gesehen oder verhüllt, verschwiegen oder erzählt und dementsprechend

---

[46] Ob die Anlage zum Universalwissen, zum Seinwollen wie Gott im Genom (Gesamtheit der Gene) festgesetzt und verordnet ist, darüber wage ich nicht zu befinden.

[47] Religion in Geschichte und Gegenwart (RGG, 3. Auflage V), 1492.

bewertet werden, ist verhandelbar. Es gibt also ein auf Erfahrung gegründetes Wissen, eine Art »Erfahrungsweisheit«, die Gott seinen Kindern, auch wenn sie sich nicht als solche verstehen, nicht genommen hat.

2. Die zweite Vorfrage ergab den nur noch in sich selbst verbundenen und zu aller Maßlosigkeit fähigen Menschen. Er beansprucht gerade das ihm von Gott gnädig Verwehrte. Seitdem ist Vorsicht geboten, wenn ein Mensch behauptet: »Ich habe ein Recht auf...« Wer hat es ihm eigentlich gewährt? Ist es nicht in den meisten Fällen er selbst? Dieses Sich-selbst-Durchsetzen auf Kosten anderer, dieses Nur-sich-selbst-Kennen, Egoismus genannte, ichsüchtige und seine persönlichen Interessen in den Vordergrund stellende Verhalten ist die Kehrseite der Entfremdung von Gott. Sie führte zu den in den Vätergeschichten überlieferten familiären Zerreißproben. Sie verursacht sie bis zum heutigen Tag. Deshalb treten wir Menschen mit dem, was wir herkünftig erlebt haben, einander gegenüber. Es gibt also neben der »Erfahrungsweisheit« der Lebensordnungen ein Wissen vom Verfallensein des Menschen an sich selbst, das gerade in menschlichen Beziehungen und im Kontaktgeschehen bewusst oder »unterbewusst« als verantwortlich für seelische Verwundungen empfunden wird.

3. Die dritte Vorfrage ergab, dass uns von Geburt an eine Welt der Absonderung von Gott, ein System der Empörung und laufender Verstöße gegen ihn umgibt. Sie erstreckt sich von den Menschenrechtsverletzungen und grauenhaften Unmenschlichkeiten auf der ganzen Welt bis hinein in die in unserem Gesichtskreis wahrzunehmenden Zeichen der Gottvergessenheit. Sie lassen erkennen, was bereits im Epheserbrief 4,18 vorausverkündigt steht: »Sie sind entfremdet dem Leben, das aus Gott ist, durch die Unwissenheit, die in ihnen ist.« Mit anderen Worten: Wir machen uns wahrscheinlich nur nachlässig klar, welches Ausmaß der Abfall von Gott in den modernen Gesellschaften angenommen hat und ohne seine Breite und Tiefe

auszuloten. Zu seinen Ursachen gehört – weithin das Fehlen der »christlichen Sozialisation«: das geführte Hineinwachsen junger Menschen in die Formen und Inhalte des Glaubens an Christus und Gott. Ahnen die meisten unserer Mitmenschen etwas davon, dass sie gleichsam wie ein Boot abgetrieben wurden von der Quelle, die Gott heißt, der gut ist auch zu ihnen? Sie ahnen es nicht nur. »Sie wissen es, ohne es zu wissen« – um eine Formulierung des Philosophen Hans-Georg Gadamer zu gebrauchen. Es gibt also neben der »Erfahrungsweisheit« der Lebensordnungen und dem Wissen vom Verfallenensein an sich selbst ein »subtiles«, untergründiges Wissen von der Verworfenheit der Welt, gegen die man sich wehrt, wenn man sich ihrer im Schicksal von anderen Menschen bewusst wird.

Finden wir noch weitere Zugänge zum »Geheimnis des wissenden Feldes«? Zugänge sind Wege, die zum Eingang führen oder die gleichbedeutend mit Eingängen sind, die Zutritt gewähren. Einen zusätzlichen Zugang eröffnen uns Erfahrungen der Seelsorge. Frau W., eine Studentin aus gehobenem Hause, bat um eine Aussprache. Nun, da sie sich von ihrem Elternhaus und seiner sie 20 Jahre umgebenden und bestimmenden Atmosphäre entfernt habe, entdecke sie, dass es auch glücklichere Lebensgeschichten gebe. Mit ihrem Vater könne »man« (sagt sie) nicht reden und ihre Mutter, die durch ihre Heirat »aufgestiegen« sei, habe sich gegen ihn nie durchsetzen können und stattdessen in Konflikten immer beleidigt reagiert. Sie möchte sich von ihren Eltern lösen; aber starke Schuldgefühle, die sie als Undankbarkeit empfinde, hinderten sie daran. Ausgelöst worden sei das alles durch ihren Freund, einen Studenten der Chemie. Sie habe ihm viel über ihr bisheriges Leben erzählt, woraufhin er einmal sehr energisch geworden sei und gesagt habe: »Du hast dich jahrelang ausnutzen lassen, geduldet, dass deine Schwester – dir immer vorgezogen – ein flottes Leben führte, was deine Mutter gerne für sich gewünscht hätte; du hast dir im Grunde die Rolle des ›Aschenputtels‹ aufdrängen lassen und dich nicht dagegen gewehrt.« Durch diesen Ausbruch, dessen Inhalte sie überraschte und dessen Sicht auf ihr Leben sie akzeptierte, kam sie und erbat seelsorgerlichen Rat.

»...dessen, des Freundes Sicht, auf ihr Leben sie akzeptierte...« Sie unterstrich auch im Gespräch, dass ihr Freund für sie überraschenderweise zutreffend über ihr bisheriges Leben geurteilt habe. Wie kam es dazu? Im Juli 2008 fand in Berlin ein internationaler Psychologiekongress statt, der sich mit »störender Ungerechtigkeit« befasste. In einem Bericht darüber hieß es: »Andere Menschen nehmen Ungerechtigkeiten in ihrer Umwelt schneller wahr.« Es wurde sogar von einer »Ungerechtigkeitssensibilität« gesprochen, »weil sich ein ausgeprägter Sinn für das Ungerechte dauerhaft in der Wahrnehmung, im Erleben und Verhalten niederschlägt... eine Sensibilität für beobachtete Ungerechtigkeit«.[48] Wir wissen nicht, ob sich in der Familiengeschichte des Chemiestudenten Dinge ereigneten, die ihn für ähnliche Erfahrungen in seiner Umwelt sensibler gemacht haben. Jedenfalls wurde er den lebensgeschichtlichen familiären Vorkommnissen seiner Freundin gegenübergestellt. Es waren nicht seine; es könnten ähnliche gewesen sein oder auch nicht; es waren andere. Sie lagen nicht beschwerend und beeinträchtigend auf seiner Seele, sie drückten ihn nicht nieder und trübten seinen Blick nicht, seine Sicht war frei. Es war »der Blick von außen«, der zur angemessenen Äußerung über das Innere eines anderen Menschen führte. Gott regiert die Welt auch außerhalb und unabhängig von der christlichen Gemeinde, und seinem Generalbevollmächtigten Jesus Christus sind keine Grenzen gesetzt. Deshalb rechnen wir damit, was aus den vorhergehenden Erwägungen deutlich geworden ist, dass das »Geheimnis des wissenden Feldes« auch im Familienstellen ohne biblische Basis bemerkt und entdeckt werden kann; aber wahrscheinlich nicht auf seinen Ursprung befragt und reflektiert wird.

---

[48] Inka Wahl, Störende Ungerechtigkeit. Die Reaktion auf eigene und fremde Benachteiligung, in: FAZ 31.07.08, 177, Seite 35.

Das führt uns zu einer letzten Überlegung. Was der Verfasser in seinem Werk beschreibt und theologisch denkend bearbeitet, ist – wie es der Untertitel ausspricht – Familienstellen auf biblischer Basis. Es waren nach seinen Angaben fast ausschließlich Christen, die sich zu seinen Gruppenseminaren angemeldet und an ihnen teilgenommen haben. Was sind das für Leute – Christen? Die Theologie leitet es natürlich mit vollem Recht von biblischen Auskünften und Grundsätzen ab; sie kommt zu dem Ergebnis, dass es Menschen sind, die an Jesus Christus als den menschgewordenen Gott glauben, zu ihm gehören und sich zu ihm bekennen.[49] Wir gehen etwas weiter und fragen, wie es dazu kommt und wie es wirklich »funktioniert«, das heißt, wie es nicht ohne Reifungsprobleme und Reibungsverluste abläuft. Wie es dazu kommt, können wir, ohne die Gruppenmitglieder zu kennen und ihre Kundgabe darüber zu hören, nur allgemein sagen: Christ wird man durch einen Medienverbund von Taufe, Verkündigung und einer Fülle von meist gar nicht mehr erinnerbaren Zu-Sprüchen.[50] Christ bleibt man je nach dem »Maß des Glaubens« (Römer 12,3), das Gott einem zugeteilt hat, in einem Prozess des Wachsens und Reifens mit Niederlagen, Anfechtungen, Entfremdungen, Aufrichtungen, Tröstungen und Erfahrungen des Friedens mit Gott, bis er den »Langlauf« des Lebens beendet. Als solche Leute dürfen wir die Mitglieder in den Gruppen der »Wege zur Heilung« charakterisieren und verstehen.

Wie könnte es bei ihnen in der Rolle der »Repräsentanten« zu den überraschenden Einsichten und Auskünften über die vom »Aufsteller« geschilderte Beziehungsdynamik gekommen sein? Wir behalten im Blick auf das, was jetzt zu sagen ist, unsere Erkenntnisse über die bisher freigelegten Wurzeln. Wir konzentrieren

---

[49] So entspricht es den ersten biblischen Bezeugungen des Namens in Apostelgeschichte 11,26; 26,28; 1. Petrus 4,16.

[50] Oswald Bayer, Promissio, Geschichte der reformatorischen Wende in Luthers Theologie, 2. Auflage, Darmstadt 1989; vgl. besonders die Kapitel: »Promissio und Taufe« und »Promissio und meditatio«, S. 254 ff.

unsere Aufmerksamkeit jetzt jedoch auf die Möglichkeit, die ihr Christsein dabei gespielt haben könnte. Wir tasten uns an sie heran mithilfe des großen schwedischen Religionspsychologen Hjalmar Sundén (1908–1993) und seiner Lehre über die »Grundmuster des Glaubens«.[51]

Zwischen Sehen und Wahrnehmen besteht ein Unterschied. Sehen ist eine Tätigkeit der Augen, eine Leistung des Gesichtssinnes, ist sinnliches Gewahren. »Du sahst wohl viel; aber du hast's nicht beachtet« (Jesaja 42,20). Wahrnehmen ist mehr als Sehen und nimmt Beachten, Aufmerksamkeitschenken auf. Wahrnehmen ist gesammeltes und auf Deutung und Verstehen ausgerichtetes Sehen. Sundén knüpft daran an und sagt: »Ein Deutungsmoment gehört zu jeder Wahrnehmung.« (A33) Um das Deutungsmoment zu gewinnen, sucht die Wahrnehmung nach »Mustern«, nach Vorlagen, beispielgebenden Exemplaren, sinngebenden Vorbildern. In diesem Zusammenhang bringt Sundén die Bibel ins Spiel. Sie berge eine Fülle von Vorgängen, Gleichnissen und Geschichten, die – in die Seele eines Menschen eingesenkt – ihm helfen, Situationen seines Lebens beziehungsweise Erlebens zu »strukturieren«, das heißt zu erfassen, zu gliedern, zu deuten und zu verstehen: Es sind »Grundmuster des Glaubens«. Durch sie nimmt er bestimmte Situationen seines Lebens beziehungsweise anderen Lebens »in einer neuen Weise wahr«. (A38)

Einmal erzählte er mir, ein Kapitän, der sich nicht als besonders kirchlich einstufte, aber in seiner Jugend mit biblischen Geschichten in Berührung kam, habe ihm Folgendes berichtet: Sein Schiff sei in der Ostsee in einen so noch nie erlebten Sturm geraten. Die meterhohen Wellen, der Regen und Wind hätten schon alles zer-

---

[51] Hjalmar Sundén, Religionspsychologie. Probleme und Methoden. Stuttgart 1982 (A). – Gott erfahren. Das Rollenangebot der Religionen. Gütersloh 1975 (B). – Der Schatz im Acker. Wie sich der vergessene Gott plötzlich zurückmeldet, Hjalmar Sundéns Gedanken zu Gottes verborgenem Wirken in der Geschichte. Herausgegeben und bearbeitet von Horst Reller. Gera 2004 (C).

schlagen, das Schiff manövrierunfähig gemacht und ihnen jegliche Hoffnung genommen. Da habe sich ihnen plötzlich und unerwartet mitten im Sturm ein Schiff genähert und ihn und seine Matrosen in einer schwierigen Rettungsaktion übernommen, ehe ihr eigenes unterging. Mit den Worten »das war Jesus, der zu uns kam und auf dem Meer wandelte« (Markus 6,48) schloss der Kapitän seinen Bericht.

Was lehrt uns dieses biblisch gedeutete Geschehen? Die in einem Menschen wohnenden und von der Gesamtheit der ihn umgebenden Lebensumstände unabhängigen Grundmuster »strukturieren« den Wahrnehmungsgehalt. Wenn sie fehlen – und das dürfte während des Sturmes bei der Besatzung wie bei den Jüngern, die »Not litten beim Rudern«, so gewesen sein, »tritt ein Zustand ein, den wir als Angst bezeichnen« (B 19), weil das sich Zeigende nur gesehen, nicht wahrgenommen werden kann und als bedrohliches Gegenüber sinnlos vor ihnen steht beziehungsweise tobt und sich bewegt. Wenn sie vorhanden sind, wird das, was die Bibel sagt, zu dem geleitet, was sich zeigt und gesehen wird oder erlebt und erlitten wurde; sie helfen, es zu verstehen. Es ist zutiefst bedenkenswert, dass Sundén daraus folgert, die Kirche müsse die ihr Anvertrauten von Kindheit an mit »Mustern für ihre Beziehung zur Ganzheit« versehen und sie lehren, »die vom täglichen Leben hereinkommenden Impulse mit den richtigen religiösen Mustern zu verbinden«. (B19)

Was ergibt sich nun aus den Erwägungen Hjalmar Sundéns für unsere Frage nach den Erkenntnismöglichkeiten, die den Christen arteigen sind? Eine knappe, zusammenfassende Wiederholung der Sundén'schen Grundmusterlehre leitet uns auf dem Weg zu einer Antwort auf die gestellte Frage.

Frage:

a. Die Mitglieder der Gruppenseminare waren Christen.

b. Wenn sie, was vorausgesetzt werden kann, sich um gesammeltes Sehen, um Wahrnehmen bemühen, suchen sie bewusst-unbewusst nach Mustern, um das Gehörte einordnen und verstehen zu können.

c. »In ihrer Seele«, das heißt in ihrem bis dahin gewordenen Sein, wohnen »biblische Grundmuster des Glaubens«; in jedem Christenleben ist es natürlich nur eine Auswahl und nie die Gesamtheit der in der Bibel vorhandenen.

d. Wir wissen auch nicht, welche Erinnerungen an die biblischen Ur- und Vätergeschichten in den einzelnen Personen noch lebendig und aktualisierbar sind.

e. Es ist aber anzunehmen, dass sich in ihnen eine Gesamtschau dessen bildete, was christliches Leben eigentlich sein und wie es vorgelebt werden sollte.

Aus dieser Gesamtschau, die sich aus den gespeicherten Grundmustern ergibt, könnte es unter anderem zu den überraschend angemessenen und treffenden Bewertungen der Repräsentanten gekommen sein – ein Versuch, an das zunächst »vorenthaltene Wissen« heranzukommen! So viel als Beitrag zum »Geheimnis des wissenden Feldes« und zur Frage, »woher es komme«!

11. Zusammenfassung

Im Anschluss an den Beitrag von Professor Seitz, für den ich mich herzlich bedanke, möchte ich noch einmal auf den Zusammenhang von Herkunfts- und Gegenwartsfamilie hinweisen. Das *wissende Feld* erhellt diesen Aspekt der *Mehrgenerationenperspektive* nahezu regelhaft. Es lässt erkennen, dass der einzelne Mensch über lange Zeiträume hinweg mit seinen relevanten Bezugspersonen in Vergangenheit und Gegenwart durch aktuell gegenwärtige und frühere Konfliktkonstellationen in Verbindung ist. Werden diese Zusammenhänge ans Licht gebracht, *Familienstellen* macht es möglich, kann Versöhnung stattfinden und die Seele heil werden. (Abbildung 5, Seite 219)

In fünf Abschnitten hat Herr Professor Seitz das Problem des wissenden Feldes klar und einfühlend reflektiert. Ich möchte sie zusammenfassend kommentieren:

Im *ersten* Abschnitt nimmt er Bezug auf die Methode des *Familienstellens*. Er beschreibt aus seiner Wahrnehmung die Besonderheit des wissenden Feldes. Er ist bemüht, das besonders Auffallende eines Wissens, das eigentlich nicht zu verstehen ist, zu deuten, und versucht aus theologischer Sicht dieser Frage auf den Grund zu gehen. Er knüpft an meine Darstellung eines Geheimnisses an und formuliert den schönen Satz:»Rätsel kann man lösen, mit Geheimnissen muss man umgehen.« Er erläutert die Anfänge der Urgeschichte, wie sie im Buch Genesis dargestellt sind, durchschreitet die wesentlichen Texte und lässt die Möglichkeit einer Antwort auf die Frage des wissenden Feldes offen.

Im *zweiten* Abschnitt reflektiert er zusammenhängend die beiden Schöpfungsberichte in 1. Mose 1,26-31 und 1. Mose 2,4b-25 und verweist auf die Zusammengehörigkeit der einzelnen Abschnitte. Im Mittelpunkt der Schöpfung steht die *Sündenfallgeschichte*, die er sehr eindrucksvoll als *Beziehungszerfall* deutet und beschreibt. Professor Seitz endet mit dem Hinweis auf Gottes Wort und seiner Gnade: Es ist die Gnade einer tragenden Geduld Gottes, des Schöpfers, mit dem gefallenen Menschen.

Im *dritten* Abschnitt befasst sich Professor Seitz mit der *Bedürftigkeit* des Menschen (hebr. näfäsch) und geht auf Seelsorgefragen ein. Hier stellt er die Beziehung in einer vierfachen Bezogenheit des Menschen in den Mittelpunkt: die Beziehung zu Gott (1), zum Mitmenschen (2), zur unbelebten Schöpfung (3) und zuletzt zu sich seltbst (4). Sein Fazit: Nur in dieser vierfachen (gelungenen) Bezogenheit ist der Mensch ganzheitlich ausgestattet. Defizite dieser Bezogenheit kommen in allen menschlichen Konflikten zum Ausdruck und vermutlich, so formuliert er, können die *familiären Zerreißproben* auch unter diesem Gesichtspunkt gesehen werden.

In einem *vierten* Abschnitt konfrontiert er den Leser mit drei wichtigen Grundfragen:

1. Wie ist der *Schriftsinn* der biblischen Urgeschichte (1. Mose 1-11) hermeneutisch zu verstehen?

2. Welche Botschaft enthält der »Baum der Erkenntnis des Guten und Bösen«?

3. Wie ist das Verhältnis der Genesis-Fallgeschichten zu den Aufstellungsbildern bei den Familienaufstellungen zu bestimmen? Dieser Abschnitt ist sehr ausführlich, informativ und theologisch wegweisend formuliert und sollte im Zusammenhang gelesen werden.

In einem *fünften und letzten* Abschnitt werden die im vierten Abschnitt angeführten Vorfragen beantwortet und in einer letzten Hauptfrage zusammenfassend erläutert: »Wie ist das vom Verfasser sogenannte Geheimnis des wissenden Feldes zu erklären?« Aus theologischer Sicht reflektiert er diese Hauptfrage und versucht sie zu beantworten. Bei dieser Antwort wird auf die Bedeutung

»christlicher Grundordnungen« und den damit verbundenen »Schöpfungs-und Erhaltungsordnungen« aufmerksam gemacht und zuletzt darauf hingewiesen, dass »menschliches Fehlverhalten« immer dann und in aller Regel die Folge ist, wenn diese »Grundordnungen« nicht eingehalten werden. Dann kann es zu »mehr oder weniger großen Zerreißproben« kommen. Abschließend werden praktische Beispiele aus der Seelsorge genannt und seelsorgerliche Hilfen angedeutet.

Meine therapeutischen Erfahrungen bestärken mich in der Annahme einer wesenhaften Ähnlichkeit der *aktuellen Fallgeschichten* mit den *Genesis-Familienschilderungen.* Es sind in jedem Fall sehr eindrückliche Beziehungsbeschreibungen; sie lassen erkennen, dass nahezu ohne Ausnahme jeder Mensch in einer bestimmten Beziehungsposition ähnlich, fast identisch reagiert. Daher erspüren auch *fremde* Bezugspersonen diese Beziehungswahrheiten, da sie alle unter diesem geheimnisvollen »Gesetz von Gut und Böse« stehen. In Kapitel 5 wurde ausführlich auf diese Zusammenhänge hingewiesen. Dies ist aus meiner Sicht der entscheidende Grund für die Evidenz des wissenden Feldes.

12. Literatur[52]

Mac All, Kenneth: Familienschuld und Heilung, O. Müller Verlag, Salzburg 1986.
In diesem von einem katholischen Arzt geschriebenen Buch geht es um »ungesühnte Schuld, die im Geflecht von Familienbindungen und menschlichen Beziehungen unheilvoll weiterwirkt«. In der Kraft dieser Weiterwirkung können »Mächte des Bösen« in Erscheinung treten, die schicksalhafte Verstrickungen unterschiedlicher Auswirkung zur Folge haben. In acht knapp geschriebenen Kapiteln werden Hilfen aufgezeigt, die zu Heilung und Versöhnung führen.

Bach, George R.; Wyden, Peter: Streiten verbindet, Spielregeln für Liebe und Ehe, Diederichs Verlag, 3. Auflage, München 1976.
Das aus säkularer Sicht geschriebene Buch vermittelt die Einsicht, dass Beziehungsprobleme und Konflikte nicht ohne offenen Dialog, erst aus einem »konstruktiven Streitgespräch« heraus erkannt und Beziehungslösungen zugeführt werden können. Es geht um offene Aussprachen, die helfen, die Sichtweise des anderen zu verstehen und zu lernen, meist im Beisein eines geschulten Helfers, wie Beziehung gelingen kann. Das Buch hilft Spielregeln zu erkennen, wie insbesondere Paaren aus ihren Beziehungskrisen herausgeholfen werden kann. Der entscheidende Aspekt der Versöhnung kommt nicht zur Sprache.

Baumert, Norbert: Frau und Mann bei Paulus, Überwindung eines Missverständnisses, Echter Verlag, Würzburg 1993.

---

[52] Die folgenden Literaturangaben enthalten meist kurze Zusammenfassungen der Bücher, die mich in den zurückliegenden Jahren meiner Berufserfahrung bis heute begleitet haben. Mit dem Thema dieses Buches »Familienstellen auf biblischer Grundlage« stehen sie nicht in direkter Beziehung.

Bonhoeffer, Dietrich: Schöpfung und Fall, Chr. Kaiser Verlag, München 1958.
Eine sehr einprägsame Darstellung der »Sündenfallgeschichte« aus der Sicht eines Theologen, der als Märtyrer des Dritten Reiches sein Leben lassen musste.

Buber, Martin: Die Schriften über das dialogische Prinzip, Lambert Schneider, Darmstadt 1954, mit einem ausführlichen Nachwort des Verfassers.
Hieraus zitiere ich einige wenige Sätze: »Zu allen Zeiten wohl ist geahnt worden, dass die gegenseitige Wesensbeziehung zwischen zwei Wesen die Urchance allen Seins bedeutet. Diese Urchance tritt in Erscheinung, dass es den Menschen gibt. Der Mensch kommt dadurch zur Teilnahme am Sein, dass das Du-sagen des Ich im Ursprung alles einzelnen Menschwerdens steht. Ohne Du ist das Ich nicht möglich. Quelle aller Gewissheit ist: Du bist und ich bin!« (Seite 287) »Das Du begegnet mir von Gnaden, durch Suchen wird es nicht gefunden.« (Seite 15) »Der Mensch wird am Du zum Ich. Ich werdend, spreche ich Du. Der Geist ist nicht im Ich, sondern zwischen Ich und Du. Er ist nicht wie das Blut, das in dir kreist, sondern wie die Luft, in der du atmest. Der Mensch lebt im Geist, wenn er seinem Du zu antworten vermag. Er vermag es, wenn er in die Beziehung mit seinem ganzen Wesen eintritt. Vermöge seiner Beziehungskraft allein vermag der Mensch im Geist zu leben.« (Seite 41)

Dörner, Klaus; Plog, Ursula: Irren ist menschlich, Lehrbuch der Psychiatrie/Psychotherapie, Psychiatrie-Verlag GmbH, 4. Auflage, Bonn 1987.
Das Ziel dieses Buches ist, die »Psychiatrie menschlich« zu machen. Es soll nicht nur ein Lehrbuch sein, sondern Psychiatrie soll ein Ort sein, wo der Mensch besonders menschlich sein darf: Das heißt ein Ort, wo die Widersprüchlichkeit des Menschen oft nicht auflösbar, die Spannung oft nicht auszuleben ist, wo das Unmenschliche und Übermenschliche vorkommt, das Banale und das Einmalige, wo Oberfläche und Abgrund, Kranksein und Bösesein, Weinen und

Lachen, Leben und Tod, Schmerz und Glück zusammengehören. Das Sich-Verstellen und das Sich-Wahrmachen, das Sich-Verirren und das Sich-Finden. Es sind Wirklichkeiten des lebenden Menschen.

Grabe, Martin: Lebenskunst Vergebung, Francke-Verlag, 2. Auflage, Marburg 2007.

Grabe, Martin: **Befreiender Umgang mit Verletzungen, Wege zur Vergebung aus psychotherapeutischer Sicht, in: Zeitschrift Psychotherapie und Seelsorge, Kassel 2/2005.**

Grabe, Martin: **Warum sich über das Böse so gut streiten lässt, in: Zeitschrift Psychotherapie und Seelsorge; Kassel 1/2008.** Eine kritische Analyse unterschiedlicher Ansichten über die »Macht des Bösen« macht menschliches Meinen in seiner Begrenztheit deutlich.

Grund, Friedhelm: Menschenfreundliche Seelsorge, Ein Leitfaden, TVG Brunnen Verlag, Gießen 2006.
Das Buch beschreibt sehr umfassend Spannungsfelder im Zusammenhang von Seelsorge und Psychotherapie, wobei der Aspekt »menschenfreundlicher Beziehungsgestaltung« im Mittelpunkt steht. »Glaubenshilfe« wird als »Lebenshilfe« verstanden.

Hellinger, Bert: Ordnungen der Liebe, Auer-Verlag, 2. Auflage, Heidelberg 1995.
Dieses auch für Christen lesenswerte Buch ist eine Einführung in die systemische Familientherapie des Familienstellens, die Hellinger nicht erfunden, aber weitergeführt hat. Anhand vieler Fallbeispiele werden eine Fülle von Beziehungsproblemen innerhalb der Familie erläutert. Hellingers Ziel ist es, aus einem »Störungsbild« ein »Lösungsbild« zu stellen. Die Vielfalt dieser Störungsbilder wird benannt, sodass die in ihnen wirkende Beziehungsdynamik durch die darin wirkenden Symptome einen Sinn bekommt, sozusagen einen Familiensinn. Ein Beispiel: Jemand berichtet über

schlechte Schulleistungen der Kinder. Bei der Aufstellung seiner eigenen Familie wird deutlich, dass er selbst dieses Problem hatte und nie darüber gesprochen wurde, sozusagen er selbst das Problem nie gelöst hat. Meiner Meinung nach hat sich Bert Hellinger, ehemaliger katholische Priester, inzwischen völlig vom biblischen Menschenbild abgegrenzt und schwebt mehr und mehr in höheren Sphären esoterischen Geheimwissens.

Johnson David und Jeff van Vonderen: Geistlicher Missbrauch, Die zerstörende Kraft der frommen Gewalt, Projektion J., 1996.

»Dieses Buch ist den müden und schwer beladenen, aber von Gott geliebten Menschen gewidmet, die aufgrund von geistlichem Missbrauch zu der Überzeugung gekommen sind, dass die gute Nachricht zu einer schlechten geworden ist.«

Dieses Buch soll helfen, geistliche Manipulation und falsche geistliche Autorität innerhalb einer Gemeinde zu erkennen und zu vermeiden. Es richtet sich vor allem an Opfer, aber auch an Täter, die in Gemeinden schwerwiegende Probleme erzeugen. Opfer brauchen Hilfe, Täter müssen erkannt werden und, wenn möglich, zur Umkehr ermahnt werden. Der Austritt aus Gemeinden, in denen Missbrauch vorkommt, ist oft der einzige Weg zur Hilfe.

Keller, Geri: Vater. Ein Blick in das Vaterherz Gottes, Schleife-Verlag, Winterthur Schweiz 2002.

Es ist die besondere Gabe des Autors, verwundeten, zerrissenen Herzen das Vaterherz Gottes zu zeigen und Auswege aus Lebenskrisen zu öffnen. Es ist die Heilkraft der Liebe, die es ermöglicht, dass verlorenes Leben wiedergefunden wird.

Kierkegaard, Sören: Die Krankheit zum Tode, Furcht und Zittern, Die Wiederholung, Der Begriff der Angst, dtv München 2005.

Knorre, H. von (Hrsg.): »Seelische Krankheit – Heilung und Heil«, Gedanken und Erfahrungen von Ärzten der Klinik Hohe Mark, Francke-Buchhandlung, Marburg 1980.

Kraft, Charles H: Ich gebe euch Vollmacht, Asaph-Verlag, 1997.
Zehn Kapitel dieses Buches erläutern den Begriff »Vollmacht«. Es werden biblische Aussagen über die Kraft der Autorität des Christen mitgeteilt. In einem weiteren Teil wird ausgeführt, wie Familien, christliche Dienste, Gemeinden und das Leben der einzelnen Christen eine grundlegende Verwandlung erfahren können, wenn sie zu einem biblischen Verständnis von Autorität zurückfinden.

Möller, Michael Lukas: Die Wahrheit beginnt zu zweit, Das Paar im Gespräch
Rororo Sachbuch, 28. Auflage, Reinbek 2008.

Pfeifer, Samuel, Bräumer, Hansjörg: Die zerrissene Seele, Borderline-Störungen und Seelsorge, Brockhaus Verlag, Witten 2004.
Ein Psychiater und ein Theologe schreiben über ein Thema, das aus ärztlicher und seelsorgerlicher Sicht die Zerrissenheit des Menschen nach Leib, Seele und Geist aufdeckt und gemeinsam nach Heilungswegen sucht. Es geht nicht in erster Linie um tiefenpsychologisch-analytische Deutungen, auch nicht nur um eine psychologische Analyse der »Problemfelder«, sondern um eine theologische Standortbestimmung, welche die Kluft zwischen Psychologie und Psychiatrie einerseits und Theologie und Seelsorge andererseits zu überbrücken versucht. Ziel dieses Buches ist, aus der Verschiedenheit dieser Zugangswege in der Begegnung mit Einzelnen neue Wege des Verstehens zu finden, die dem Betroffenen helfen, neu und anders leben zu können.

Pfennighaus, Dietmar: Endlich einen guten Platz, Familienaufstellung als Weg zu versöhnten Beziehungen, Brendow-Verlag, Moers 2006.

Prince, Derek: Segen oder Fluch, Sie haben die Wahl, Verlag Gottfried Bernard, 2. Auflage, Solingen 11/1991.
John MacFarlane schreibt in einem Vorwort zur 1. deutschen Auflage:»Warum sehen wir noch so viel Krankheit und Armut

auch unter Christen? Wo bleibt die Erfüllung der Verheißung des Geistes? Wird vielleicht der Segen für mich, für meine Familie, für unsere Gemeinde, für unser Land noch zurückgehalten? Welche Bedingungen sollten erfüllt werden, damit alle diese Segnungen über uns kommen können und uns erreichen? Wie kann die Linie der sich ständig wiederholenden Schicksalsschläge in unserem Umfeld gebrochen werden? Derek Prince weist darauf hin, dass es »Familienflüche« gibt, die Segen zurückhalten können.

Reithmeier, Lorenz (Hrsg.): Religiöser Missbrauch. Ursachen – Auswirkungen – Heilung, GGE Praxis 2006.
Der Herausgeber zitiert Dietrich Bonhoeffer, der selbst vor dem Hintergrund des Machtmissbrauchs im Dritten Reich in seinem Buch »Gemeinsames Leben« Folgendes schreibt: »In der geistlichen Gemeinschaft regiert allein das Wort Gottes, in der seelischen Gemeinschaft regiert neben dem Wort noch der mit besonderen Kräften, Erfahrungen, suggestiv-magischen Anlagen ausgestattete Mensch. Dort bindet allein Gottes Wort, hier binden außerdem noch Menschen an sich selbst. So ist die Frage und auch die Probe an eine rechte christliche Gemeinschaft: Hat sie dazu gedient, den Einzelnen frei, stark und mündig zu machen, oder hat sie ihn unselbstständig und abhängig gemacht?«

Ruppert, Franz: »Seelische Spaltung und innere Heilung, Traumatische Erfahrungen integrieren«, Leben Lernen 177, Klett-Cotta, Stuttgart 2007.
Die Ursache seelischer Probleme liegt häufig in den traumatischen Erfahrungen, die wir Menschen machen. Die Aufspaltung psychischer Strukturen ist eine der Folgen, sie ermöglicht zunächst das psychische Überleben, schränkt jedoch die Betroffenen in ihrer weiteren Lebensführung gravierend ein. Wie es gelingen kann, unbewusste Spaltungen in der eigenen Persönlichkeitsstruktur ins Bewusstsein zu heben, ihr Herkommen zu erklären und therapeutische Lösungen zu entwickeln, zeigt der Autor an zahlreichen Beispielen.

Ruppert, Franz: Verwirrte Seelen: Der verborgene Sinn von Psychosen, Grundzüge einer systemischen Psychotraumatologie, Kösel-Verlag, 1. Auflage, München 2002.
Der Autor geht davon aus, dass schizophrene Erkrankungen die Folge einer seelischen Verwirrung in familiären Bindungssystemen sind. Diese Verwirrung entsteht durch Ereignisse, welche die Seelen der Familienmitglieder traumatisieren, weil sie unlösbare Gewissenskonflikte schaffen. Die positiven Erfahrungen, die der Autor mit Familienaufstellungen gemacht hat, um das Phänomen Psychose zu begreifen, werden ausführlich dokumentiert.

Scharrer, Erwin: Heilung des Unbewußten, Francke-Verlag, Marburg 1982, 5. veränderte Auflage 1995.
Seit Jahren beschäftigen sich Ärzte der Klinik Hohe Mark, Oberursel, mit der Frage des Zusammenwirkens von Psychotherapie und Seelsorge. Das vorliegende Buch verdeutlicht, dass Psychotherapie und Seelsorge auf der Grundlage eines biblischen Menschenbildes zusammenwirken und aufeinander bezogen sind.

Scharrer, Erwin: Seelsorge an Seelsorgern und Therapeuten: in: Pfeifer, Samuel (Hrsg.): Seelsorge und Psychotherapie – Chancen und Grenzen der Integration, Brendow-Verlag, Moers 1991.

Scharrer, Erwin: Du wolltest nur dein Traumkind, Eine Vater-Tochter-Beziehung, Therapiebericht, nur mit ausdrücklicher Genehmigung der Verfasserin, Brockhaus-Verlag, Haan 1994.

Scharrer, Erwin: Jesus im Gespräch. Therapie und Seelsorge in den Dialogreden Jesu, Brockhaus-Verlag, Haan 1987.

Schleyer, A.: Im Spannungsfeld Psychotherapie – Seelsorge, Aus der Arbeit der Klinik Hohe Mark, Verlag der Francke-Buchhandlung, Marburg 1983.

Sperling, Eckard; Massing, Almuth; Reich, Günther: Die Mehr-generationen-Familientherapie, Verlag für Medizinische Psychologie im Verlag Vandenhoeck u. Ruprecht, Göttingen 2006. Ursachen, Folgen und Wechselwirkungen gestörter Beziehungen im Verlauf von mindestens drei Generationen werden in ihren familiendynamischen und zeitgeschichtlichen Bedingungen beschrieben. Konflikthaftes Verhalten wird im Verlauf der Therapie mit den beteiligten Personen »wiederbelebt« und gemeinsam bearbeitet.

Stierlin, Helm: Eltern und Kinder. Das Drama von Trennung und Versöhnung im Jugendalter, Suhrkamp Taschenbuch 618, Frankfurt 1980.
Der Ablösungsprozess von Eltern und Jugendlichen wird in diesem Buch differenziert und subtil behandelt. In einer menschlich therapeutischen Grundhaltung wird um Versöhnung von Gegensätzen gerungen. Das Buch wird vor allem Leser interessieren, die bereit sind, sich in diese krisenhaften Prozesse hineinzufühlen, von denen jeder Mensch betroffen ist.

Tournier, Paul: Vom Sinn unserer Krankheit, Herderbücherei Band 746, Freiburg 1985.
Dieses Buch ist eines von vielen, in denen der Verfasser den Ruf nach einer menschlicheren Medizin deutlich werden lässt. Es betont den Doppelcharakter des Krankseins: Es hat eine körperliche Seite, aber in der Regel auch immer eine schicksalhaft-seelische Seite. Diese Dimension lässt sich am besten verstehen, wenn sie vom Menschenbild der Bibel her wahrgenommen wird. Ärztliche Erfahrung und biblisches Denken sind daher miteinander verbunden. An vielen Fallbeispielen wird anschaulich gemacht, wie aus dieser Verknüpfung dauerhafte Heilungserfahrungen ermöglicht werden.

Wenzelmann, Gottfried: Innere Heilung, Theologische Basis und seelsorgerliche Praxis, SCM R. Brockhaus, Witten 2003.
Dieses Buch zeigt unter anderem, wie die intensive Art der Seelsorge im Begegnungsraum der »Inneren Heilung« in die Biografie

eines Menschen in den Kontext seiner familiären Beziehungen hineinwirken kann. Dieses aus der Praxis eines Theologen entstandene Buch vermittelt den »Heilungsauftrag des Evangeliums«.

Wettig, Jürgen: Kindheit bestimmt das Leben, Artikel im Deutschen Ärzteblatt 2006; 103, 36.
Ich zitiere auszugsweise nur einige Sätze:»Schon der Moment der Befruchtung unterliegt ganz unterschiedlichen Bedingungen... Handelt es sich um ein Wunschkind, einen Zufall oder um die Folge sexueller Gewalt?... Ist die Schwangerschaft die letzte Rettung brüchiger Beziehungen? Es gibt ›Lebenssinnkinder‹ ›Ehekittkinder‹ oder ›Kinder, die die Frauenrolle definieren‹, sog. ›Frauenrollendefinitionskinder‹. Im Gegensatz dazu: Neugeborene in Müllcontainern... Spuren körperlicher Misshandlung sind Kindheitskatastrophen, die stattfinden, bevor Kindheit überhaupt wirklich begonnen hat.

Nestwärme oder kalter Stress: Die Mutter ist in den ersten fünf Lebensjahren die ›Hauptbezugsperson‹, das Kind ist der Mutter völlig ausgeliefert. Nähe und Distanz, Erziehungsstil und Vorbildfunktion setzen Meilensteine für den späteren Lebensweg.

Und der Vater? Ist er streng, pedantisch, alkoholsüchtig, gewalttätig? Und wie ist die Mutter? Depressiv, religiös, ehrgeizig oder chronisch überfordert? Wird in der Familie gemeinsam gesprochen, gegessen, gestritten, gespielt und gelacht oder herrscht ein Geist strenger Rituale und kühler Distanz? Von Geburt an hat das Kind ein biologisches Bedürfnis nach Bindung. Bindung bedeutet ein emotionales Band zu ganz bestimmten Bezugspersonen, die nicht beliebig austauschbar sind... Sigmund Freud hat schon vor 100 Jahren die prägende Bedeutung unbewusster, frühkindlicher Konflikte für Anpassungsstörungen beim Erwachsenen beschrieben und den Satz geprägt: ›Das Unbewusste vergisst nie.‹ Frühkindlicher Stress führt zu einer bleibend erhöhten Empfindlichkeit bestimmter Hirnregionen (in Tierversuchen nachzuweisen), die später im Erwachsenenalter dazu führen, dass Angststörungen oder andere depressive Reaktionen auftreten und die soziale Kompetenz erheblich schwächen. Die Persönlichkeit eines Kindes kann sich optimal herausbilden, wenn natürliche Veranlagung und Umgebungsfaktoren harmonisch aufeinander abgestimmt sind. Jeder Entwicklungsschritt ist eine Stufe auf dem Weg zur reifen Persönlichkeit. Die Erfahrungen der eigenen Kindheit haben immer Einfluss auf das spätere Elterndasein. Erfahrungen von frühkindlichem Stress, der durch schlimme Bindungserfahrungen an die Eltern hervorgerufen wird, ›aktiviert im Gehirn dauerhaft ähnliche Schaltkreise‹, wie sie durch Panikzustände und körperlichen Schmerz ausgelöst werden. Die ersten drei Lebensjahre sind grundlegend für spätere Reifungsschritte.«

Willi, Jürg: Die »Zweierbeziehung«: Spannungsursachen, Störungsmuster, Klärungsprozesse, Lösungsmodelle, Analyse des unbewussten Zusammenspiels in Partnerwahl und Paarkonflikt: das Kollusionskonzept, Rowohlt, Reinbek 1976.
In einem ausführlichen Vorwort wird vom Verfasser darauf hingewiesen, dass nicht nur ein faszinierend wissenschaftliches Thema beschrieben, sondern für viele Paare ein brennend aktuelles und praktisches Problem behandelt werden soll. Im Interesse dieses Leserkreises werden unentbehrliche Fachausdrücke erklärt und die Ausführungen immer wieder durch lebensnahe Fallbeispiele illustriert. Über die Berufsgruppen der Psychotherapeuten, Ärzte und Eheberater hinaus soll dieses Buch all denjenigen einen Blick in die konkrete eigene Lebenswirklichkeit vermitteln, die sich selbst und ihren Partner in der Dynamik ihrer Zweierbeziehung besser verstehen wollen.

Wolff, Hans-Walter: Anthropologie des Alten Testaments, Chr. Kaiser Verlag, 4. Auflage München 1984.
Dieses Buch beschreibt unter den Bildworten Hinfälligkeit (hebr. Basar) Bedürftigkeit (hebr. nåfäsch) und Ermächtigung (hebr. Ruach) grundlegende, alttestamentlich-biblische Grundwahrheiten, biografische Aspekte des Einzelnen, die aber auch die Beziehung in Familien und Gemeinschaften betreffen. Eine Fundgrube für Theologen, die am Menschen und seiner Beziehungswirklichkeit interessiert sind.

Dank

Ich danke meinen Mitarbeitern, die in den Seminaren *Familienstellen auf biblischer Basis* in verschiedenen Häusern seit Jahren mitarbeiten. Die persönliche Betroffenheit durch *Erfahrungen familiärer Zerrissenheit* bewirkt heilsame neue gemeinsame Beziehungserfahrungen bei Mitarbeitern und Seminarteilnehmern.

Ich nenne folgende Namen: Werner Bäuerle, Elisabeth von Bibra, Annegret Bossemeyer, Elke und Wolfgang Breithaupt, Bärbel und Dennis Clackworthy, Lisa und Reinhard Geislinger, Rolf Gersdorf, Hedwig und Rüdiger Gunzelmann, Sr. Birgit-Marie Henninger, Sr. Elisabeth Häfner, Hans Häselbarth, Bärbel und Jürgen Hofmann, Siegrid und Helmut Jarsetz, Martina Kirchner, Klara Kluth, Elke Ösau, Friederike Rettelbach, Christiane Reitz, Sr. Hanni Rietsch, Helen und Conny Straub, Ute und Thomas Sitte, Christiane Wachtel, Br. Markus Wächter, Annegrit und Gottfried Wenzelmann, Regine Weidinger, Ekkehard Wirth, Klaus-Dieter Zuhnke. Elisabeth von Bibra danke ich besonders für ihre »Einleitungsworte«, die, so vermute ich, fragend-unsichere Leser bewegen werden, das ganze Buch zu Ende zu lesen. Bärbel Clackworthy danke ich besonders für ihre Hilfe bei der Mitschrift der Fallgeschichten und Dennis Clackworthy insbesondere auch bei der Gestaltung der Diagramme. Meiner Lektorin Uta Müller danke ich besonders für ihre außerordentliche, geduldige und sehr kompetente Hilfe.

Erwin Scharrer

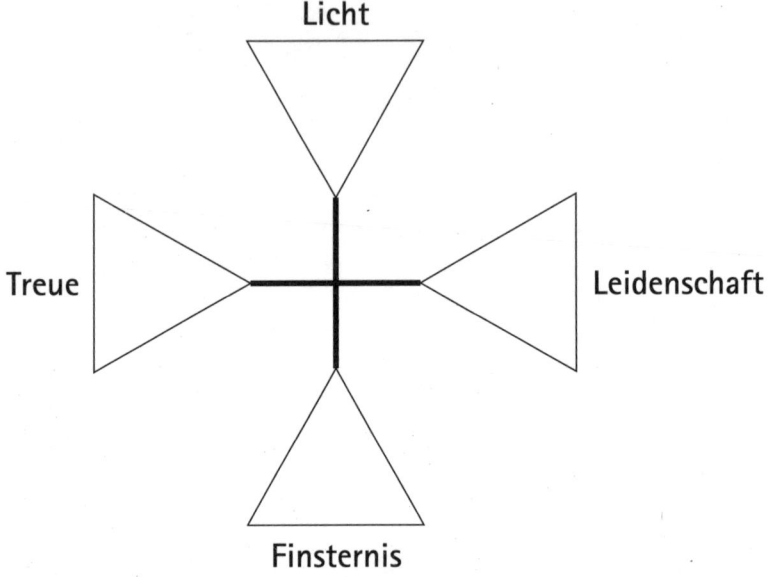

Dieses Bild befindet sich auf Seite 164.

Anstelle der Trinität Gottes steht das Wort Licht.
Anstelle der Dreieinheit des Bösen steht das Wort Finsternis.
Anstelle der Dreieinheit des Einzelmenschen steht das Wort Lei-
denschaft.
Anstelle der Dreieinheit von Vater, Mutter, Kind steht Treue.